“9 · 11”事件后
美国国家安全观与“反恐”

U.S. National Security Doctrine and Its Counterterrorism Strategy after 9/11 Attacks

安高乐◎著

时事出版社

目 录

导论

“9·11”事件作为国际安全研究的重要驱动力不仅凸显了非传统安全威胁对人类的危害性，而且在很大程度上改变了美国的国家安全观念，使其一改冷战期间将主要大国作为头等威胁的思维，转变为将恐怖主义以及恐怖主义与大规模杀伤性武器相结合视为国家安全的主要威胁。正是在这一新的安全观的指导下，美国决定发动始于阿富汗的全球“反恐战争”。由于恐怖主义是一种遍及全球的威胁，美国不能匹马单枪加以应对，因此必须寻求“反恐”盟友。南亚的巴基斯坦由于地缘位置的特殊性，加之其在抵抗苏联入侵阿富汗期间与“圣战”运动及其后来的塔利班结下了特殊的关系，因此美国主导的西方“反恐”联盟将其视为前线国家；印度尼西亚是世界第一大穆斯林人口国，美国与印尼合作可以撇清美国“反恐”主要针对伊斯兰世界的批评；沙特阿拉伯是逊尼派穆斯林的实际领导国，与美国有着传统的友好关系，美国与沙特结成“反恐”联盟可以限制恐怖主义的资金来源。巴基斯坦、印尼和沙特阿拉伯基于自身特殊的国家利益选择与美国合作“反恐”。印尼和沙特阿拉伯除与美国共同采取的“刚性反恐”措施外，还采取“柔性反恐”措施——“去极端化反恐”措施，并得到美国的鼓励和支持。美国—巴基斯坦、美国—印尼、美国—沙特对合作“反恐”的利弊权衡、“反恐”合作的领域及“反恐”合作的成效是本书探讨的主要内容。此外，美国还与印度、俄罗斯、欧盟等大国和国家集团进行合作“反恐”，取得了一定成效。

一、本书概况

冷战期间的国际安全研究主要集中于战略（军备竞赛、裁军和核威慑等）研究，冷战结束后，由于非传统安全威胁给人类带来了前所未有的威胁，国际安全研究的重点从战略研究转向和平研究，尤其是对非传统安全威胁的研究。冷战后对安全研究的文献主要包括两大趋势：一是以军事为主要内容的新“传统主义”的路径研究，二是将安全概念进行扩展和深化的各种非传统安全视角，两种研究路径都强调国际关系的驱动力（大国政治、技术、事件、学术争论、制度化）研究。在上述五种驱动力研究中，重大事件，尤其是突发事件虽然只是一个偶然因素，但却能在很大程度上改变大国的地区战略甚至全球战略，“9·11”袭击事件便是突出一例。该事件彰显了非传统国际格局对传统两极格局的冲击，也向世人昭示了恐怖主义对人类的危害性及国际共管的必要性；同时它也改变了美国的国家安全观念和全球战略，使美国不再将其他传统大国视为目前的主要威胁，而是将恐怖主义、宗教极端主义、恐怖主义与大规模杀伤性武器的结合视为迫在眉睫的威胁。

为了维护国家安全、捍卫经济利益以及推广美国的价值观，美国决定发动全球“反恐战争”，其重点主要集中在南亚、东南亚和中东地区。南亚的巴基斯坦拥有特殊的地缘位置，并与塔利班和“基地”组织有着特殊的历史渊源，因而美国将其视为“反恐”前线国家。从巴基斯坦的角度来看，其选择与美国结成“反恐”联盟可以化解印度借机联合美国孤立巴基斯坦的压力，避免克什米尔地区的“自由战士”被定义为恐怖主义者而遭到打击，获得美国巨大的经济援助，提升其军事装备以抗衡印度的能力，以及推动穆沙拉夫所主张的世俗化改革。因此，穆沙拉夫政府在顶住国内巨大压力的情况下支持美国主导的“反恐战争”，并在“反恐”中进行全面的合作。

东南亚地区从传统上来看与“基地”组织的联系并不紧密，但自20世纪前半期起，“基地”组织就大举进入东南亚地区，并帮助当地建立包括“伊斯兰祈祷团”在内的宗教极端组织。“伊斯兰祈祷团”的活动范围遍及东南亚各国，所实施的恐怖活动给该地区各国带来巨大的财产损失和众多的人员伤亡。2002年10月12日，印度尼西亚巴厘岛发生的恐怖事件激起了全国对恐怖主义的憎恨，也使印尼民众充分认识到恐怖主义的危害性并支持政府与美国合作“反恐”的决定，此后美国—印尼在多个领域开展合作并取得一定的成效。除了与美国合作外，印尼还以地区国际组织“东盟”为平台开展多边合作。

中东地区是东西方的交通枢纽、扼守海上重要通道、富含已探明世界石油储量的2/3，具有重要的地缘优势。该地区的沙特阿拉伯是美国的传统盟友，是美国石油供应的稳定器和巴以和平协议的倡导者，但该国的富豪和慈善机构是世界各地恐怖主义的主要捐赠者。因此，美国将沙特作为“反恐”盟友在一定程度上既可以切断恐怖主义的资金来源，又可以将沙特作为调节器来稀释中东的反美情绪，从而维护自身和以色列的利益。另一方面，沙特自身也是恐怖主义的受害者，通过与美国结盟“反恐”可以维护其安全和促进经济利益。

印尼和沙特除了采取武力“反恐”措施以外，也采取

“柔性反恐”措施并取得显著成效，尤其是两国的“去极端化反恐”措施成为世界“反恐”的成功范例，值得世界各国学习和借鉴。

二、研究现状

“9·11”袭击事件对世界产生了极为深远的影响，它在一定程度上改变了美国的国家安全观、全球战略、安全政策、“反恐”战略等。由于美国是独一无二的超级大国，以至于美国因“9·11”这一重大袭击事件在南亚、东南亚和中东等地区发动“反恐战争”。这一“反恐战争”牵动着在地缘上与此相关各国的神经，由此围绕美国“反恐战争”的研究可谓汗牛充栋，浩如烟海。到目前为止，中国社会科学院美国所、复旦大学美国研究所、北京大学国际关系学院、四川大学南亚研究所、中国人民大学国际关系学院等国内学术机构对恐怖主义和“反恐战争”进行研究，取得了较多研究成果。这些研究成果对于了解世界范围内恐怖主义活动泛滥的原因、理解恐怖主义现象以及了解国际社会“反恐”斗争的现状大有裨益。

中国国内学术界在该领域较有代表性的著述包括：《人、国家与安全治理：国际关系中的非传统安全理论》（李开盛主编，2012）、《国际安全理论经典导读》（阎学通、徐进，2009）、《美国国家安全》（萨克宣，2005）、《恐怖主义溯源：中国人的视角》（王逸舟，2010）、《恐怖主义与反恐怖历史：理论与实践》（张家栋，2012）等。

中国国内就美国“反恐”战略进行研究的代表性学术论文包括：《“9·11”事件后美国反恐战略对南亚安全格局的影响》（张力，2006）、《南亚反恐局势的特点及走向》（赵伯乐，2009）、《反恐战略、“倒萨”战争与美国的石油争夺》（吴磊，

2003)、《浅析美国“阿富汗—巴基斯坦”反恐新战略》（刘锦前，2009)、《后拉登时代美国的反恐战略及影响》（刘元玲，2011)、《〈美国国家安全战略〉报告和大国关系》（杨洁勉，2002)、《“9·11”事件后美国反恐战略的演变》（李希若，2008)、《美国调整南亚反恐战略：观察与预测》（张力，2009）等。

研究美国—巴基斯坦“反恐”合作的文章包括：《美巴反恐合作的援助——代价之争》（张力，2012)、《美巴反恐合作：困境与前景》（邓红英，2009)、《美国—巴基斯坦十年反恐合作：进程、困境与反思》（陈利君，2011)、《小布什时期巴基斯坦与美国的反恐合作评析》（熊昊，2010)、《后拉丹时代美巴关系走向探析》（杨文静，2011)、《新阶段反恐战争：巴基斯坦的处境与美巴矛盾》（张力，2008)、《“扎尔达里时代”美巴反恐合作的制约性因素分析》（谢许潭，2009）等。

研究美国—印尼合作“反恐”的学术论文包括：《美国的东盟政策解析》（唐昊，2005)、《东南亚地区的反恐形势与安全合作努力》（汪新生，2004)、《九一一事件以来美国与东盟的关系》（曹云华，2002）等。关于美国—沙特阿拉伯“反恐”合作的学术论文包括：《世界大事综览》（刘钰，2009)、《“亚非地区：‘9·11’的冲击与影响”学术研讨会综述》（王亚宏，2002）等。关于美国—印度合作“反恐”的论文有：《美印之间的反恐合作》（时宏远，2009)、《美国与印度的反恐合作：内容、问题与前景》（邵育群，2009）等。

对美国—俄罗斯“反恐”合作进行研究的学术论文包括：《反恐合作与俄罗斯对美国政策取向》（刘飞涛，2002)、《俄罗斯反恐的国际合作》（刘勇为，2008)、《美俄关系十年》（刘金质，2002)、《俄罗斯国家身份定位与认知视角下的俄美关系困境》（张学航，2009）等。研究美国—欧盟“反恐”合作的主要学术论文包括：《欧盟 AEO 指南详解》（王春蕊，2012）、《美欧反恐合作机制的有效性及其限制因素》（王民丽，2011）、《当前国际恐怖与反恐斗争的特点与趋势》（李伟，2007）、《全球化与恐怖主义》（张东升，2002）等。

国外学者对恐怖主义及“反恐战争”的研究较多，特别是以美国为首的西方国家自 20 世纪 60 年代以来遭到了恐怖主义不同程度的袭击，引起了社会的广泛关注，学界也不断产生出新的研究成果。许多学者在相关的国际问题、社会学、政治学、哲学等刊物上发表了关于恐怖主义及“反恐战争”的文章。

国外对本书所涉主题的研究较多，大致可以分为两个方面：

第一方面，西方的研究。

由于“反恐战争”代替冷战上升为国际安全中最重要的问题，西方国家尤其是美国将安全研究重点从冷战期间的战略研究（军控、裁军和核威慑）扩展和深化到非传统安全领域，尤其是“反恐”领域，以若干著名高校、智库和研究所为依托，形成了教学、研究和提供政策咨询三位一体的研究模式。主要包括哈佛大学、普林斯顿大学政治学院、斯坦福大学政治学学院、密歇根大学政治学院、耶鲁大学政治学院、加利福利亚大学政治学院伯克莱分校、哥伦比亚大学政治学院、杜克大学政治学院、加利福利亚大学政治学院洛杉矶分校、芝加哥大学政治学院和肯尼迪政治学院、安德鲁斯大学等。研究所和智库有兰德公司、布鲁金斯学会、美国企业学会、美国传统基金会、史汀生研究所、卡内基国际和平研究会、美国皮尤研究中心、伦敦国际问题研究所、斯德哥尔摩国际和平研究中心、福特基金会等。其中美国新保守主义智库，如企业研究所和由布拉德利、约翰·奥林、史密斯·理查森基金会支持的“新美国世纪”项目等对布什的外交政策产生了很大的影响。[①] 福特基金会资助的布朗大学沃森研究所的“和平研究项目”通过一系列会议、电影、博客以及广泛的网络来研究恐怖主义、全球“反恐战争”，并试图找出暴力冲突与媒体间的关系。英国经济与社会研究理事会通过提倡“恐怖主义的国内对策”和“新安全挑战项目”，为研究人员提供支持。总体来看，西方的研究既重视政策研究，又重视学理研究；既从切身利益和安全战略出发，又有不少研究是针对美国和英国以伊拉克拥有大规模杀伤性核武器为借口发动伊拉克战争的批评。从价值取向上来看，西方的研究体现出百花齐放，百家争鸣的特点。

西方的研究颇多，难以全面检索和完全归纳，特选择与本书直接相关的重要著作分别简略介绍。在对国际安全和“反恐”进行研究的著述中，巴里·布赞和琳娜·汉森的《国际安全研究的演化》（*The Evolution of International Security Studies*, 2011）是一部重要著作。该书的作者巴里·布赞和琳娜·汉森认为，国际安全研究中认识论差异大体有二：一是客观安全、主观安全和话语安全的差异；二是安全分析所采用路径的差异。在第一种差异中，客观安全概念往往立足于物质层面，强调威胁者的物质能力；主观安全概念通常指观念上的威胁，强调心理上的认知；话语安全强调安全是自我指涉的实践，是一种“言语行为”（speech act），是“安全威胁”的话语建构。在第二种差异中，安全分析路径的区别主要是实证主义与后实

① Max Boot, “Think Again: Neocons,” Foreign Policy, Issue 140, 2004, pp. 20 – 28.

证主义的区别。[1] 作者还阐释了传统主义、深化和扩展视角对“9·11”事件的研究：传统主义者认为“9·11”事件恢复了对“使用武力”作为安全核心的焦点，但它与冷战期间的军备、威慑和裁军等路径又大相径庭，主要体现在恐怖主义从冷战时期的边缘地位上升到中心地位。[2] 扩展和深化路径的学者认为，安全是一个被建构起来的话语，而不是把安全作为一个客观的物质条件。“恐怖主义”和“恐怖主义者”并不是客观认定的威胁、行为或行为体，而是对极端他者的建构。[3]

就恐怖主义的危害、美国的“反恐”措施、国际“反恐”合作和如何与“支恐国家”，以及“反恐”伙伴相处等进行研究的著述中，《恐怖主义与美国的外交政策》（*Terrorism and U. S. Foreign Policy*，2001）一书阐述得比较全面和深入。作者保罗·R. 皮拉尔认为恐怖主义给美国安全带来了前所未有的挑战。[4] 此外，皮拉尔还阐释了美国成为恐怖主义袭击目标的主要原因，列举了恐怖主义组织的种类等。

认为巴基斯坦在美巴“反恐”合作中的努力不尽如人意的代表作有《巴基斯坦与“反恐战争”：冲突的目标和折中的表现》（*Pakistan and the War on Terror*：*Conflicted Goals*，*Compromised Performance*，2008），该书的作者阿希利·J. 特利斯（Ashley J. Tellis）认为，美国从2002—2008年向巴基斯坦提供了100亿美元的安全和经济援助，但巴基斯坦在“反恐”中的

---

① 巴里·布赞、琳娜·汉森著，余潇枫译：《国际安全研究的演化》，浙江大学出版社，2011年版，导读一，第7页。

② 同上书，第246页。

③ James. Der Derian, “Imaging terroe: Logos, Pathos and Ethos,” Third World Quarterly, Vol. 26, No. 1, 2005, pp. 23 – 37.

④ Paul R. Pillar, Terrorism and U. S. Foreign Policy, Brookings Institution Press, Washington D. C., 2001, p. 1.

贡献还是令美国会感到失望。美国的莱昂·T. 哈达尔（Leon T. Hadar）在其文《美国“反恐战争”中的巴基斯坦：战略盟友还是不可靠的客户?》中表达了相似的观点，他认为巴基斯坦支持美国“反恐战争”的决定并不意味着巴外交政策结构性的变化，而是巴不希望失去政权更替后的阿富汗，也不希望克什米尔地区的“自由战士”被划为恐怖主义者而遭到印度和美国的打击，同时希望获得美国的经济援助以便提升对抗印度的能力，因此穆沙拉夫的决定是策略性的考虑。同时作者认为美国对巴基斯坦的援助是大国被小国利益所绑架。①

当然，在对巴基斯坦的“反恐”表示批评的同时，也有不少美国学者对巴在“反恐”合作中所做贡献还是予以肯定的。K. 阿兰（K. Alan Kronstadt）对美巴在执法、情报、军事和安全等领域的合作成效给予了肯定。② 他在文章《美巴“反恐”合作》（*Pakistan-U. S. Anti-Terrorism Cooperation*）中写道：“巴基斯坦是美国主导的‘反恐’联盟的重要前线国家。由于巴基斯坦在联合‘反恐’行动中给予美国很大的支持，美国部分高级官员经常赞扬巴基斯坦及其领导人穆沙拉夫。”③

研究美国—印尼“反恐”合作的文献主要集中讨论美印军事、安全和推广民主等领域的合作，美国战略与国际研究中心东南亚研究室副主任穆雷·希伯特（Murray Hiebert）等人在《美国—印尼 2020 年伙伴关系报告》中对美国—印尼合作“反恐”做了全面的探讨，并对两国伙伴关系的前景提出一些参考

---

① Leon T. Hadar, “Pakistan in America's War against Terrorism Strategic Ally or Unreliable Client?” Policy Analysis, No. 436, May 8th, 2002, pp. 1 – 22.

② K. Alan Kronstadt, “Pakistan-U. S. Anti-Terrorism Cooperation,” Report for Congress, March 28th, 2003, pp. 1 – 16.

③ Ari Fleischer, “Transcript: White House Daily Briefing,” USIS Washington File, March 3rd, 2003.

意见[①]。曾在印尼工作过十年的前美国国防和军事武官（1990—1994）约翰·B. 黑斯曼（John B. Haseman）对美印安全关系进行了探讨，他在《美印安全关系：下一步的展望》（*The U. S. -Indonesia Security Relationship*：*The Next Steps*）一书中阐明美印安全合作能使双方互利共赢。关于东南亚恐怖主义问题，梅丽莎·G. 柯利（Melissa G. Curley）在其著作《安全化与东盟“反恐”合作的挑战》一书中分析了东盟地区各国如何将“反恐”问题列入政治议程，并讨论区外国家美国在推动这一议程中所扮演的重要角色。她用巴里·布赞所构筑的地区安全符合理论来分析东南亚的恐怖主义，并探究了美印“反恐”合作的动因。

在对美国—沙特阿拉伯“反恐”合作研究的文献中，克雷格·昂格尔（Craig Unger）的《布什家族和沙特王族》（*House of Bush*，*House of Saud*：*The Secret Relationship Between the World's Two Most Powerful Dynasties*，2004）探究了布什家族和沙特王族之间的关系。昂格尔认为由于布什家族和沙特王族之间紧密的经济关系，两国在30年前自然而然地建立了“反恐”合作基础。约瑟夫·M. 迈尔斯（Joseph M. Myers）在参议院证词中将美沙关系概括为亦敌亦友、复杂而又非常重要的关系，两国力求追求共同利益的最大化，同时使冲突最小化。[②] 托马斯·李普曼（Thomas Lippman）从机制的视角积极探讨美沙关系，他在《海市蜃楼：脆弱的美沙伙伴关系》（*Inside the Mirage*：*America's Fragile Partnership with Saudi Arabia*，2004）一书中强

① Murray Hiebert，Ted Osius，A U. S. -Indonesia Partnership for 2020：Recommendations for Forging a 21st Century Relationship，Center for Strategic and International Studies，pp. 1 - 92.

② Joseph M. Myers，testimony on combating terror financing and U. S. cooperation with Saudi Arabia，U. S. Senate Committee on Finance Hearing on the Treasury Department，July 15，2004.

调各种组织机构在建构美沙关系中的作用，这些组织包括美国和沙特之间商业集团（如石油集团）和政府组织如国家航空公司、农业和军事服务集团等。他认为各种利益集团参与了两国关系的建构，因而这种互利共赢的关系反过来也制约着两国的政治和经济关系。从领导人物个人层面来阐述美国—沙特阿拉伯关系的以凯文·菲利普斯（Kevin Philips）为代表，其作品《美国王朝：贵族、财富和布什家族的欺骗政治》（*American Dynasty: Aristocracy, Fortune, and the Politics of Deceit in the House of Bush*, 2004）阐述了老布什与沙特王族的私交，及其在离任后数次造访沙特的情景。

西方文献除了有关美巴、美国—印尼，以及美国—沙特阿拉伯的刚性合作“反恐”外，也有不少文献涉及到印尼和沙特阿拉伯的“柔性反恐”，尤其是关于印尼和沙特阿拉伯的“去极端化反恐”措施。荷兰罗尔·梅杰（Roel Meijer）主编的《印尼、阿尔及利亚和沙特阿拉伯的“反恐”战略》（*Counter-Terrorism Strategies in Indonesia, Algeria and Saudi Arabia*, 2012）一书系统地阐述印尼和沙特阿拉伯的“反恐”战略。作者将印尼和沙特阿拉伯的“柔性反恐”战略进行比较，认为印尼的“柔性反恐”战略既包括对恐怖主义的康复计划，让恐怖主义康复后重返社会；既包括在意识形态上对恐怖主义进行说服教育，又包括对人权的尊重。具体措施包括对被释放的恐怖主义者给予财政支持和奖励、将当地警力的职能从军用转为民用服务，以及发动民间社会参与“反恐”活动。尤其是各种穆斯林团体参与“反恐”活动的成效尤为突出[①]。与印尼“柔性反恐”相关的著作为《预防极端化和恐怖主义：基于印尼的研

① Noorhaidi Hasan Bertus Hendriks, Counter-Terrorism Strategies in Indonesia, Algeria and Saudi Arabia, Netherlands Institute of International Relations “Clingendael”, 2012, p. 169.

究》(*Preventing Violent Radicalization and Terrorism: The Case of Indonesia*, 2009),探讨了印尼的“柔性反恐”措施并给出了一些相关的建议。

第二方面,非西方的研究。

除了西方的研究著述外,非西方世界对美国的国际“反恐”也做了大量的研究,本书也参考穆斯林世界在该研究领域的一些文献。巴基斯坦作为美国主导联盟的前线“反恐”国家,与“反恐”问题休戚相关,该国学者对恐怖主义及“反恐”的文献也应运而生。巴基斯坦《国际新闻》副主编阿米尔·米尔(Amir Mir)在《“9·11”以后的巴基斯坦塔利班化》(*Talibanisation of Pakistan: From 9/11 to 26/11 and Beyond*, 2010)一书分析了“9·11”后巴基斯坦面临“塔利班化”的各种危险。作者除了介绍“圣战者组织”(穆贾赫丁)武装组织的历史根源、恐怖头目的背景和恐怖组织的现状外,认为“9·11”事件后恐怖主义聚集于巴阿边境地区这一事实不仅对美国主导的“反恐”联盟构成威胁,而且也危及印度和巴基斯坦自身的安全。此外,作者还仔细分析为何巴的“反恐”合作受到美国怀疑,认为巴为考虑自身的国家利益,巴军方不可能全力以赴地打击伊斯兰武装分子。DR. 纳兹鲁尔(DR. Nazrul)的《伊斯兰的“9·11”和全球恐怖主义:观念和方法的研究》(*Islam 9/11 and Global Terrorism*, 2005)论述了“9·11”后为何越来越多的穆斯林支持恐怖主义,同时探讨了穆斯林憎恨西方的历史根源,以及极度敌视现代化的原因。

印度学者 V. D. 乔普拉(V. D. Chopra)的《美—英在伊拉克军事行动的形成与终止》(*Genesis and Fall out of U.S.-U.K. Military Action in Iraq*, 2004)对美英联军以伊拉克拥有大

规模杀伤性武器，以及摧毁伊拉克威权统治和重建民主为由发动战争的行为提出了批评。他指出，美国在攻陷伊拉克之后不但没有找到其拥有大规模杀伤性武器的证据，反而引发了阿拉伯世界的动荡，这反过来又加强阿拉伯世界的极端化。[①] 因此美英发动战争的理由不但遭到阿拉伯世界的反对，同时也遭到了美英两国国内的反对和批评，甚而两国对这次战争进行了深刻的反思和总结。

值得一提的是，美国不少重要刊物发表了大量与美国安全和“反恐”相关的论文和其他文献，是研究“反恐”领域不可或缺的重要资料，包括《国际组织》（*Intemational Organization*）、《国际安全》（*International Security*）、《国际政治社会学》（2007）、《恐怖主义批判研究》（2008）、《亚洲安全》（2005）、《外交政策》（*Foreign Policy*）和《外交事务》（*Foreign Affairs*）等。本书的写作从这些刊物中获益匪浅。

总体上来看，国内外的研究成果主要包括：许多学者就恐怖主义的概念界定达成了一些基本的共识，认为恐怖主义主要针对平民，并利用现代媒体来制造恐怖气氛，以达到企图改变主权国家政治议程的目的。其特征主要表现为暴力性、残忍性、针对平民等特点。此外，部分学者从心理学的角度来研究恐怖主义的诱因，并取得了一些成果。一些学者在一定程度上正确地看到了国家支持是当代恐怖主义的客观诱因之一。另外一些学者从文化和宗教的角度来考察恐怖主义，看到了宗教极端主义和原教旨主义是产生恐怖主义的原因之一。但从宗教文化的角度来分析恐怖主义的诱因有时难免会将恐怖主义等同于某种特定的宗教，导致更大范围的文明冲突，反而影响国际

① V. D. Chopra, genesis and fall out of U. S. – U. K. military Action in Iraq, Kalpaz Publication, 2004, p. 9.

“反恐”合作，这为以后的研究留下了很大的发展空间。

三、本书的结构、研究方法与创新探索

本书共分七章，从非传统安全的威胁入手，探讨非传统安全威胁在“失败国家”的溢出效应和威胁，以及由“9·11”事件所引发的美国全球“反恐战争”。

第一章阐述了非传统威胁的凸显、扩散，以及恐怖主义的危害和影响。尤其是“9·11”袭击这一恐怖事件大大地影响了大国的安全观念和全球战略，因此对恐怖主义威胁及其“反恐战争”的研究理所当然地成为了一门显学。

第二章分析了美国“9·11”事件后国家安全观念转变的原因，首先阐释“9·11”事件对美国民众层面及政府层面心理上的影响；其次从历史和现实的角度进一步分析布什政府针对恐怖主义发动“先发制人”打击这一进攻性战略的成因，认为美国“反恐”战略是观念因素和物质因素的结合。美国有了优越的地理位置和技术实力所放大的综合国力这两个物质支柱，再加上精英、普通民众与政府内阁(“瓦肯人”）这两个观念市场的支持，美国在思想上基本扫清了发动“反恐战争”的障碍。

第三章讨论了美国国内“反恐法”产生的背景、通过的过程及产生的影响，认为国内“反恐法”一方面为美国的全球“反恐战争”确立了法理依据，另一方面也侵犯了美国公民的部分权力，因此美国有必要在“反恐”与尊重公民权力之间寻求一种平衡。

第四章考察了美国在南亚的“反恐战争”，以巴基斯坦为重点论述了美巴双方对合作“反恐”的认知、合作机制、过程及成效，以及巴基斯坦在美国“反恐战争”中的作用，并对“反恐”前景做出一定展望，认为从长期来看，美巴“反恐”

合作要取得成功，双方需加强互信合作。美国应真诚地促进印巴克什米尔问题的解决从而达到印巴和解；巴应努力发展经济和推进民主、打击腐败、改善部落地区的政治生态，将“武力反恐”和“柔性反恐”措施巧妙结合。

第五章将重点转向东南亚地区，介绍恐怖主义在东南亚的兴起，回顾美国—印尼关系的简短历史，分析印尼与美国结成“反恐”联盟的动因，叙述美国—印尼“反恐”合作的领域及成效，并探索了印尼“柔性反恐”（去极端化）措施及其成功经验，以及美国的反应。

第六章关注美国—沙特“反恐”合作的成因，合作领域及成效、沙特的“柔性反恐”措施的实施办法及成功经验，并将巴基斯坦、印尼和沙特阿拉伯的“反恐”进行比较，同时论述了美国对沙特“柔性反恐”措施的反应。

第七章主要对美国主导的全球“反恐战争”做出展望，从大国合作的视角论述了美国—印度、美国—俄罗斯及美欧“反恐”合作的领域，并对大国间的合作方向进行探讨。

本书涉及的主要研究方法包括以下几点：第一，本书尽可能多渠道地广泛搜集资料，充分利用前沿研究成果和第一手资料，重点在于甄别、解读和筛选对象国的研究文献，包括专著、论文、政府文件、报刊、访谈和参加观摩大会所产生的思想碰撞等。第二，本书采用多理论、多学科相结合的方法来进行研究，除了使用国际关系研究的常规理论如文明冲突论、民主和平论、建构主义等来解释“反恐战争”外，还用社会进化理论“人工”变异—选择—遗传来解释美国为何在“9·11”事件后采取“先发制人”的战略。

本书尝试在以下几方面进行创新：第一，将物质因素和观念因素结合起来，力图从社会进化的视角来解释“9·11”事件后的美国国家安全战略及“反恐战争”，同时用“文明冲突理论”来解释美国对宗教极端主义和恐怖主义的打击，辅之以“民主和平论”来理解美国将“反恐战争”与推进民主相结合的战略。第二，在讨论美国—巴基斯坦、美国—印尼、美国—沙特武力反恐合作的同时，还探索了印尼和沙特的“柔性反恐”——“去极端化”措施以及美国对“去极端化反恐”措施的反应。第三，以国别“反恐”来辐射区域“反恐”，并将三国的“反恐”异同进行比较。巴基斯坦主要以与美国进行合作的武力“反恐”为主，印尼和沙特除了与美国进行的“刚性反恐”合作外，印尼和沙特两国在美国的鼓励和帮助下开展“柔性反恐”措施。但两国的“柔性反恐”措施又有所不同。首先，印尼“柔性反恐”措施强调劝说方法的重要性，因此选用劝说疗法来规劝囚犯改变极端思想。沙特的“去极端化”主要强调预防、康复和善后照顾计划。其次，印尼利用“迷途知返”的释放犯进行现身说法教育，而沙特做得面面俱到，“教育”主体针对每一受体进行说服教育，直到考试合格为止。第三，执行“柔性反恐”措施的专业人员不同：印尼主要由警察执行，而沙特主要由宗教人士或者精通宗教的专家学者执行。最后，公民社会在两国“柔性反恐”中的作用不同，印尼在“去极端化”中充分发挥公民社会的作用。而沙特的“柔性反恐”是至上而下型的，许多“反恐”机构直接隶属于内政部。当然两国的“柔性反恐”措施也有一些相似的地方，主要表现在两国都注重促进主流宗教的教育。

第一章 非传统安全威胁的凸显及恐怖主义的危害

第一节　非传统安全威胁的凸显及扩散

一、非传统安全威胁的凸显

冷战前，国家安全主要受传统安全的威胁。冷战后，尤其是“9·11”事件以来，国家安全受到传统国际格局和非传统国际格局中各种因素的双重挑战，而非传统国际格局的影响有不断扩大的趋势，各种恐怖主义组织正逐步形成网络化的“隐形一极”。它们不是国家或国家集团，而是非国家、非政府跨国行为体或者跨国活动（如塔利班）。许多恐怖主义组织利用自身的游离性和隐蔽性，在“9·11”事件后频频发动对美国的袭击，使美国长期陷入战争状态，疲于应付。于是在21世纪初，国际关系有史以来第一次形成以“两极对抗热战”为主要特征的非传统国际格局（详见表1—1）。[①] 非传统国际格局主要包括恐怖主义、跨国犯罪、人道主义灾难事故、地区动

---

① 刘江永：“美国军事卷入钓鱼岛将面临两难困境”，《国际问题研究》，2011年第3期，第15页。

乱、全球性传染病、移民潮和环境破坏等。在所有非传统安全威胁中，恐怖主义对国际关系的影响尤为深远。

表 1—1 一极多元的传统国际格局与两极对抗的非传统国际格局

特点	传统国际关系格局	非传统国际关系格局
主要国际行为体	国家 VS 国家	国家 VS 非国家、非政府、个人
国际行为体	国际集团 VS 国际集团	国际集团 VS 非政府集团、个体集团
国际行为方式	战争、冲突、冷战、合作	非对称战争、恐怖袭击
对手特点	对手比较明确，相互竞争中有相互依存	以伊斯兰极端主义为背景的“隐形一极” VS 以美国为代表的西方国家
格局结构特点	一极多元、多元并存	两级对抗、难以调和

资料来源：刘江永：“可持续安全要靠王道而非霸道”，《世界经济与政治》，2011 年第 8 期。

二、非传统安全威胁的扩散

非传统安全威胁属于非传统国际格局的重要内容之一。冷战结束后，非传统安全威胁日益跨越民族国家的界限，给国际社会的生存和发展带来了前所未有的挑战。在所有非传统安全威胁中，跨国犯罪分子和恐怖主义倾向于选择治理不善的国家作为活动场所，并利用这些国家边界管理上的漏洞进行跨国犯罪。正如弗朗西斯·福山（Francis Fukuyama）所说，“自冷战结束后，弱国和“失败国家”成为国际秩序最大麻烦制造者。”[①] 一些美国官员对此表示赞同，美国前国务卿康多利扎·赖斯（Condoleezza Rice）说：“不能行使有效管辖的主权国家在恐怖主义、武器扩散和其他非传统安全形式方面具有一种扩散效应。”[②] 美国对弱国和“失败国家”这一看法代表了其安全认知的重要转变。冷战结束后，新的安全观念在本质上发生了根本性的转变，不管是政府官员、学者还是新闻工作者都认为治理乏善的国家与全球安全的普遍威胁、人类福祉存在一定的关联。这些威胁包括从跨国恐怖主义到跨国犯罪、人道主义灾难事故、地区动乱、全球性传染病、移民潮和环境破坏。[③] 联合国前秘书长科菲·安南也认为“失败国家”对非传统安全威胁的溢出效应负有一定的责任，他于2005年说，“如果政府脆弱，世界人民就不能享受安全、发展和正义，因此新千年的挑战之一要求政府足够强大到足以应对所面临的任何挑战。”[④] 各国政策制定者和学者认为部分弱国和“失败国家”“溢出”非传统威胁，其方式主要包括为恐怖主义提供温床、武器扩散、为跨国犯罪集团提供基地等。

（一）提供恐怖主义活动的温床

一些弱国和治理乏善的国家或因资金短缺，或因长期处于战乱状态，因而政府无法对内实行有效的管辖，结果导致恐怖主义将其作为恐怖事件的策源地和庇护所。正如《纽约时报》

---

① Francis Fukuyama, State-Building: Governance and World Order in the 21st Century (Ithaca of New York: Cornell University Press, 2004), p. 92.

② Adam Garfinkle, “A Conversation With Condoleezza Rice,” American Interest, Vol. 1, No. 1, Autumn 2005,: pp. 47 – 50.

③ John J. Hamre and Gordon R. Sullivan, “Toward Postconflict Reconstruction,” Washington Quarterly 25, 4, Autumn 2002, p. 85.

④ Stewart Patrick, “Weak States and Global Threats: Assessing Evidence of ‘Spillovers’,” Center for Global Development, Working Paper Number 73 January 2006, p. 3.

报道，“不能向其国民提供食品和就业的‘失败国家’因长期处于军阀割据状态而不能控制本国边界，因此导致恐怖主义流入这些国家。”[①] 这样的说法不无道理，根据从马里兰大学获得的数据表明，从1991年到2001年期间的多数恐怖主义者来自经常发生冲突的低收入威权国家。[②] 美国研究“国外恐怖主义组织”（Foreign Terrorist Organizations）的分析人士指出，大量恐怖主义者把弱国和“失败国家”当作主要的基地。[③] 因为弱国和“失败国家”过去曾为跨国恐怖主义组织提供多种便利条件，包括安全庇护所、人员培训和思想灌输、武器装备和财政支持、集结地、过境区以及人员增补等。[④] 比如“基地”组织就接受过苏丹和阿富汗这两个“失败国家”提供的便利，在其领土上建立训练营和招募新成员，还利用肯尼亚作为训练基地，针对美国发动袭击。

事实上，“失败国家”和跨国恐怖主义活动之间的关系比通常想象的更为复杂。

首先，并不是所有的“失败国家”都遭受恐怖主义之苦。正如研美国的历史学家沃尔特·拉奎尔（Walter Laquer）指出，“失败国家论”并不能完全解释为何恐怖主义活动主要集中于南亚、中东和广泛的穆斯林地区，而不是发生在政府治理更为糟糕的中非诸国。[⑤] 他认为主要是人口、政治、宗教、文化

---

① “Fighting Terrorism at Gleneagles,” New York Times (July 5, 2005).

② Monty Marshall and Ted Robert Gurr, Peace and Conflict, Center for International Development and Conflict Management, University of Maryland, College Park, MD, USA, May 2005, pp. 8 – 11.

③ Ambassador Cofer Black, Patterns of Global Terrorism 2003 Report, U. S. Department of State, available at: http://www.state.gov/documents/organization/31912.pdf.

④ Sebastian Mallaby, “The Reluctant Imperialist: Terrorism, Failed States and the Case for American Empire,” Foreign Affairs, Vol. 81, No. 2, Mar. – Apr. 2002, p. 2.

⑤ Walter Laquer, No End to War: Terrorism in the Twenty – First Century (Continuum, 2003), p. 11.

和地理等因素导致了全球恐怖主义活动的增加。例如穆斯林人口数量的激增有利于“基地”组织在其中隐藏身份和浑水摸鱼。

其次，并不是所有“失败国家”的恐怖主义活动都跨越国界，其中的一部分是由当地政治冲突引起，且只发生在本地的恐怖活动。例如“哥伦比亚革命武装力量”（FARC）和斯里兰卡的“泰米尔猛虎组织”（LTTE）皆非跨界恐怖主义组织。

第三，跨国恐怖主义利用“失败国家”从事跨国恐怖活动的程度因国家不同而有所差异。传统观点认为恐怖主义分子主要集中在像索马里和利比亚之类的“失败国家”。以美国索马里问题专家肯·孟豪斯（Ken Menkhaus）为代表的学者认为，恐怖主义更倾向于将诸如巴基斯坦和肯尼亚之类的失败但仍能正常运行国家当作运作基地。他说这些国家既脆弱又腐败不堪，但却能为世界经济提供包括交通、通信技术和银行系统在内的金融和后勤服务，因此恐怖主义可以借此筹集和转移资金。①

第四，跨国恐怖分子只是部分地并且逐渐地减少对弱国和“失败国家”的依赖，尤其是在美国自2001年发动全球“反恐战争”以来，国际恐怖主义网络已从“集中化”转向“去中心化”，从原来少数几个“失败国家”转移到整个穆斯林世界，甚至部分极端主义者还躲藏到法国巴黎的穆斯林社区。②

总体上来看，弱国和“失败国家”可能向跨国恐怖主义提供便利条件，但这些国家对恐怖主义的重要性并不像普遍想象的那样明显。如果说现在还存在对恐怖主义极具吸引力国家的话，那就是后萨达姆时代的伊拉克和“阿拉伯之春”后的部分

---

① Ken Menkhaus, Somalia: State Collapse and the Threat of Terrorism, Oxford Press, 2004, p. 364.

② Olivier Roy, Globalized Islam: The Search for a New Ummah, Columbia University Press, 2004, p. 320.

中东国家。因为美国发动全球“反恐战争”和“阿拉伯之春”爆发后，传统残暴但世俗的威权政府被推翻，出现了“伊斯兰化”趋势，这种情况对“圣战运动”来说犹如一块磁铁。[①]

（二）增加武器扩散的风险

治理乏善的国家可能无法或者不愿控制原子武器、化学武器和生物武器，或者阻止与大规模杀伤性武器有关的技术扩散。英国政府的报告指出，根据安理会决议被迫终止大规模杀伤性武器的 17 个国家中，有 13 个存在不稳定的风险。[②] 最可能的情况包括生物武器的转让。因为该武器既容易生产又容易转让，但却很难被发现。[③] 目前就叙利亚局势来看，安德鲁·J. 特博勒尔（Andrew J. Tabler）认为叙利亚的形势也和阿富汗一样复杂：冲突时间越长，由此造成的威胁越大，美国也越难以控制。因此美国应及时进行军事干预，使冲突各方重启谈判，以避免危险武器落入诸如“圣战者”和“库尔德分离主义”之手，目前这两股势力已直接威胁到美国盟友伊拉克、以色列、约旦和土耳其的国家安全。[④]

一些“失败国家”不仅可能直接转移大规模杀伤性武器，而且还可能转移武器技术，这让国际社会感到担忧和恐惧。正如大卫·阿尔布赖特（David Albright）表示，巴基斯坦主要的核科学家精心设计黑箱操作达 20 年之久，向伊朗、利比亚和

---

① Dana Priest, “Iraq New Terror Breeding Ground: War Created Haven, CIA Advisers Report,” Washington Post, January 14, 2005.

② Dana Priest, “Iraq New Terror Breeding Ground: War Created Haven, CIA Advisers Report,” Washington Post, January 14, 2005.

③ Stewart Patrick, “Weak States and Global Threats: Assessing Evidence of ‘Spillovers’,” Center for Global Development, Working Paper Number 73, January 2006, p. 17.

④ Andrew J. Tabler, “Syria's Collapse and How Washington Can Stop It,” June 14, 2013, p. 2, available at: http://www.foreignaffairs.com/articles/139457/andrew-j-tabler/syrias-collapse? page = 5.

朝鲜出售包括生产裂变材料的方法、设计和制造武器的设施等。他认为，卡迪尔·汗出售的项目包括向利比亚出售与浓缩铀相关的技术，价值多达1亿美元，向非洲、南亚和中东国家提供几十个离心机生产车间的设计。鉴于此，他认为国际社会防止大规模杀伤性武器扩散的努力会更加困难。[①]

尽管美国主要关注大规模杀伤性武器的危险，但对“失败国家”在小型和轻型武器扩散中扮演的角色也不容忽视。根据日内瓦《小型武器调查报告》，有价值6.4亿美元的小型武器在全球扩散，其中许多被个人用于非法目的。[②] 脆弱国家通常是非法军火贸易的来源地、过境地和目的地。例如苏联边疆地区的腐败官员为了谋取暴利，人为操纵合法的出口许可证，使得该地区大量的非法武器库可以通过黑市进行交易，这就为反叛组织、恐怖主义和国际犯罪组织提供了武器来源。另一个显著的事例是乌克兰出口署于1999年向布基纳法索出口68吨弹药，该武器随后经由利比亚到达塞拉利昂，最后落入福迪·桑科领导的“革命联合阵线”（塞拉利昂共和国的一个叛军组织）之手[③]。这些武器中的肩扛式轻型导弹对民用航空系统的安全构成了一定威胁，由于塞拉利昂政府的脆弱性，令人对其控制轻型武器扩散的能力深表担忧。

（三）提供其他犯罪组织的庇护所

“失败国家”除了容易滋生恐怖主义或者存在武器扩散的风险以外，跨国犯罪组织通常还将其视作理想基地，借此进行

---

① David Albright and Corey Hinderson, “Unraveling the A. Q. Khan and Future Proliferation Networks,” The Washington Quarterly, Spring 2005, p. 119.

② Stewart Patrick, “Failed States and Global Security: Empirical Questions and Policy Dilemmas,” International Studies Review (2007) 9, p. 654.

③ C. J. Chivers, “Ill – secured Soviet Arms Depots Tempting Rebels and Terrorists,” New York Times, July 16, 2005.

毒品生产、转移和走私，贩卖武器，拐卖人口，洗钱和其他犯罪活动。有组织的犯罪活动随着全球化的兴起而日趋猖獗，并在一定程度上成为经济一体化和自由化的受益者。20世纪交通和通信的进步、关税壁垒的削减以及金融管制的放松为非法犯罪活动创造了前所未有的机会。

“失败国家”和有组织的跨国犯罪活动间的关系有如寄生关系。由于管理不善，犯罪网络自然将法制废弛、边界松散、腐败横行的国家当作理想之地。正如菲尔·菲利普斯所说，“‘失败国家’的管理缺口为犯罪团伙提供了国内和国际的活动空间。”① 政府治理不良和法制缺失导致有组织的跨国犯罪在拉丁美洲泛滥猖獗，非洲同样成为犯罪团伙转运一系列非法商品的“理想”渠道。② 由于犯罪组织利用政府的腐败这一缺口谋取利益，所以他们弱化政府管理职能的趋势进一步恶化。在诸如哥伦比亚、刚果民主人民共和国、波斯尼亚和科索沃等冲突国家，旧有的权威机构被打破，新的管理机构尚未建立，政治上处于四分五裂的形势下，犯罪团体尤其擅长利用虚弱的政府来从事犯罪活动。

第二节 恐怖主义及其对21世纪国际安全的冲击

在所有非传统威胁中，恐怖主义是一种集危害性和影响力于一体的非传统威胁，它的出现可以追溯到古代，滥觞于20

---

① Stewart Patrick, “Weak States and Global Threats: Assessing Evidence of ‘Spillovers’,” Center for Global Development, Working Paper Number 73, January 2006, p. 20.

② UN Office on Drugs and Crime, Why Fighting Crime Can Assist Development in Africa: Rule of Law and Protection of the Most Vulnerable (Vienna: UNODC, May 2005).

世纪 90 年代。进入 21 世纪后，恐怖主义成为各国政治生活中的重要议事日程。它不仅危及世界和平和安宁，给世界各国人民的生命财产带来重大的损失，而且给人类带来极大的心理恐惧感，牵动每一个的神经，令人“谈恐色变”。甚至诸如“9·11”之类的重大恐怖袭击事件的巨大冲击还在一定程度上改变了主要国家的安全观念及外交战略。为了打击恐怖主义，相关国家不得不调整国家间的亲疏冷热，从这个层面上来看，恐怖主义也或多或少地改变国家间的关系。与其他犯罪活动相比，恐怖主义有着自身固有的特征和危害性。

一、恐怖主义的概念及特征

“恐怖主义”这一术语沿用至今已有 200 多年的历史，“恐怖主义”和“恐怖主义者”的最早记录见于 1795 年的法国，当时的雅各宾派专政被称为“恐怖统治”。今天的学者把“恐怖主义”限定在民族国家的范围内来考察，随着民族国家的兴起，个别人想摧毁民族国家的官僚机构绝非易事。这迫使恐怖主义者采取新的策略在公众间制造恐怖气氛，企图瓦解政府信心。[①] 多年来，许多学者试图对“恐怖主义”进行定义，但是这一术语充满过多的概念争论，以致难以得出一个普遍接受的定义。多数学者目前沿用索顿（Thornton）最早提出的概念，认为“在内部战争的情况下，恐怖主义是一种象征性的行为，主要通过使用武力或威胁使用武力等极端方式，旨在影响政治议程”。[②] 恐怖主义主要从事系统性和有针对性的暴力活动，其

① Mark LeVine, “10 Things to Know About Terrorism,” available at: http: //www. wussu. com/current/levine. htm.

② Martha Crenshaw, “The Psychology of Political Terrorism,” in Margaret G. Hermann, General Editor ed. , Political Psychology, p. 380.

主要目的不是要造成人员伤亡或者财产损失，而是要影响国家行为体的政治议程。为了施加这一政治影响力，恐怖主义者依靠暴力，调动包括支持者、中立者和反对者在内的情绪，从而给社会造成恐惧心理。索顿提出的概念只限于恐怖主义对国家的行为，即恐怖主义是自下而上的行为。沃尔特·拉奎尔（Walter Laqueur）和布鲁斯·霍夫曼（Bruce Hoffman）界定恐怖主义为使用武力或威胁使用武力，其目的在于制造持久的心理恐惧感，宣传效应是恐怖主义在策略上的重要特征。[①] 大卫·拉波波尔特（David Rapoport）将其定义为使用暴力来挑起人们的注意，唤起人们对受害者的同情和对施暴者的反感。[②] 亚纳·亚历山大（Yonah Alexander）认为是对平民随意使用暴力，旨在构成威胁或者制造恐怖阴霾，以达到政治目的。[③] 史蒂芬·斯诺安认为恐怖主义这一概念随着时间的变化而变化，但其政治、宗教和意识形态目标几乎从未改变。[④] 史蒂芬·戴卡斯（Steven Dycus）将概念的外沿扩大到包括组织和个人。他认为，恐怖主义通常威胁或要挟政府、个人或群体改变其行为和政策。沃尔特·拉奎尔将恐怖主义定义为使用武力或者威胁使用武力，旨在促使受害人产生恐惧心理。[⑤] 塞缪尔·舍夫勒（Samuel Scheffler）认为恐怖主义最具哲理的定义包括四个关键要素：一是暴力性，将恐怖主义行为限于暴力行为。二是目

---

① Laqueur, Walter, The Age of Terrorism（2nd ed.）. Boston：Little & Brown Press, 1978, p. 143.

② Rapoport, David C, “The Government Is Up in the Air over Combating Terrorism,” National Journal, November 26, 1977, p. 1853 – 1856.

③ Alexander, Yonah, International Terrorism：National, Regional and Global Perspectives. New York, Praeger Press, 1976, p. xiv.

④ Sloan, Stephen Terrorism：The Present Threat in Context, Oxford：Berg Publishers, 2006, p. 3.

⑤ Stephan Dycus, Arthur L. Berney, William C. Banks, and Peter Raven – Hansen, National Security Law（New York：Aspen Publishers, 2002）, p. 563.

标条件，称恐怖主义通常袭击特殊群体内的个体，尤其是平民、非战斗人员或无辜者。三是目的性，该条件通常包括两个部分，第一部分指暴力行为必须是故意针对平民、非战斗人员和无辜者施加的行为；第二部分指从事暴力事件的行为体事先预设的行为能使其他人产生恐惧心理。四是意识形态目标要求，指恐怖主义者实施暴力事件并制造恐怖气氛，旨在推进恐怖事件执行者的政治、社会和意识形态目标。① 国联大会 1937 年将恐怖行为定义为蓄意针对政府、特殊个人、群体或者公众的犯罪行为。② 美国国防部将其定义为蓄意地非法使用武力或者威胁使用武力，以便制造恐怖气氛；施暴者企图要挟或者威胁政府或者社会，以便追求其政治、宗教和意识形态目标。③ 美国国务院认为恐怖主义是由次国家集团或者秘密的国家代理人以非战斗人员为袭击目标，实施有预谋、有政治动机的暴力行为。④ 阿拉伯国家内政部长理事会和司法部长理事会于 1998 年在开罗“反恐”大会上将恐怖主义定义为任何暴力或者威胁使用暴力行为。不管恐怖主义的目的和动机如何，其行为包含实现个人或组织的犯罪议程，寻求在人群中制造恐慌和恐怖气氛，危及生命安全和自由，破坏环境、公私财产和公共设施，占有或抢夺公私财产或设施，或者企图破坏国家资源。⑤ 联合

---

① Brian Berkey, "Terrorism and Moral Distinctiveness," p. 2, available at: http: //philosophy. berkeley. edu/file/673/Terrorism_ and_ Moral_ Distinctiveness. pdf.

② League Convention (1937), "Convention for the Prevention and Punishment of Terrorism," Article 1.

③ Joint Chiefs of Staff DOD (2008), Department of Defence Dictionary of Military and Associated Terms, Washington, D. C. : DOD.

④ Amy Zalman, "Definition of Terrorism under U. S. Law," Terrorism Issues, p. 5, available at: http: //terrorism. about. com/od/whatisterroris1/ss/DefineTerrorism_ 5. htm.

⑤ Amy Zalman, "Definition from the Arab Convention for the Suppression of Terrorism," Terrorism Issues, p. 7, available at: http: //terrorism. about. com/od/whatisterroris1/ss/DefineTerrorism_ 7. htm.

国安理会第1566号决议于2004年将其定义为蓄意制造包括平民在内的人员伤亡事故、从事绑架事件，目的在于制造恐怖气氛，迫使政府或国际组织改变政治议程。①

尽管学者、政府机构和国际组织对恐怖主义所下的定义有一些细微的差别，但总体上都包含一些基本的内容：使用武力或者威胁使用武力，通过媒体的宣传效应来制造恐怖气氛，其目的在于迫使政府或国际社会改变政治议程等。从概念上来看，恐怖主义至少包含四个基本特征。第一，预谋性，指恐怖主义是有预谋且事先决定要采取何种行为。恐怖主义的犯罪过程可能不会事先安排好且在执行过程中可能失败，但犯罪的事先打算必不可少。行为是犯罪主体的政策或至少是决定，恐怖活动不是一时愤怒或冲动，也不是偶发事故。第二，政治动机性。恐怖主义与一般犯罪不同，一般犯罪只注重一时的得失和个人恩怨，只关注微观层面上的特殊利益和私人关系，而恐怖主义者从宏观角度上关注较大范围内的影响。因此恐怖主义有别于其他犯罪的共性特征是通过恐怖活动影响政府的政治议程。② 第三，目标的针对性，主要袭击目标为非战斗人员。恐怖主义与针对武装部队采取的战争行为不同，战争行动中双方以武力进行还击，而遭受恐怖主义袭击者不能以武力进行还击。从这个层面上讲，非战斗人员不仅指平民，而且还包括非武装的军事人员。第四，非政府性，肇事者要么是次国家集团，要么是秘密代理人。这是恐怖主义与正规军事行动的区别之一。此外恐怖主义还有其他一些特征，比如残忍性，作案手

① “United Nations Security Council Resolution 1566,” From Wikipedia, available at: http://en.wikipedia.org/wiki/United_Nations_Security_Council_Resolution_1566.

② Bruce Hoffman, Inside Terrorism, Columbia University Press, 1998, p. 43.

段的先进性等。[①]

当然，将恐怖主义与战争行为、正义和非正义行为严格区别开来非常困难，因为一国的恐怖主义者对另一国来说可能是“自由战士”，正如在克什米尔的暴力冲突中，印度将肇事者视为恐怖主义，而巴基斯坦则将其看作“自由战士”。正因为恐怖主义的概念难于界定，加之某些大国为了自己的国家利益，在恐怖主义问题上持双重标准。如美国对中国和俄罗斯的“反恐”认定，以及对恐怖主义者或恐怖主义组织的定义上持双重标准。本·拉登（Osama bin Laden）及其追随者在20世纪80年代被美国誉为“自由战士”，而同一时期，美国前副总统迪克·切尼（Dick Cheney）之类的政要却将尼尔逊·曼德拉（Nelson Mandela）视为恐怖主义者。这种界定的变化正是美国双重标准的体现。[②]

二、恐怖主义的危害

不管恐怖主义者使用常规武器还是大规模杀伤性武器进行犯罪，都给人类带来极大的直接损失、间接损失、政治影响和外交影响等。

首先，恐怖主义给人类的生命财产造成了极大的直接损失。恐怖主义给人类造成了各种不同的损失，其中人员伤亡和财产损失最为直接和明显。在美国政策的任何讨论中，美国公民的伤亡毫无疑问是第一关注对象。从20世纪80年代到90年代有666名美国人死于国际恐怖主义，同一时期死于国内恐

① “What Is Terrorism?” available at：http：//www. sagepub. com/upm－data/51172_ ch_ 1. pdf.

② Mark LeVine，“10 Things to Know about Terrorism，” available at http：//www. wussu. com/current/levine. htm.

怖主义的美国公民有190人，20年间死于恐怖主义的总人数是856人。但是其他国家的死亡数字远远超过美国，同一时期，其他各国死于国际恐怖主义袭击事件的人数为7152人（同时有3.1万人受伤）。[①] 如果把其他各国国内恐怖主义造成的伤亡计算在内，其规模和程度更为惊人。这一时期没有相关国家对国内恐怖主义造成伤亡的完整统计数据，但阿尔及利亚的严重性格外引人瞩目。多数出版资料显示该国仅在1992年的极端暴力事件中就有10万人死于非命，其中多数死于恐怖主义，包括极其残忍的割喉方式。即使美国公民未包括在内，美国也未考虑对自身的间接影响，但这种血腥暴力事件还是引起了美国的注意，使其感到有义务对此做出反应。正如保罗・R. 皮拉尔（Paul R. Pillar）所说，阿尔及利亚的恐怖袭击事件使美国“反恐”部门审视其可能援助的方式。[②]

回到美国对自身伤亡更直接关注的问题上来看，美国评估恐怖主义危害程度的标准存在争议。对于恐怖主义造成死亡数字的争论，人们不免提出比较标准的问题。与一些可供参照的伤亡事故相比，恐怖主义造成的伤亡似乎微不足道，例如车祸死亡数（每年超过4万的美国人死于车祸）；与诸如二战（291557名战地死亡人数）、朝鲜战争（33651人）和越南战争（47378人）相比，美国死于恐怖袭击的人数只能算是小数目。[③]

但是美国自越南战争后死于战争和恐怖袭击的人数比例发

---

① Paul R. Pillar, Terrorism and U. S. Foreign Policy, Washington D. C., Brookings Institution Press, 2003, p. 19.

② Paul R. Pillar, Terrorism and U. S. Foreign Policy, Washington D. C., Brookings Institution Press, 2003, p. 19.

③ “Statistics on U. S. Military Casualties,” Department of Defense Report, November of 2000, available at: web1. whs. osd. mil/mmid/mo1/sms223r. htm.

生了变化，美国在20世纪80年代和90年代在军事行动中（包括伊朗解救人质、黎巴嫩维和行动、轰炸利比亚、科威特坦克护航、海地维护民主等）死于非恐怖主义敌对行动中的总人数为251人，加上死于“沙漠风暴”行动中的263人，总计514人，少于同期死于恐怖主义的人数（相关数据见表1—2）。[①]

表1—2　20世纪80—90年代典型国家战争与恐怖主义造成死亡人数比较

（单位：人）

国别	死于战争人数	死于恐怖主义人数	其他意外事故
美国	514	856	40000
阿尔及利亚	—	100000（1992年）	—
其他国家	—	7152	—

资料来源：Paul R. Pillar, *Terrorism and U.S. Foreign Policy*, Washington D.C., Brookings Institution Press, 2003, pp. 19-20。

根据表1—2显示，20世纪80—90年代间美国国内恐怖主义和战争造成的死亡人数差距并不太显著，但美国政策制定者对生命的重视程度存在一个日趋珍视的过程，这同样影响了人们对恐怖主义危害结果的认知。[②] 因此，政策制定者和包括军事战略在内的战略制定者首先考虑的是最大限度地减少人员伤亡。1999年美国对前南斯拉夫实行空中军事打击，实现地面部队的零伤亡便是这一趋势的神话，这一趋势使美国认为今后恐怖主义造成的每一名人员伤亡都必须认真对待。

---

① Overseas Presence Advisory Panel, “America's Overseas Presence in the 21st Century,” Washington, November of 1999, p. 38.

② Peter D. Feaver and Christopher Gelpi, “How Many Deaths Are Acceptable? A Surprising Answer,” Washington Post, November 7, 1999, p. B3.

20世纪90年代之后，恐怖主义所从事和打算从事的犯罪活动牵动着美国的神经，原因有二：其一是恐怖主义变得日益残忍。与过去相比，更多的恐怖主义意欲造成更多的人员伤亡，尽管20世纪90年代后半期的袭击次数比前半期下降了19%，但死亡人数却翻了一番，这一趋势与恐怖主义在后半期表现出来的残酷本性无不关联。其二是对恐怖主义者使用的化学武器、生物武器、辐射性武器和原子武器（CBRN）的危险性的大肆宣传加剧了了民众的恐惧心理。公众对拥有大规模杀伤性武器的讨论增加了社会的担忧，他们认为美国面对大规模杀伤性武器的攻击时将会不堪一击，但却很少注意这种攻击不会有发生的可能。正如罗伯特·杰维斯所说，“人对刺激因素的反应不是基于客观真实的刺激因素本身，而是基于对刺激因素的知觉。”①

其次，恐怖主义给人类带来极大的心理影响。一般来说，即使恐怖主义者使用常规武器进行犯罪，通常也会给人类带来极大且与有形损失有关的心理影响，这种影响是包括战争在内的其他致命活动所无法比拟的。在这一层面上，前面提到的关于恐怖主义和军事活动造成的死亡人数的比较在一定程度上只是对恐怖主义的危害性进行简单描述而已。公开的军事战斗与恐怖活动之间的区别是前者的双方都是武装人员且都有防备，因而是公平的博弈，而后者是恐怖主义者袭击手无寸铁的受害者，因而博弈具有不公平性。在美国，如果你问恐怖主义受害者的生命是否和士兵的生命一样有价值，答案是肯定的。但就对美国造成的冲击和引起的反感而言，恐怖袭击造成的冲击和引起的反感要强烈得多。恐怖主义在观念上的影响与实际破坏

① 罗伯特·杰维斯著，秦亚青译：《国际政治中的知觉与错误知觉》，世界知识出版社，2003年版，第13页。

力之间的不对称引起了人们的争论：如果政府轻视恐怖主义的危害性并将其视作一般的犯罪行为，那么恐怖主义的重要性就会下降。正如约翰·米勒（John Mueller）所表示：政府如何公开地看待恐怖主义，关系非同寻常。① 但不管公众如何降低恐怖袭击的危害性，其特殊的冲击依然存在，这就是恐怖主义的本性。

打击恐怖主义同样需要巨大的开支，政府为了打击恐怖主义可能投入巨大的财政支出，但有时却收效甚微。比如克林顿政府2000年的联邦“反恐”预算就达100亿美元，美国另外一项在东非使领馆改善安全的项目就需投入140亿美元。② 实际上联邦支出只是预算的一部分，因为一些“反恐”措施的投入由州政府，或地方政府、私人部门支出，且一些巨额开支根本无法估算。

总体上看，恐怖主义造成的间接损失远远大于直接的有形损失，且间接损失复杂多变。间接影响首先体现在心理上造成的恐惧感，恐惧本身（心理上的绝对不安全感）就是一种损失。因恐惧者为恐惧而不敢外出旅游和经商，不敢参与经济活动就是一种损失，这种情况通常使巴基斯坦的旅游资源处于荒废状态；受到恐怖主义威胁的国家因恐惧而缩小对外交往，并将与恐怖主义有联系者驱逐出境，这对社会活动来说也是一种损失。例如美国总统特朗普以恐怖主义的威胁为由签署政府行政命令，禁止6个穆斯林国家的旅客入境美国。③ 到2017年3

---

① John Mueller and Karl Mueller, “Sanctions on Mass Destruction,” Foreign Affairs, vol. 78 (May – June 1999), p. 44.

② Paul R. Pillar, Terrorism and U. S. Foreign Policy, Washington D. C., Brookings Institution Press, 2003, p. 25.

③ 据特朗普2007年3月7日签署新版“禁穆令”，苏丹、叙利亚、伊朗、利比亚、索马里及也门6个穆斯林国家的旅客被禁止在90天内申请签证入境美国，同时暂停美国的难民项目120天，并将美国难民接收量从11万降到5万，英国广播公司新闻，见http://www.hxen.com/englishlistening/bbc/20170308/461008.html。

月28日为止，美国得克萨斯等13个由共和党领导的州政府表态，支持总统特朗普签署禁止穆斯林国家旅客入境的行政命令。① "禁穆令"的签署，不仅会使旅美游客望而却步，让美国旅游业前景堪忧，而且使美国关闭了与部分穆斯林国家接触和交往的大门，增加了穆斯林世界对美国的仇视。

第三，在政治影响方面，在面对恐怖主义威胁时如果政府不作为就会导致民众和政府对立，或者民众在一定程度上不信任政府，最终导致政府合法性的下降。政府由于害怕恐怖主义的袭击而不敢从事某些正常的对内管理职能，或者只能缩手缩脚地行事，导致效率低下。政治代价还包括形成不良的政治气氛，美国政府为了打击恐怖主义，颁布了与"反恐"有关的《爱国者法案》，规定情报部门可以监控美国公民的邮件往来。这一规定侵犯了公民的隐私，引起了部分公民的反对。正如爱德华·斯诺登6月10日向《英国卫报》和《华盛顿邮报》透露美国情报部门的包括"棱镜"在内的监听计划时称，"我的良心不能容忍政府侵犯公民的隐私和网络自由。"② 同样，巴基斯坦政府在选择支持美国的全球"反恐战争"后遭到恐怖主义的大规模袭击，原因是巴基斯坦国内恐怖主义认为政府背叛自己的人民，成了美国的"傀儡"。

第四，恐怖主义造成的损失还包括对美国外交关系和外交利益的影响，主要包括以下几方面：首先，恐怖袭击的可能性抑制了美国一系列的境外活动和外交机构的存在。美国由于担心国外工作人员或者外事机构遭到恐怖主义者的袭击，有时不

---

① 《美国13州政府支持特朗普新版禁穆令 旅游业前景堪忧》，新浪财经网，2017年3月28日。

② Jonathan Masters, "Extraditing Edward Snowden," interview with Stephen I. Vladeck, June 28, 2013, available at: http://www.cfr.org/united-states/extraditing-edward-snowden/p31029? cid=rss-analysisbriefbackgroundersexp-extraditing_edward_snowden-062813.

得不停止部分外交活动，甚至撤回驻外使领馆等外事机构。如美国因担心遭受恐怖袭击，在没有正式终止外交关系的情况下，于1996年从苏丹撤出使馆全体工作人员。苏丹是非洲面积最大的国家，美国从苏丹撤出常驻外交机构不可避免地影响了自己在该地区的利益。其中之一就是妨碍美国—苏丹之间的情报联系，包括恐怖主义可能在其他地区发动袭击的情报。其次，恐怖袭击破坏了美国主导和参与的和平进程。如1996年“哈马斯”和“伊斯兰圣战组织”针对以色列发动一系列肉弹袭击，导致以民众对工党和平政策的支持率下降，“鹰派”得势和内塔尼亚胡当选，这一结果阻碍了巴以和平进程。1998年“北爱尔兰共和军”的恐怖袭击事件导致《星期五和平协议》流产。[①] 再次，恐怖主义使美国的合作者减少，美国的部分盟国由于担心成为恐怖主义的袭击目标而放弃与美国在“反恐”方面的合作，如马德里爆炸事件使西班牙政府从北约撤军，停止对美国主导的全球“反恐战争”的支持。最后，重大的恐怖袭击事件如“9·11”袭击事件在一定程度上改变了美国的国家安全观及安全战略，引发了美国在全球发动“反恐战争”，并或多或少地改变了国际关系的发展趋势。

---

① Paul R. Pillar, Terrorism and U. S. Foreign Policy, Washington D. C. , Brookings Institution Press, 2003, p. 27.

第二章 “9·11”后美国国家安全观

2001年9月11日，恐怖主义发动了对美国的袭击，造成约3000余人死亡，“9·11”事件由此成为国际安全研究的重要驱动力和标志性事件，在国际关系领域内引起了轩然大波。国际安全的研究者也针对“9·11”事件和随后进行的“反恐战争”提出一些问题：国际安全研究的不同流派如何对“9·11”事件做出回应？这些回应对美国的国家安全观的变化意味着什么？它如何以及在多大程度上促成了美国在极端宗教地区的“反恐战争”？

第一节 “9·11”袭击对美国国家安全观的影响

一、“9·11”袭击对美国公众安全观的影响

恐怖主义者、政策制定者和研究恐怖主义的学者都认为，曾经遭受过恐怖袭击的社会对恐怖主义的威胁更为直观和明显。基于这一原因，多数恐怖主义的定义包含了对平民的暴力

威胁这一因素。正如本·拉登在评论美国对“9·11”袭击事件的反应时无不得意地称，“美国从南到北、从东到西无不充满恐惧心理，他为此而感谢真主安拉。”① 因此，本·拉登直到被击毙前和其他“基地”头目经常在美国境内外发出反美袭击警告，意欲制造恐怖气氛。由于恐怖主义分子深谙恐怖心理学，知道在经历恐怖事件和重大袭击后只需要简单的恐怖威胁就能完成主要目标——威胁他者的公众目标，并迫使美国政府做出反应（甚至是过激的反应）。事实上，不管制造恐怖事件还是制造暴力气氛，恐怖主义者都达到了媒体的煽动效应的目的。与此同时，对恐怖事件或恐怖威胁事件做出反应的美国官员也通过利用媒体的宣传效应来获得民众对其相关政策的支持。因此，不管是恐怖主义者，还是目标国的政策制定者和研究恐怖主义的学者都认为，不但实际发生的恐怖袭击能够增加目标公众的恐惧和担忧，而且严重的袭击威胁也能发挥同样的心理震慑效应。大量研究表明这种震慑效应主要通过新媒体的宣传效应而得以实现，原因有两个：

第一，新闻充当了公共事务信息的主要来源。在无线电广播和电视未出现之前，人们主要通过阅读报纸了解其周围的世界，在大众社会的今天，人们日益依赖新媒体来了解世界。甚至当个人目睹诸如“9·11”之类的恐怖袭击事件、大规模反战示威或者生活受到失业率和物价上涨等因素所影响时，他们也很可能依靠新闻来解释其背后的原因、结果和政治意义。

第二，恐怖主义和政府对媒体的利用。19 世纪的无政府主义者和极端的社会改革者意识到，恐怖主义能够通过制造恐怖

---

① Brigitte L. Nacos and Yaeli Bloch - Elkon, “Post - 9/11 Terrorism Threats, News Coverage, and Public Perceptions in the United States,” International Journal of Conflict and Violence, Vol. 1 (2) 2007, p. 106.

事件向听众传达重要的消息，因此他们把恐怖主义定义为“行为宣传”（propaganda of the deed）。他们认为恐怖袭击可能将恐怖气氛传递给目标社会，使受众适应于他们所追求的社会变革，因此恐怖主义的关键策略是营造恐怖气氛。制造恐怖气氛既符合目标国恐怖主义组织头目的利益，也有利于政府“反恐”宣传和动员。根据宾夕法尼亚大学教授波拉特坎尼斯（Pratkanis）和阿伦森（Aronson）观点，恐吓只有在完成以下目标时才算特别有效：（1）使人感到恐惧；（2）提供了一个具体的建议以克服恐惧引起的威胁；（3）所建议的行为对减少威胁有效；（4）消息的接收者相信他们可以执行建议的动作。[①]“9·11”事件前后，本·拉登的宣传目的不仅在于威胁美国等西方国家，而且在于完成恐吓宣传的四个目标。布什政府也利用这四个宣传目标来渲染恐怖气氛，以争取公众对“9·11”事件后的政治议程的广泛支持。当然，不是所有的恐怖宣传都能获得成功，但在面对媒体对恐怖事件的竭力渲染，公众不得不为宣传动员所影响。

“9·11”袭击事件之后，无论是政府官员、社交媒体还是公众都把焦点集中到国际恐怖主义。当被问及在接下来的几个月内美国是否会遭受另一次恐怖主义袭击时，大多数美国人坚持认为“非常可能”或者“有一点可能”。“9·11”袭击事件数周之后，多达88%的美国人认为恐怖主义在几个月之内“非常可能”或者“有一点可能”发动另一次袭击。随着时间的推移而没有发生进一步的恐怖袭击，部分美国人，尤其是持非常可能态度的美国人认为恐怖袭击的可能性呈下降趋势。因

---

① Anthony Pratkanis and Elliot Aronson, “How to be Less Persuaded or More Persuasive: Review of Age of Propaganda: The Everyday Use and Abuse of Persuasion,” Journal of Marketing, Vol. 67, No. 1, 2003, pp. 129 - 130.

而到2005年夏和2006年初分别只有52%和53%的美国人认为恐怖主义可能在未来几月内发动另一次袭击，其中只有9%—10%的美国人认为“非常可能”，43%的美国人认为“有一点可能”。[①] 调查人员没有指定出现重大袭击的时间表时，持“非常担心”的比例从2001年10月初的41%下降到2005年8月的24%。从“9·11”袭击事件数周之后到袭击4周年来临之际，持“有一点担心”的美国人从53%上升到65%，其间持“不担心”的美国人也不乏存在，4%—6%的美国人根本不担心美国会遭受另一次重大恐怖袭击。[②] “9·11”袭击事件后近4年的时间里，1/3到1/4的美国人认为在不久的将来恐怖主义很可能针对美国发动另一次重大恐怖袭击，且会造成重大人员伤亡，38%—46%的美国人认为那样的恐怖灾难“有一点可能”发生，只有3%—6%的美国人坚信“根本不可能”出现另一次重大恐怖灾难事件。[③] 以上调查表明，美国对“9·11”事件后短期内发生恐怖主义发动重大袭击的判断有一点变化，但并不完全认为美国高枕无忧。相反，在“9·11”袭击事件不到一个月之后，即2001年10月初的调查显示，71%的美国人认为恐怖主义“极有可能”或者“有一点可能”发动另一次重大袭击；2005年7月在伦敦地铁自杀式恐怖袭击几天之后，75%的美国人表达了同样的预测，这一比例比2001年

---

① This analysis is based on thirty - one national surveys conducted by CBS News and the CBS News/New YorkTimes polling partnership. The first of these polls was conducted in September 2001 and the last in late January 2006.

② Thirteen national surveys conducted by ABC News and ABC News/Washington Post. The first of these polls was conducted in October 2001 and the last in August 2005.

③ Fox/Opinion Dynamics surveys contained the same question nine times. The first of these polls was conducted in October 2001and the last in July 2005.

10 月的调查高出 4 个百分点。[①] 这说明新的袭击事件再次唤醒了美国民众部分淡忘的恐惧心理。

虽然大多数美国人不同程度地担心恐怖主义可能在将来某时会发动另外一次袭击，但他们很少关注袭击是否发生在自己的社区。这与刚发生袭击时不同，“9·11”恐怖袭击事件刚过几天，40% 的美国人关注袭击是否发生在自己的社区，但这种情感在之后的年月中逐渐弱化，于是 2/3 到 3/4 的公众不再担心恐怖主义将在自己的社区发动袭击。[②]

恐怖袭击对纽约市民的影响与其他城市迥异，因为纽约世贸大楼在 1993 年就曾遭到恐怖主义的袭击，2001 年又遭到了灭顶之灾，因此相对其他城市而言，该城市民的恐惧心理尤为明显。根据 2004 年春季的《纽约时报》调查，2/3 的纽约市民认为在纽约发生另一次袭击的可能性大于在其他城市发生的可能性。[③] 毫无疑问，多年之后纽约市民一直非常担心恐怖主义可能会对纽约发动另外一次重大袭击。并且当整个美国有 1/3 到 1/2 的民众称自己根本不担心恐怖主义会在自己的社区发动另一次袭击时，只有 9%—16% 的纽约人持相同的看法。[④]

总体上来看，尽管美国人认为恐怖主义发动另一次重大袭击的可能性因时因地有所不同，且因时间流逝而逐渐被淡漠。但恐惧阴影因“9·11”袭击事件的发生而深深扎根于美国人

---

① Fox/Opinion Dynamics surveys contained the same question nine times. The first of these polls was conducted in October 2001and the last in July 2005.

② This conclusion is based on surveys conducted by CBS News and the CBS News/New York Times polling partnership. The first of these polls was conducted in September 2001 and the last in late May 2003.

③ The poll was conducted by the New York Times in April 2004. At that time, 65 percent of New Yorkers believed their city to be the highest risk area in the country and 72 percent said that they were very concerned about another terror attack in their city.

④ The Marist College Institute for Opinion Research polled New York City residents on this four times from October 2001 to March 2005.

的心中，并随条件反射时强时弱。当诸如伦敦地铁之类的袭击事件发生时，美国人的的恐惧心理就显得比较明显，反之则呈现逐渐弱化的趋势。这主要是由于两个方面的因素：一方面，煽情和戏剧性的媒体偏好将听众卷入其中、网络电视新闻广播不遗余力地播报本·拉登及其同伙发出令人不安的威胁；另一方面，政府官员发出的反恐警报也影响了民众的安全观念。事实上，电视网新闻节目、有线电视、无线广播和印刷媒体不但报道新闻，最主要的是夸大了新闻。这种播报模式被“基地”组织领导层顺理成章地发挥到极致，并被其用于实现恐吓美国人的目的。但是布什总统及其阁僚也得利用及时、重要的恐怖警报和威胁评估的报道，从而向公众表明美国政府为何要发动反恐战争。

“9·11”事件后不久，尽管政府抗议美国电视播放本·拉登的录音带，但也仅仅是口头抱怨而已，对该报道没有后续追究。因为政府也从这种宣传获益，正如布什在白宫告诉记者，承认自己在第二任期竞选战胜约翰·克里时不经意间获得了本·拉登录音带的“帮助”，因为本·拉登曾在周五民意测评前发布诽谤布什的录音带。① 布什说，“他认为录音带帮了他一把，录音带有助于提醒美国人，如果本·拉登不希望布什当选的话，美国人更应选布什为总统。”② 无独有偶，约翰·克里在竞选结束后也告诉记者，他之所以输给布什是因为本·拉登的录音带帮了布什的忙。③ 虽然在电视辩论中民主党候选人克里

---

① Reuters, “Report: Bush says bin Laden aided in elections,” February 28, 2006, available at: http://www.msnbc.com/id/11604530/, accessed June 19, 2006.

② Reuters, “Report: Bush says bin Laden aided in elections,” February 28, 2006, available at: http://www.msnbc.com/id/11604530/, accessed June 19, 2006.

③ “Exclusive: Kerry Says UBL Tape Cost him Election,” Fox News.com, November 21, 2004, available at http://www.foxnews.com/printer_friendly_story/0,3566,139060,00.html, accessed June 20, 2006.

的经济计划更能令人信服，但在关于如何实施安全政策方面却不及布什果断，这说明在恐怖主义可能袭击的认知观念充斥于民众的脑海时，他们首先关注的是“安全”，其次才是经济问题。同样，在希拉里与特朗普竞选总统的角逐中，尽管特朗普口无遮拦，对伊斯兰世界发表了极端的言论，但他却利用美国民众对极端伊斯兰的恐惧心理，依靠煽动仇恨和暴力获胜。这说明“9·11”袭击事件的恐怖主义对美国民众的心理造成了很大的冲击。

二、“9·11”袭击对美国政府安全观的影响

“9·11”袭击事件进一步改变了美国的安全观并将主要威胁来源明确化，使美国人认为主要威胁较少来自“侵略性国家”，而是主要来自恐怖主义和支持恐怖主义的“流氓国家”。正如布什总统在2002年《国家安全战略》中所说，“美国现在的主要威胁主要不是来自船坚炮利，而是主要来自大规模杀伤性武器和恐怖主义的结合。”① 由于“失败国家”管理不善，所以容易导致武器扩散的风险，甚至有的国家还向恐怖主义提供庇护所。因此，美国政府将恐怖主义（组织）和“支恐”国家视为美国当前的直接威胁，并针对恐怖主义（组织）和“支恐”的“流氓国家”使用武力，采取“先发制人”的打击。

（一）恐怖主义（组织）

截至目前为止，美国指定的“国外恐怖主义组织”大概有40个左右，其中“基地”组织（Al-Qaeda）因制造“9·11”袭击事件而被列为首当其冲的打击对象。本·拉登被击毙之

---

① George W. Bush, “The National Security Strategy of the United States of America,” The white house, June 1, 2002, p. 1.

后，美国又将“伊斯兰国”列为威胁最大的恐怖主义组织。“基地”组织是一个遍及全球的网络组织，其组织结构犹如伞状结构，在美国推翻阿富汗塔利班政权以前，该组织将中枢组织、后勤和培训设施设在阿富汗。阿富汗塔利班被推翻后，该组织呈“分散化”和“去中心化”趋势。它既亲自制造恐怖袭击事件，又向其他恐怖组织提供后勤支持和培训服务。“基地”组织有着明确的目标：企图摧毁它认为是“非伊斯兰”的穆斯林政权，以建立一个以“古哈里发”为模型、世界性的伊斯兰教政府。该组织认为美国及其盟国是这一目标最大的绊脚石，因此号召所有穆斯林世界驱除西方在穆斯林世界的影响。①

“基地”组织有着30多年的历史，起源于阿富汗1979—1989年抵抗苏联入侵时期。战争期间，出生于富商家庭的本·拉登抱着抵抗苏联的“圣战”理念前往阿富汗，当时阿富汗缺乏相应的后勤物资，也缺乏足够的人力资源。本·拉登与巴勒斯坦“穆斯林兄弟会”的领导人阿扎莫（Azzam）一起建立“阿富汗服务局”（Afghan Services Bureau），从世界各地招募穆斯林战士，由本·拉登负责交通和培训费，当时大约有20000—60000人在阿富汗接受军事培训。② 美国中央情报局在战争期间每年向“圣战者武装组织”提供价值5亿美元的物质援助。1988年，本·拉登认为阿扎莫的观点过于狭隘从而另起炉灶，建立起“基地”组织。

苏联撤出阿富汗以后，本·拉登回到沙特阿拉伯打击本国

---

① Audrey Kurth Cronin and Huda Aden, “CRS Report for Congress: Foreign Terrorist Organizations,” February 6, 2004, p. 83.

② Audrey Kurth Cronin, “Al Qaeda after the Iraq Conflict,” CRS Report RS21529, May23, 2003, pp. 3 – 4.

的世俗政府，1991年沙特政府参与美国主导的海湾战争，本·拉登愤而离开沙特移居苏丹，并因继续反对沙特政府于1994年被吊销该国公民身份。之后他在苏丹修建公路和机场，为“圣战者武装组织”提供培训营地等业务。[①] 1996年，苏丹政府和美国改善关系后要求本·拉登离境，于是本·拉登再次回到阿富汗建立训练营和恐怖主义者所需的其他基础设施。这些设施用于针对美国政府和公民的袭击计划，包括1998年美国驻非洲大使馆遇袭事件和“9·11”袭击事件，2011年后“基地”组织与埃及的“圣战者武装组织”正式合并。[②]

2001年，美国领导的“反恐”联盟推翻了阿富汗塔利班政权并抓获“基地”组织大约近半数的首领，使其通信网络明显瘫痪，设在阿富汗的大本营也被清除。但“基地”组织经历了转型，从以地域为基础的集中定向结构较转变成分散性、临时性的组织。之后发生在土耳其、沙特阿拉伯、摩洛哥等地的袭击事件表明，当地恐怖主义与“基地”组织有着紧密的联系，并得到后者的物质支持和技术指导[③]。拉登本人也一直逍遥法外，直到2011年5月2日，美国出动“海豹”突击队将其在巴基斯坦的阿巴塔巴德击毙之前，“基地”组织一直被视为美国安全的主要威胁。

“基地”组织主要将美国作为袭击目标。本·拉登于1998

---

① Colin McCullough, Anthony Keats, and Mark Burgess, “In the Spotlight: al Qaeda,” Center for Defense Information, Dec. 30, 2002, available at http://www.cdi.org/terrorism/alqaeda.cfm.

② Colin McCullough, Anthony Keats, and Mark Burgess, “In the Spotlight: al Qaeda,” Center for Defense Information, Dec. 30, 2002, available at http://www.cdi.org/terrorism/alqaeda.cfm.

③ Audrey Kurth Cronin and Huda Aden, “CRS Report for Congress: Foreign Terrorist Organizations,” February 6, 2004, p. 84.

年建立“基地”组织时就号召全体穆斯林刺杀美国人和欧洲人。[①] 此后，该组织一直直接参与针对美国公民和财产的各种袭击活动，包括美国驻肯尼亚和坦桑尼亚使馆袭击事件，其中坦桑尼亚使馆袭击造成301人死亡，5000人受伤，2000年也门亚丁湾袭击造成17死37伤，“9·11”袭击事件更是骇人听闻，造成大约3000人死亡。[②]

“基地”组织的袭击方式主要以大规模爆炸为主。尽管“基地”组织也从事暗杀、游击战和肉弹自杀事件，但“基地”组织最拿手的还是精心安排大规模爆炸袭击。该组织也向全球的其他恐怖组织和个人提供各种培训、后勤支持和财政援助。此外，该组织热衷于研制化学武器、生物武器、核武器和其他放射性武器，并在研制化学和生物武器方面具有一定的技术水平。[③]

基于“基地”组织和塔利班之类的恐怖主义组织对美国的威胁，因此美国政府将打击恐怖主义和恐怖主义组织视为维护其国家安全的重要内容之一。正如布什总统2002年在《国家安全战略报告》中所说，“美国的首要任务是打散和摧毁全球恐怖主义组织、击毙恐怖头目，破坏恐怖组织的指挥和控制系统，切断恐怖组织的物质和财政支持。”布什政府为了成功地打击恐怖组织，提出了一些措施：（1）为阻止恐怖组织试图获得或者使用大规模杀伤性武器，美国不惜动用一切国家资源、

---

① Colin McCullough, Anthony Keats, and Mark Burgess, “In the Spotlight: Al' Qaeda,” Center for Defense Information, Dec. 30, 2002 available at: http: //www. cdi. org/terrorism/alqaeda. cfm.

② Audrey Kurth Cronin and Huda Aden, “CRS Report for Congress: Foreign Terrorist Organizations,” February 6, 2004, p. 85.

③ Audrey Kurth Cronin, “Terrorist Motivations for Chemical and Biological Weapons Use: Placing the Threat in Context,” CRS Report RL31831, March 28, 2003, p. 3.

团结国际社会的力量来打击恐怖主义；（2）美国政府必须在恐怖主义未实施袭击之前将其消灭在萌芽状态之中，同时，如果美国认为有必要，将果断地单独行动，针对恐怖组织或者恐怖主义者采取“先发制人”的打击，以防止其危害美国的生命和财产安全；（3）劝说或胁迫其他国家拒绝向恐怖主义组织提供财政支持和庇护所；（4）支持穆斯林世界的温和派与开放的政府，以确保根除支持恐怖主义意识形态的土壤。① 由布什在《国家安全战略报告》中的讲话可以看出，美国为维护国家安全，将恐怖主义（组织）列为优先打击对象之一。

2003年2月，美国政府宣布了“打击恐怖主义的国家安全战略”（以下简称“安全战略”），承认美国已进行防卫本土安全、保卫国民生命财产安全的“反恐战争”。安全战略承认“反恐战争”不同于针对传统安全的战争，它不仅包括战场上的搏斗，还包括意识形态间的争夺。因此，美国不但要在战场上消灭恐怖主义分子，而且还要推进民主自由和人类尊严。美国的“反恐战争”包括美国权力和影响力所有要素的应用。美国不仅使用武力，而且还通过外交、情报系统来保卫其本土安全和加强国防，其目的在于阻止恐怖活动，根除恐怖主义（组织）活动和存在的条件。② 2006年3月，美国发布了第二份《打击恐怖主义的国家安全战略》，该安全战略称美国不仅要将策划和执行“9·11”袭击的恐怖主义者绳之以法，而且要摧毁“基地”组织的网络和打击支持恐怖主义的宗教极端主义。③

---

① Geoge W. Bush, “The National Security Strategy of the United States of America,” The White House, p. 6.

② “National strategy forCobating Terrorism,” September 2006, p. 1.

③ “National strategy forCobating Terrorism,” September 2006, p. 2.

（二）“流氓国家”

20 世纪 80 年代末和 90 年代初，美国不再把苏—东欧集团视作主要的敌人，取而代之的是克林顿政府于 1994 年将其称为“流氓国家”的一些特殊主权行为体，它们包括朝鲜、伊朗、伊拉克、古巴、苏丹、叙利亚、阿富汗和利比亚。[①] 2000 年，美国前国务卿奥尔布赖特宣布美国拟取消“流氓国家”这种提法，将其改称为“令人担心的国家”（states of concern）。但是小布什上台后，重新恢复“流氓国家”这一提法，并将其中的伊朗、伊拉克和朝鲜贴上“邪恶轴心”（axis of evil）的标签。[②] 2002 年 1 月 29 日，乔治·W. 布什发表他就任美国总统后的第一个国情咨文演说，大部分内容涉及“9·11”事件后美国所主导的“反恐战争”。他在演说中说，“美国在 20 世纪 90 年代目睹少数‘流氓国家’的出现，尽管它们不完全相同，但却有着共同的特质：残酷对待本国人民、攫取属于大众的公共资源以满足统治者骄奢淫逸的生活、无视国际法和肆意践踏国际条约、威胁邻国、为实现侵略计划而力图获得大规模杀伤性武器和先进军事技术、支持全球恐怖主义、拒绝基本的人类价值、敌视美国和美国所代表的一切。”[③] 布什总统在《打击大规模杀伤性武器的国家战略》中指出，“美国的敌人正试图获取大规模杀伤性武器，不管是‘流氓国家’还是非国家行为体，它们都将恐怖主义行为作为实现其政治目的的工具。”[④] 在

---

① Clinton, “Remarks to Future Leaders of Europe in Brussels,” 9 January 1994, Public Papers of the Presidents, William J. Clinton, Vol. 1 (1994), p. 11.

② “The President's State of the Union Address of 29 January 2002,” available at: http://www. whitehouse. gov. / – news/releases/2002/01/print/20020129 – 11. html.

③ George W. Bush, The National Security Strategy of the United States of America, Washington, DC: The White House, September 2002, pp. 13 – 14.

④ George W. Bush, The Nation Strategy to Combat Weapons of Mass Destruction, Washington, DC: The White House, December 2002, p. 1.

布什发表重要讲话后，“流氓国家”和“邪恶轴心”论正式进入美国对外政策话语体系。尽管许多国家的媒体加以引用，但只有少数国家诸如英国和乌克兰在外交辞令上使用“流氓国家”这一提法。而法国、俄罗斯和中国则加以批评，它们认为这种话语使用主要为美国国家导弹防御计划寻找口实。①

从布什关于“流氓国家”的讲话中看出，美国除了从理想主义的视角来界定“流氓国家”外，更重要的是从对美国威胁的现实政治角度来界定“流氓国家”的特征。正如美国前国务卿奥尔布赖特指出，“‘流氓国家’试图拥有或生产大规模杀伤性武器、中短程导弹发射系统，走私裂变材料和支持恐怖主义等。”她认为“流氓国家”的这些行为导致地区持续动荡。②

在美国指定的八个“流氓国家”中，美国政府认为阿富汗塔利班政权向“基地”组织提供庇护所并向本·拉登提供支持，因而要求阿富汗塔利班政权交出本·拉登。推翻塔利班政权后，美国政府认为伊拉克是“9·11”事件后对美国威胁最为直接的国家，因此美国将伊拉克作为“先发制人”战略的打击对象。

首先，攻打伊拉克的第一个理由是美国认为萨达姆政权拥有大规模杀伤性武器。由于布什政府相信萨达姆政府因拥有大规模杀伤性武器而很难对其实行威慑政策，因此只能对其实行政权更替政策。为了发动对伊拉克的战争，布什政府中战争的支持者列举大量的证据，证明萨达姆过去的行为表现为鲁莽、不计后果和好战，因而不能让其拥有大规模杀伤性武器，尤其

---

① “The excuse used by the United States for developing NMD and TMD was to guard against the missile threats from the so-called, rogue nations,” BBC monitoring, 18 May 2001, available at: wysiwyg: //37/http: //globalarchive. ft. c.

② Alexandre T. Gingras, “Preemptive Peace: Collective Security & Rogue State in the 21st Century,” Department of Peace and Conflict Research, p. 8.

是核武器。[①] 尽管布什政府的部分成员有时认为对伊拉克开战将会付出高昂的代价，并可能长期驻兵伊拉克，甚而影响美国和其他国家的关系。但由于他们对萨达姆过去的行为与大规模杀伤性武器相结合这一因素的恐惧超过对战争代价的担忧，因而美国对伊拉克发动战争成为必然选择。

即使是布什政府内战争的反对者也认为威慑对伊拉克毫无效用，但他们反对进攻伊拉克和对伊拉克实现政权更替，主张依靠威胁使用武力来迫使萨达姆接受新的武器核查机制，以期消除伊拉克的大规模杀伤性武器库和生产设施，确保萨达姆不能获得大规模杀伤性武器。因此，布什政府内不管是主张战争的“鹰派”还是支持核查的温和派都认为，萨达姆不可遏制，因而不能让其拥有大规模杀伤性武器。[②]

其次，美国认为萨达姆、“基地”组织和“9·11”袭击事件之间存在必然联系。“9·11”袭击事件后的第二天，美国有线电视（CNN）民调显示，78%的受访认为，萨达姆·侯赛因曾参与袭击事件。[③] 从那时起到战争开始，布什政府及其阁僚一直认为萨达姆和“基地”组织间存在必然联系。基于这一假设，布什政府2002年10月上旬努力说服国会通过“对伊动武授权法”。布什在10月7日对全国的重要讲话中说，“白宫官员知道伊拉克与‘基地’组织间的密切往来已有十多年的历史，并获悉伊拉克向‘基地’成员传授有关制造炸弹和毒气等方面的技术。”他同时指出，因为经历了“9·11”恐怖袭击事

① John J. Mearsheimer & Stephen M. Walt, “An Unnecessary War,” January/ February 2003, p. 52, available at: https: //www. mtholyoke. edu/acad/intrel/bush/walt. htm.

② John J. Mearsheimer & Stephen M. Walt, “An Unnecessary War,” January/ February 2003, p. 52, available at: https: //www. mtholyoke. edu/acad/intrel/bush/walt. htm.

③ Dana Milbank and Claudia Deane, “Hussein Link to 9/11 Lingers in Many Minds,” Washington Post, September 6, 2003, p. 1.

件，所以美国必须攻打伊拉克，副总统切尼2001年底在布拉格新闻发布会上表达了同样的观点。[①] 前国防部长拉姆斯菲尔德于2002年9月27日辩称，萨达姆和“基地”组织间有着密切的往来。[②] 前国家安全事务助理康多利扎·奈斯于2002年9月25日也表达了同样的看法，她称自己有证据证明“基地”组织与萨达姆之间有着重要的接触。[③]。

美国政府对伊拉克发动战争的其他理由包括向伊拉克输出民主、让伊拉克人民摆脱暴政，以及对中东未来地缘政治结构的考虑。但美国政府最有说服力的证据在于美国国家安全处于危险中这一观点，因而伊拉克的大规模杀伤性武器对美国构成直接威胁这一指控最能支持美国对伊拉克发动“先发制人”的打击。

第二节 “先发制人”战略的提出

一、“先发制人”战略的国际环境及概念争论

（一）提出“先发制人”战略的背景

历史上，美国在其领土、公民和经济利益首先未受攻击的前提下从未对其他国家发动军事进攻，这一外交立场因“9·11”袭击事件而发生改变。2001年9月20日，布什总统宣布进攻性的“布什主义”（Bush Doctrine），宣称“我们的反恐战

---

① James P. Pfiffner, “Did President Bush Mislead the Country in His Arguments for War with Iraq?” Presidential Studies Quarterly, Vol. 34, No. 1, March 2004, p. 26.

② Eric Schmitt, “Rumsfeld Says U. S. Has ‘Bulletproof’ Evidence of Iraq's Links to Al Qaeda,” New York Times, September 28, 2002.

③ James P. Pfiffner, “Did President Bush Mislead the Country in His Arguments for War with Iraq?” Presidential Studies Quarterly, Vol. 34, No. 1, March 2004, p. 27.

争始于‘基地’组织，但并不仅限于‘基地’组织，而是要找出和消灭全球恐怖主义组织”。同时他威胁巴基斯坦说：“要么你和我们站在一边，要么你和恐怖主义站在一边。”① 2002年6月6日，副总统切尼以同样的方式宣布：“我们意识到反恐战争不能依靠防御而获胜，我们必须对敌人采取主动，如果有必要，在恐怖主义发动袭击之前我们必须发动‘先发制人’的打击。”② 同年8月26日，切尼在对外战争全国退伍军人大会上再次宣称，“当独裁者获得大规模杀伤性武器，并准备与打算袭击美国的恐怖主义分享时，遏制战略已不太可能发挥作用。”③ 2006年3月16日，布什总统在《国家安全战略》中重申“先发制人”战略的重要性和必要性，至此，美国以“先发制人”战略为主要特征的“布什主义”完全出炉。这表明“9·11”事件后，由于恐怖主义对美国实行了史无前例的袭击，使其安全形势和全球不安全因素日益加剧，因而美国不得不改变其安全战略，一改冷战期间对付苏联的遏制和威慑战略，宣布单边的、“先发制人”的打击为其安全战略的关键因素之一。

（二）关于“先发制人”的正当性和合理性争议

自布什提出“先发制人”的战略以来，许多学者从政策层面和学理层面对“布什主义”进行广泛争论，一些学者就其是否改变了美国的外交政策方向进行争论；另外一些学者把矛头

---

① President George Bush's Seminal Speech on Sept. 20, 2001 to the Joint Session of Congress, discussed by Carol Devine - Molin in The GOP's Magnificent Convention, on September 2, 2004, available at: http: //www. gopusa. comlcommentary/cmolinl2004/cdm_ 0902p. shtml.

② The speeches of Vice President Dick Cheney before the National Association of Home Builders, June 6th, 2002, available at http: //www. whitehouse. gov/vicepresidentlnewsspeeches/speecheslvp20020606. html.

③ The Vice President's speech before the Veterans of Foreign Wars National Convention, August 26th, 2002, available at: http: //www. whitehouse. gov/news/releasesl20020826. html.

指向“布什主义”的合法性、道德性和在外交政策的实用性方面。“先发制人”战略是否是布什宣称自卫性战争还是以防御为幌子的进攻性战争？“先发制人”的战争与预防性战争有何区别？“先发制人”的打击与“先发制人”战争在针对非国家行为体和“流氓国家”时有何区别？

首先是两种国家安全战略——“先发制人”的打击和预防性战争的区别。“先发制人”的打击是指A国（受到威胁的国家）有确凿证据表明B国（目标国）打算对其发动军事攻击时对B国采取的军事行为。预防性战争是指A国认为B国对自身的威胁在将来是不可避免的（尽管不是迫在眉睫），并认为延迟对B国的打击将带来巨大的危险，因而对B国采取的军事行动。[①] 例如，假设冷战期间美国拦截和破解苏联领导人下令对美国首先进行核打击的情报，但在苏联还未发动打击的情况下，美国领导人能够下令对苏联首先进行核打击，那么这一打击就属于“先发制人”打击的例子。如果美国领导人认为苏联在将来某时可能会对美国发动打击，并且认为苏联在数年后对美国的打击比当下的打击能造成更大的损失，但苏联的打击计划还未进行，在这种情况下，如果美国首先发动对苏联的打击就属于预防性打击。由例子可以看出，“先发制人”的打击强调威胁的紧迫性（imminent），是客观存在的威胁。而预防性打击强调威胁的不可避免性（inevitable），属于观念上的威胁。美国认为伊拉克拥有大规模杀伤性武器而构成了对美国的紧迫性威胁，因此发动了对伊拉克的战争。但后来却没有找到伊拉克拥有大规模杀伤性武器的证据，因而战争的合法性受到质疑。

---

① Joe Barnes and Richard J. Stoll, “Preemptive and Preventive War: A Preliminary Taxonomy,” The James A. Baker III Institute for Public Policy, p. 7.

其次是就美国发动的“反恐战争”是“先发制人”的打击还是“先发制人”战争的争论。“先发制人”的打击主要是指相当分散的军事行动，打击的目标可以包括一个以上，打击时间也可以延长到一个时间段，但目标只限于打击一些零星的目标或捉拿一定数量的恐怖主义头目。“先发制人”的战争不局限于几个零星的据点，它可能是扩大化的一系列军事行动，也可能是占领一个国家的战争。通常情况下，美国针对非国家行为体（分散的恐怖主义或恐怖主义组织）时主要采取“先发制人”的打击方式，而对“支恐国家”或“流氓国家”则采取“先发制人”的战争方式。如美国对阿富汗和伊拉克的占领就属于“先发制人”的战争，但是面对组织严密的恐怖组织，美国也采取“先发制人”的战争方式。①

二、新闻宣传对“先发制人”战略的推动

“9·11”袭击事件后，“基地”组织首脑宣称对该事件负责，美国以阿富汗塔利班政府支持“基地”组织、并为本·拉登提供庇护所为由发动了对阿富汗的战争，推翻了塔利班政府。紧接着美国又于2003年3月26日发动了伊拉克战争，其主要理由有两条：其一是萨达姆·侯赛因政权拥有大规模杀伤性武器；其二是萨达姆与“基地”头目本·拉登以及其他恐怖组织有密切的联系。基于这两个理由，美国认为伊拉克是美国迫在眉睫的威胁，于是针对伊拉克发动了“先发制人”的战争。虽然美国在阿富汗和伊拉克实行了政权更替，但其行为却引起了国际社会和国内学者的争论，争论的焦点主要围绕战争的合

① Joe Barnes and Richard J. Stoll, “Preemptive and Preventive War: A Preliminary Taxonomy,” The James A. Baker III Institute for Public Policy, pp. 7 – 9.

法性、道德性以及伊拉克是否对美国构成了迫在眉睫的威胁。美国在证据不足且未获得联合国授权的前提下如何获得议会和民众的支持。

首先，“9·11”袭击事件急剧地改变了恐怖的媒体宣传（media spectacles of terror）和伊斯兰“圣战主义”战略之间的关系。正如老布什在海湾战争时的策略一样，小布什政府也充分利用媒体宣传，煽动民族悲情和民族主义，以获得民众和议会的支持，对阿富汗和伊拉克发动“先发制人”的战争，在南亚、东南亚和非洲发动“反恐战争”。[①] 媒体在美国的全球“反恐战争”中发挥了至关重要的宣传作用。

媒体通过不断播放“9·11”袭击事件的镜头来激起民族复仇的情结。“9·11”袭击事件发生后，美国有线电视和网络电视直播终止商业广告和娱乐节目的播放，不断播放袭击时的灾难场景：包括撞向世贸大楼的客机、爆炸成火海的建筑、跳出窗户的逃生者、双子大楼的坍塌、血肉模糊和断肢残体的遇难者，以及随之而来的混乱和触目惊心的画面，这些场景令人不寒而栗。由于灾难事件发生在全球媒体饱和度最高的地方，这种不断重复播放向美国民众传达出这样信号：美国容易受到恐怖主义的攻击，任何人随时随地都可能遭受恐怖袭击。之前一些美国人在世界其他地方所忍受的痛苦、恐惧和死亡被带到美国本土，也让美国民众深切体会到世界上其他国家人民面对恐怖袭击时的脆弱性和恐惧感。这一场景也表明恐怖主义能够对美国造成重大损失，包括人员伤亡和财产损失，使美国深陷恐怖的荒漠之中。在美国媒体反复播放的同时，这一恐怖场景

---

① Douglas Kellner, “9/11, Spectacles of Terror, and Media Manipulation: A Critique of Jihadist and Bush Media Politics,” p. 1, available at: http: //www. gseis. ucla. edu/faculty/kellner/.

也在全球播放。[①]

其次，除了袭击现场回放外，有线电视的访谈节目也主要围绕"文明冲突"展开，加剧了"文明冲突"的心理观念。自袭击之日起，美国有线电视台就邀请了许多安全研究方面的专家对袭击事件进行评论和解释。福克斯电视台在众多的电视台中所扮演的角色尤为突出，该电视台曾邀请美国驻联合国前任大使、里根政府时期的珍妮·柯克帕特里克（Jeane Kirkpatrick）参与评论。她将袭击归结为塞缪尔·亨廷顿秉持的"文明冲突"，认为美国处于与伊斯兰世界之间的战争，并且应该维护西方的文明。[②] 当一个民主国家的媒体应该严肃地讨论这个国家的紧迫性问题时，主流媒体却煽动战争狂热和热衷于用军事手段解决全球恐怖主义问题。

再次，军工企业染指新闻宣传，为反恐战争推波助澜。在有线电视公司邀请的评论员当中，有一部分人是军事顾问，他们的评论通常代表五角大楼的观点，这使得他们成为军事企业界的传声筒，而不是独立的评论家。另外一些评论员和议员，如乔治·麦凯恩（John McCain）、亨利·基辛格（Henry Kissinger）、詹姆斯·贝克（James Baker）、珍妮·柯克帕特里克和其他一些军工复合体的长期倡导者将袭击事件说成是战争行为。一些"鹰派"学者要求立即采取军事行动并加速扩大美国军事实力，另一些"鹰派"人物如基辛格和贝克属于前政府官员，后来进入国防部门，为了保证军工企业的巨大利润，他们主张采取军事行动。事实上，布什家族、詹姆斯·贝克和大规

---

① Douglas Kellner, "9/11, Spectacles of Terror, and Media Manipulation: A Critique of Jihadist and Bush Media Politics," pp. 3 – 4, available at: http://www.gseis.ucla.edu/faculty/kellner/.

② Chomsky, For critique of Huntington "civilization" vs "barbarism" discourse, 2001.

模军事报复的倡导者与世界上最大的军工企业——凯雷投资基金（Carlyle Fund）有着千丝万缕的联系。副总统切尼曾参与过的哈里伯顿公司（Halliburton Corporation），从军事重建合同中受益匪浅。拉姆斯菲尔德和共和党其他重要人物则与贝奇特尔公司（Bechtel Corporation）相互勾结，从中获益。[①] 由于以上这些官商联系，因此战争的倡导者可能会从持续的军事活动中获得巨大的利益，虽然这种不光彩的联系未在电视和主流媒体上提及，但却在其他非主流媒体和网络上引起了广泛的讨论。尽管许多批评者警告不要将恐怖袭击说成是战争，并呼吁美国与其联盟一起采取多种手段共同应对“基地”组织，而不是由美国单独地进行“先发制人”的战争。但是这种呼吁并未受到广播媒体的重视。相反，有线电视却通过播放灾难袭击的细节，从而持续地助推公众要求军事干预的激情。[②]

最后，广播公司缺乏对恐怖主义的公开辩论加剧了民主国家的危机感。虽然媒体想就重要的事件进行公开讨论并提出不同看法，但在“反恐战争”的特殊时期，布什政府和五角大楼却拥有优先发言权。此外，民主党并没有积极反对布什政府在“反恐”问题上的立场，而是以绝对多数票支持布什政府采取一切必要的措施打击恐怖主义、支持限制公民权力的爱国者法（Patriot Act）和发动对伊拉克的战争。

三、“先发制人”战略的影响

以“先发制人”为主要特征的“布什主义”对国际和平

---

① David Lindorff, “Secret Bechtel Documents Reveal: Yes, it is about Oil,” Counterpunch Special Report, April 9, 2003, available at: http://www.counterpunch.org/lindorff04092003.html.

② Michael Howard, “a terrible and irrevocable error,” Evening Standard, 11th, 2001, available at: www.thisislondon.com.

和安全产生了广泛而深远的影响。首先，由于布什政府不加区别地对待合法的“先发制人”的战略和非法的打击，因而其他任何国家可效仿美国的行为针对敌国采取先发制人的战争。正如迈克尔·霍华德表示，美国无视国际关系的基本原理和多边机制，从而降低美国行为的合法性。①

其次，由于布什政府无视多边合作机制，甚至以是否支持其单边行动将欧洲划分为“老欧洲”和“新欧洲”，从而削弱大西洋伙伴关系。正如弗朗西斯·福山在采访中说，“美国无视国际组织和国际法，漠视欧洲盟友的反对，绕开国际组织和国际法，对伊拉克发动了‘先发制人’的战争，因而引起了全球对其霸权的反对。”②

再次，“布什主义”对印度的外交政策产生了负面影响。美国宣布“先发制人”的战略后，印度效法美国，于2003年3月在克什米尔恐怖袭击后宣布对巴基斯坦拥有“先发制人”的打击权利。印度外交部长贾斯万特·辛格（Jaswant Singh）宣布，“印度对巴基斯坦采取‘先发制人’打击的理由比美国对伊拉克更充分……如果一个国家缺乏民主、拥有大规模杀伤性武器，且向恐怖主义出口这些武器，那么其他国家就有权对其采取‘先发制人’的打击，巴基斯坦比任何其他国家更适用于这种打击。”③ 之后，印度国防部长乔治·费尔南德斯公开支

---

① Vaisse. Justin, “The Rise and the Fall of the Bush Doctrine: Impact on Transatlantic Relations,” Institute of European Studies, available at: http://www.escholarship.org/uc/item/5qg2v2d8#page-1.

② Philip H. Gordon, “The End of the Bush Revolution,” Foreign Affairs, Vol. 85, No. 4, 2006, pp. 75-86.

③ Jaswant. Singh, “India has a Stronger Case for Pre-emptive Action than the US,” The Hindu, April 10th, 2003.

持这一观点。[①] 印度这一挑衅行为引起了巴基斯坦的抗议，导致本来就不稳定的南亚地区顿时升温。好在印度这一宣称遭到美国的驳斥，美国认为伊拉克是一个例外，警告印度不要将伊拉克的情况应用于巴基斯坦。虽然印度的行为有所收敛，未对巴基斯坦进行“先发制人”的打击，但印度较有影响的人士要求印度外交突破联合国框架的束缚，认为没有联合国的世界更符合印度的利益。因为联合国 1948—1949 年的协议有利于巴基斯坦，因此，如果联合国不能正常发挥作用就有利于印度占领克什米尔。[②]

以“先发制人”的战略为主要特征的“布什主义”的形成有着多方面的原因，既有国际政治环境的影响，也有国内政治的动因。总体上来看，它是后冷战时代国际政治的产物。冷战结束以后，一方面，美国作为唯一的超级大国，其经济、军事实力和政治影响力都无出其右者；另一方面，大规模杀伤性武器日益落入“流氓国家”和恐怖主义组织手中，并被用来威胁美国和西方世界的安全。而许多国家在面对这一新的威胁时不愿坐以待毙，因此以“先发制人”为主要内容的“布什主义”在此情况下应运而生。虽然“布什主义”于人于己产生了不小的负面影响，但美国在目前和可预见的将来不会抛弃“布什主义”，原因是多方面的，下一节将从物质和观念相结合的角度来探析美国“先发制人”战略的内在因素。

---

① George Fernandes, “Pakistan is a [more] Fit Case than Iraq for a Preemptive Strike,” Hindustan Times (New Delhi), April 13, 2003.

② Richard. Perle and David Frum, An End to Evil: How to Win the War on Terror. New York, Random House, 2004, pp. 2 – 10.

第三节 “先发制人”战略的结构因素：物质和观念因素的结合

对于物质因素与观念因素整合于一个有机框架这一问题，主要基于如下核心前提假设：第一，人类社会是由物质和观念力量构成，两者相互作用塑造了我们的世界。[①] 第二，观念并非产生于真空，而是基于某些物质基础和物质条件。观念出现以后或赢或输都受到物质和观念两种力量的影响。第三，观念反过来通过人类行为改变自然环境和观念环境。[②]

对国家行为的解释，社会进化范式认为，只有将物质和观念两种力量结合起来，才能提供一个完整的解释，其关键是将物质力量纳入分析框架来解释为何某些观念会胜出或被淘汰。[③]

社会进化范式对国家行为的认识是基于社会进化的核心机制：“人工”变异—选择—遗传。在变异阶段，人类观念的产生是基于他们对物质世界和观念世界的解读，基于物质和观念力量之间互动的基础和限制条件。在选择阶段，不同的观念通过“人工选择”而被选择（正选择）或被抛弃（负选择），这个过程涉及自然环境和人类智慧，在这个阶段，人类在观念市场上选择观念，选择的环境受到物质和观念两种力量的影响。在遗传阶段，在观念市场上胜出的观念会被遗传到下一代（垂直遗传）或者扩散到其他人类和族群（水平遗传）。观念遗传

---

① John R Searle, “The Construction of Social Reality,” New York, Free Press, 1995, pp. 55 – 56.

② 唐世平：《美国军事干预主义：一个社会进化的诠释》，《国际关系理论》，2011年第9期，第88页。

③ 唐世平：《美国军事干预主义：一个社会进化的诠释》，《国际关系理论》，2011年第9期，第88页。

的方式在历史长河中不尽相同。在古代，获胜观念的遗传是通过符号、仪式或口述的方式完成的；在现代，在保留（并强化）上述古代方式的基础上，胜出观念的扩散方式也更高级了，包括媒体、教育以及流行文化（文学、影视和体育等）。在很大程度上，这些观念构成了人类社会集体记忆的一部分，其中一部分还成为传奇、惯例、规范或“文化”。社会进化范式认为，只有被选择的观念才能够最终成为政策和实际的行为。①

因此，社会进化范式整合了两个过程来解释国家行为：经选择的消极学习和通过积极学习的社会化，即新现实主义和建构主义的观点。一方面，以肯尼思·N. 华尔兹（Kenneth N. Waltz）为代表的新现实主义者在其理论框架中非常重视经过选择的消极学习，认为物质环境会迫使国家学习适应，否则会付出极高的代价。另一方面，建构主义则强调积极的学习或者观念的扩散（水平遗传）是塑造国家行为的一种社会力量。社会进化范式认为，消极学习和积极学习塑造了国家行为。在该范式下，消极学习对应的是变异—选择—遗传的核心进化机制中的选择。社会化（通过积极学习）对应的则是遗传（即观念的扩散）。“人工”变异—选择—遗传的整个过程中物质和观念因素发挥着主导作用。② 本部分主要探究美国的物质和观念因素怎样影响美国“先发制人”为主要特征的“反恐战争”。

---

① 唐世平：《美国军事干预主义：一个社会进化的诠释》，《国际关系理论》，2011年第9期，第88页。

② 唐世平：《美国军事干预主义：一个社会进化的诠释》，《国际关系理论》，2011年第9期，第89页。

一、物质因素：优越的地理位置和技术实力所放大的综合国力

（一）得天独厚的地理位置

在所有大国中，美国在地理位置上得天独厚。与其他大国不同，美国最大的优势是不存在强大敌对邻国的威胁，因而可以顺利地进行国内政治建设。正如尤金·戈尔茨等所说，“美国北面和南面都是弱小的友好邻邦，东面和西面环海，无敌国能跨越大洋威胁美国本土。”①

（二）技术实力所放大的综合国力

美国在全球实力中的绝对优势是当代国际关系的一个主要特征，这一主要特征始于一战结束时期。二战后，虽然国际体系模式进入了两极格局阶段，但苏联不管是在硬实力还是在软实力方面与美国相比都稍逊一筹。冷战的结束并没有让世界回到多极格局，相反，由于日本和欧洲经济在20世纪90年代的缓慢增长，美国超群绝伦的地位得到进一步的加强。美国所拥有的军事、经济、技术优势都无可匹敌，世界由此进入单极化世界（见表2—1）。

表2—1　美国与其对手实力对比（1914—2003年）

战争	国内生产总值（10亿美元，1990年国际元）	人均国内生产总值（美元，1990年国际元）	伤亡人数（人）
第一次世界大战（1914—1918年）			

① Eugene Gholz, Daryl G. Press, and Harvey M. Sapolsky, “Come Home, America: The Strategy of Restraint in the Temptation,” International Security, Vol. 21, No. 4, 1997, p. 8.

续表

战争	国内生产总值（10亿美元，1990年国际元）	人均国内生产总值（美元，1990年国际元）	伤亡人数（人）
美国	478	4799	320710
奥匈帝国	20	2876	4842500
德国	202	3059	6815689
第二次世界大战（1941—1945年）			
美国	1099	8206	1085119
德国	401	5711	11280000
意大利	154	3432	757941
日本	213	2873	3563878
朝鲜战争（1950—1953年）			
美国	1456	9561	147131
中国	240	439	888396
朝鲜	7.3	767.7	518584
多米尼加战争（1965年）			
美国	2607	13419	67
多米尼加共和国	5	1259	1000
越南战争（1965—1973年）			
美国	2607	13419	212926
越南北方	33	617	1500500
中国	505	706	1146
苏联	1068	4634	16
格林纳达战争（1983年）			
美国	4433	18920	135

续表

战争	国内生产总值（10 亿美元，1990 年国际元）	人均国内生产总值（美元，1990 年国际元）	伤亡人数（人）
格林纳达	0. 18—0. 31	895—3263	404
古巴	29	2944	84
利比亚战争（1986 年）			
美国	5110	21236	3
利比亚	13	3586	93
海湾战争（1991 年）			
美国	5776	22785	31
伊拉克	17	947	70000
索马里战争（1992—1994 年）			
美国	5952	23169	92
索马里	6	908	3500—4500
波斯尼亚战争（1994 年）			
美国	6357	24130	18
波斯尼亚	7	2021	97207
海地战争（1994 年）			
美国	6357	24130	7
海地	5	753	3000
阿富汗战争（2001 年）			
美国	7966	27948	333
阿富汗	12. 2	453	5000—1000
伊拉克战争（2003 年）			
美国（2001 年）	7966	27948	2923
伊拉克（2002 年）	32. 3	5138	>2500

资料来源：唐世平：《美国干预主义：一个社会进化的诠释》，《国际关系理论》，2011 年第 9 期，第 91—92 页。

表 2—1 的数据呈明，除地理因素外，美国超强的综合国力和先进的技术相结合塑造了美国的战争观。它使美国相信战争很少流血（antiseptic war），即凭借强大的综合国力和技术上的绝对优势，美国只需付出微小的人员伤亡就可以获得战争的胜利。这一点在柯蒂斯·李梅看来是绝对可行的，他曾表示，“美国应该将越南北方炸回旧石器时代。”唐世平认为这句话所传递的逻辑是：美国的重火力可以在美军生命无伤亡的情况下推进美国的利益，而要付出的仅仅是炸弹，而不是生命。①

这种可以打一场“不流血战争”的想法在“沙漠风暴”行动和科索沃战争中体现得淋漓尽致。正如大卫·肖（David Shaw）所说，“沙漠风暴”行动与其说是一场战争，不如说是战争游戏。主宰军事画面的不是刀光剑影，而是军事演习和业务培训。由于缺少战争伤亡的图片，所以战争显得貌似一场游戏。在对战争场景的分析中，大卫·肖发现在对战争宣传的图画中，只有 33 幅描绘伤亡情况，仅占总体数量的 10%，而大多数影视宣传画主要是对高科技战争技术的宣传。这一方面固然有美国媒体包藏祸心的宣传，另一方面也体现了美国先进的军事技术能够让其更少地付出人员伤亡的代价。②

二、战争记忆的影响：边际收益大于边际成本的鼓励

“反事实思考”（counterfactual thinking）理论的学者认为，人类过去的经历会在其大脑中留下深刻的记忆，这一记忆反过来又会影响人类对类似事件的认知和行为。战争也不例外，社

---

① 唐世平：《美国军事干预主义：一个社会进化的诠释》，《国际关系理论》，2011 年第 9 期，第 95 页。

② David Shaw, “An Antiseptic War? A Study of Images from the Persian Gulf,” Visual Communication Quarterly, No. 2, 1995, p. 5.

会对历史上战争的记忆反过来会有意无意地影响社会经验、公众对武装冲突和军事干预的态度。也就是说，一国国民对该国过去战争的记忆将会影响他们是否支持海外军事行动。[①]

人类对战争的记忆包括“负面的战争历史记忆”和“从近期军事失败中得到的教训”两种，尽管两者都是基于“负面的教训”，但前者是一种普遍的教训（例如“战争是破坏性的”或者“简单和光荣的”）；后者则不同，它指从某一次具体战争中获得的教训，例如“如果我们采用其他方法就可获胜”或者“我们本应该避免这场战争”，按照社会心理学的说法，它是获得负面经验之后出现的一种“反事实演练”（counterfactual exercise）[②]。

“反事实思考”对美国也毫不例外，当美国在海外遭遇某次重大的军事挫败以后，通过负面的学习，美国不太可能在短期内发动较大规模的战争。但是，由于美国具备以上提到的两个物质优势（地理位置和技术实力所放大的综合实力），一次军事失败仍然不能真正让美国认识到战争的真实破坏力。美国外交政策精英对一场新冲突的定位明显取决于他们在以往战争中的经历，但优越的地理位置和综合国力这两大优势总体上使美国成为战争的胜利者后，大多数美国精英都会支持其海外军事行动。民调显示（见表2—2），由于精英不亲自投入战场，不管是本人还是家庭成员对战争的残酷性的理解都不及民众那样深刻，所以精英对战争的支持总体上高于普通民众。

---

① Kai Epstude and Neal J. Roese, “The Functional Theory of Counterfactual Thinking,” Personality and Social Psychology Review, Vol. 12, No. 2, 2008, pp. 168 - 192.

② 唐世平：《美国军事干预主义：一个社会进化的诠释》，《国际关系理论》，2011年第9期，第96页。

表2—2 二战后美国精英阶层及普通民众对海外军事行动的支持率与反对率

案例	精英阶层支持率（%）	精英阶层反对率（%）	普通民众支持率（%）	普通民众反对率（%）
朝鲜战争（1950年）	78.7	21.3	78	15
越南战争（1965年）	99.6	0.4	58	35
格林纳达战争（1983年）	—	—	53	33
巴拿马战争（1989年）	—	—	28	59
伊拉克战争（1991年）	61.8	38.2	71.5	25
索马里战争	—	—	74	21
波斯尼亚战争（1993年，空战）	—	—	60	34
海地战争（1994年）	89.9	10.1	54	41
波斯尼亚战争（1995年）	67.6	32.4	40	55
科索沃战争（1999年空袭）	51.4	48.4	46	44
阿富汗战争（2001年）	99.8	0.2	85	12
伊拉克战争（2003年）	70.5	29.5	70	27
平均值（所有案例）	77.4	22.6	59.8	33.4
平均值（精英阶层及普通民众意见均已知的案例）	77.4	22.6	62.8	31.8

资料来源：唐世平：《美国军事干预主义：一个社会进化的诠释》，《国际关系理论》，2011年第9期，第98页。

从表2—2可以看出，不管是精英阶层还是普通民众阶层，在同一阶层内部他们对战争的支持率都远高于反对率；从两个阶层之间的交叉比较来看，精英阶层对战争的支持率高于普通民众的支持率，而美国普通民众对战争的反对率总体上高于精英的反对率。从阶段来看，越南战争后，美国精英和民众对战争的支持率有所下降，但在经过海湾战争的“沙漠风暴”、海地的成功干预和科索沃空袭的零伤亡之后，其支持率明显回升，尤其是在美国国家安全面临前所未有的挑战时刻，这种趋势显得尤为突出。这说明在越南战争结束后，美国精英在战争问题上的核心话题并不是如何“铸剑为犁”，而更多的是在未来如何把剑磨砺得更加锋利。

正如唐世平所说：“美国对战争的偏好在越南战争后并没有被吓倒，它仍然蛰伏于美国的观念市场上。而反对战争作为一种思想是不大可能在一个地理和超强国力保护下免受现代冲突和屠戮的社会中发展壮大的。其结果，美国海外军事干预的接连胜利强化了美国将使用武力作为治国方略工具的信心，而偶尔的失利只是成为吸取教训的案例，以便在下一场战争中更轻易地取胜。”① 有了使用武力的观念市场，在国家面临重大威胁的时刻，布什内阁的“鹰派”更为迷恋诉诸武力，于是他们把战争看作维护国家安全“顺理成章”的手段。

三、小布什政府的观念市场：新保守主义的主张及对战争的支持

“新保守主义”（neoconservative）这一词汇首先出现在19

① 唐世平：《美国军事干预主义：一个社会进化的诠释》，《国际关系理论》，2011年第9期，第99页。

世纪70年代，主要用来形容对自由主义所持的左倾观点提出批评的一群纽约知识分子。他们主要关注国内问题，反对社会运动：诸如学生抗议活动、反文化运动、黑人民族主义运动、激进女权主义运动、环保主义运动以及林登·约翰逊“向贫困开战”的计划。他们强调有限的社会调控，指出无限的平均主义会给社会带来危害，主要代表人物有詹姆斯·Q. 威尔逊（James Q. Wilson）和丹尼尔·帕特里克·莫伊尼汉（Daniel Patrick Moynihan）等人，其主要宣传刊物有《公共利益》（*The Public Interest*）[①]。

新保守主义的第二个阶段出现在19世纪70年代末和80年代初，主要关注外交问题，主张回归到富兰克林·罗斯福（Franklin Roosevelt）和哈利·杜鲁门（Harry Truman）时期的政策：对内实行宏观管理，对外强硬对抗集权主义，包括维护人权和民主。所以这一时期的新保守主义不仅反对民主党左翼，也反对尼克松和基辛格所主张的现实主义缓和政策。他们的宣传刊物主要是《评论》（*Commentary*），其主要代表主要以斯库普·杰克逊民主党（Scoop Jackson Democrats）为主——以民主党议员斯库普·杰克逊命名而来。他本人原是民主党议员，后来由于新保守主义的主张未获得本党的支持而改投共和党并为里根政府服务。[②]

虽然“纽约知识分子”和“斯库普·杰克逊民主党人”在内政和外交的关注方向大相径庭，但两者还是有少许的共通之处：两者都反对自由主义和道德相对主义；两者有各自的宣传刊物或机构，前者如《评论》和《华尔街日报》（*Wall Street*

---

① Robert Bartley, “Irving Kristol and Friends,” Wall Street Journal, May 3, 1972, p. 20.

② Justin Vaïsse, “Why Neoconservatism Still Matters,” Foreign Policy, Number 20, May 2010, p. 2.

Journal)，后者如美国企业研究所（American Enterprise Institute）。

19世纪70年代中期，当人们宣布新保守主义寿终正寝时，却出现了它们的第三个家族——后冷战新保守主义。新保守主义以《标准周刊》（*The Weekly Standard*）为宣传刊物、以美国企业研究所为研究机构、以“新世纪美国计划”（PNAC）为研究项目卷土重来，其主要代表有《标准周刊》的编辑比尔·克里斯托尔（Bill Kristol）、美国历史学家兼布鲁金斯学会外交政策评论员罗伯特·卡根（Robert Kagan）等人。在意识形态上他们属于“斯库普·杰克逊民主党”的传人，但与其相比又有所不同：首先，第三代新保守主义属于坚定的共和党，他们无一不是共和党人，这就意味着考虑共和党的选举利益时在一定程度上不得不协调党内的外交立场。其次，由于苏联的解体，美国在国际格局中实力大大增强，因此新世纪的“新保守主义”主张更大胆地运用美国实力，从而构筑一个美国绝对主导的单极世界。

新保守主义有五条基本原则：国际主义、美国重要性、单边主义、军国主义和民主。①

国际主义：新保守主义的第一基本要义是美国在全球事务中需要扮演更加积极的角色。正如罗伯特·卡根和比尔·克里斯托弗于2000年所说：“为维护世界秩序，保障美国的物质利益和道德原则，美国必须构筑世界新秩序。”两人还表示，如果美国裹足不前，其他国家就会按照既不反映美国利益，也不

---

① William Kristol and Robert Kagan, “Toward a Neo-Reaganite Foreign Policy,” Foreign Affairs, July-Aug 1996.

反映美国价值的方式构筑世界秩序。[①] 这一"自信的声明"表明新保守主义坚决反对任何形式的孤立主义和减少美国在世界事务中的存在。

美国在国际事务中的重要性：自由主义"鹰派"代表人物、前国务卿奥尔布赖特称美国是国际社会中不可或缺的国家，罗伯特·卡根赞同这一看法，他说，"与过去的大国相比，美国是一个仁慈的霸权国。"[②] 美国布鲁金斯学会兼欧洲研究中心主任贾斯汀·维斯（Justin Vaïsse）认为，由于美国不寻求征服其他国家和民族，而是解放他国人民和推广民主、向世界提供公共产品，因而美国在世界体系中的重要性不言而喻；美国主导的单极世界不但保证美国的安全，而且也维护世界的和平和安宁，因此要尽可能地维持美国主导的单极世界。[③]

单边主义：新保守主义宣称，不是联合国安理会，而是美国向世界提供和平与安全，从对待台湾当局、韩国和以色列的方式到恢复巴尔干半岛的和平、打击"基地"组织或者维持海洋通道安全等方面，美国都提供了"保护伞"的作用。因此，美国不应该受到多边机制和条约的限制。在新保守主义看来，由于联合国安理会实行大国一致原则，导致中国和俄罗斯经常否决"国际社会"做出的决定，因而联合国解决问题的效率不尽人意。在如何打击恐怖主义这一关键的问题上，新保守主义主张绕开联合国，倾向于采取"民主联盟"（league of democracies）或者其他形式的联盟发动伊拉克战争。与自由主义主张

---

① Robert Kagan, William Kristol, "Burden of Power is Having to Wield It," Washington Post, March 19, 2000.

② Justin Vaïsse, "Why Neoconservatism Still Matters," Foreign Policy, Number 20, May 2010, p. 4.

③ Justin Vaïsse, "Why Neoconservatism Still Matters," Foreign Policy, Number 20, May 2010, p. 4.

通过用多边机制解决问题的观念不同，新保守主义倾向于和其他“鹰派”一道，以约翰·博尔顿、切尼和拉姆斯菲尔德的方式采取单边主义行动。[①]

军国主义：新保守主义认为，为了维持美国的优势和单边行动的能力，强大的军事实力是必不可少的先决条件。在康德式的世界里，国家可以通过国际法、国际组织和非国家行为体等方式减少战争。新保守主义则将世界看成是霍布斯式的世界，在这个世界里，武力和国家行为体起到压倒性的作用。这就意味着国家必须维持高水平的国防开支，新保守主义每年都要求五角大楼增加兵员和国防开支。由于新保守主义与军方有着千丝万缕的联系，因此，不管是出于真实的关切，还是作为动员公众舆论的手段，新保守主义总是倾向于夸大国家安全的威胁。不管是1998年拉姆斯菲尔德委员会所宣传的弹道导弹威胁，还是围绕伊拉克大规模杀伤性武器的威胁的宣传，新保守主义者通常热衷于危言耸听的宣传。

民主：在美国，国家的起源和认同与民主水乳交融，它不可能像其他国家一样行事，也不可能对自由和人权的命运无动于衷，这种信念对新保守主义而言也毫无例外。但新保守主义的特别之处是将这种理念与武力结合起来，皮埃尔·哈斯纳尔将其称之为“威尔逊主义”[②]。在新保守主义者看来，符合道德的事情在战略上也是行之有效的。尽管现实主义者认为专制国家和民主国家在国际关系中都奉行国家利益至上原则，所以美国与两种类型的国家都可以交往。但新保守主义者却从不同

---

① Justin Vaïsse, “Why Neoconservatism Still Matters,” Foreign Policy, Number 20, May 2010, p. 5.

② Pierre Hassner, “The United States: the empire of force or the force of empire?” Chaillot Paper No 54, September 2002 page 43, available at: http://www.iss.europa.eu/nc/actualites/actualite/browse/52/article/the-united-states-the-empire-of-force-or-he-force-of-empire/.

角度看待问题：战争、武器扩散和恐怖主义主要来自集权国家。因此他们认为，从长期来看，要与集权国家和平共处完全是痴人说梦，最好的办法是实现政权更替。正如2003年小布什解释说，"扩展民主符合世界的根本利益，因为稳定和自由的国家很少滋生恐怖主义。"他于2005年补充说，"在国家内部推进自由有利于国家间的和平。"① 尽管一些学者对"民主和评论"表示怀疑，但新保守主义一贯认为，"民主国家总体上更爱好和平、对美国更友好、对邻国更温和。"② 基于这些理念，新保守主义认为美国必须输出民主。

布什政府内的新保守主义将中东的不稳定归咎于缺乏民主，因此，如果美国想解决该地区的恐怖主义、武器扩散和"流氓国家"等问题，不能治标不治本，而是要向该地区输出民主。新保守主义代表人物保罗·沃尔福威茨认为民主可以在中东开花结果，许多现实主义者和保守主义者对他的观点提出批评，认为该地区的宗教和文化与民主水火不相容。与文化保守主义不同，大多数新保守主义和自由主义者都是世界主义者，认为不管文化背景如何，每个人都应该享有民主和人权。他们很少考虑亨廷顿式"文明冲突"的范式，不是从"身份"和"认同"的角度来看待世界，而是从意识形态的角度来看待问题。因为他们是以传教士般的热情，将世界主义和民族主义揉合在一起，因而具有好战精神。

新保守主义中的当政者被《洛杉矶时报》记者詹姆斯·马

---

① George W. Bush, speech of 26 February 2003 at the American Enterprise Institute, and of 21 February 2005 in Brussels. Available at: http: //georgewbush-whitehouse. archives. gov/news/releases/2009/01/.

② Justin Vaïsse, "Why Neoconservatism Still Matters," Foreign Policy, Number 20, May 2010, p. 6.

恩称为“瓦肯人”（Vulcans）[1]。他认为，只要“瓦肯人”进入白宫就会将他们的观念转变为政策。不管是来自军方、学术界、或者政府部门，“瓦肯人”都把五角大楼看作美国权力的中心，他们的哲学主要形成于“9·11”袭击事件后，主要表现在决定对伊拉克动武。他们认为军事力量对美国国家利益至关重要，尽管美国发动战争会出现消极的影响，但美国终究永远是一种力量；他们对美国实力永远充满信心，而对有关过度消耗资源的辩论却视而不见；他们认为在采取军事行动前没有必要和盟友商量或结成广泛的全球联盟。[2]

马恩在经过仔细研究之后向读者展示了布什政府发动伊拉克战争的理由，他认为，对“瓦肯人”来说，战争并不是一次意外的冒险行动，或者对“9·11”袭击事件的下意识反应。相反，布什政府的外交政策是由“瓦肯人”精心设计的，其设计者主要包括副总统迪克·切尼（Dick Cheney）、国防部长多拉尔德·拉姆斯菲尔德（Donald Rumsfeld）、助理国防部长保罗·沃尔福威茨（Paul Wolfowitz）、国务卿科林·鲍威尔（Colin Powell）、副国务卿理查德·阿米蒂奇（Richard Armitage）以及先后担任国家安全顾问和国务卿的康多利扎·奈斯（Condoleezza Rice）等。尤其值得一提的是奈斯，其35年的从政生涯都深深扎根于共和党集团，且曾经反对与苏联缓和。“瓦肯人”除了主张一般的新保守主义者所秉持的上述五条原则外，另外还强调两条重要的原则：维持美国无可匹敌的霸权国地位

① “瓦肯人”是虚构科幻电视剧《星际迷航》中的一种外星人。他们是发源于瓦肯星（英语：Vulcan）的智慧外星类人族群，小布什入主白宫后，“瓦肯人”逐渐成为具有影响的“新保守主义者”的代称。

② James Mann, “Rise of the Vulcans: The History of Bush's War Cabinet,” available at: http://www.amazon.com/Rise-Vulcans-History-Bushs-Cabinet/dp/0143034898.

和支持“先发制人的行动”(pre-emptive action)[①]。

“9·11”事件后，布什政府针对主权国家发动了两场“先发制人”的战争：阿富汗战争和伊拉克战争。这两场战争尤其是伊拉克战争增加了关于新保守主义对布什政府影响的争论。“9·11”事件发生后，新保守主义不遗余力地说服布什政府对阿富汗和伊拉克发动战争。在新保守主义的推动下，布什政府发动了阿富汗战争和伊拉克战争。[②] 除了针对国家行为体发动“先发制人”的战争之外，新保守主义在推动美国政府针对非国家行为体发动的全球“反恐战争”中也发挥了不可或缺的作用。[③]

美国有了优越的地理位置和技术实力所放大的综合国力这两根物质支柱，再加上精英—普通民众与政府内阁“瓦肯人”这两个观念市场的支持，在思想上基本扫清了发动战争的障碍，接下来美国政府需要做的就是以法律的形式将“反恐战争”合法化。

---

① James Mann, “Rise of the Vulcans: The History of Bush's War Cabinet,” p. 2, available at: http://www.amazon.com/Rise-Vulcans-History-Bushs-Cabinet/dp/0143034898.

② Geyer, Georgie Anne, “You' re Invited to the War Party,” January 13, 2003, available at: http://www.amconmag.com/01_ 13_ 03/geyer7.html.

③ Julie. Kosterlitz, “The Neoconservative Moment,” National Journal, Vol. 35, No. 20, 2003, pp. 1540 - 1547.

第三章 师出有名：美国国内“反恐”立法

美国是一个总统共和制的国家，实行三权分立，美国宪法规定国会拥有拨款权和宣战权，代表行政部门的总统虽然是三军总司令，但只有在获得国会授权的前提下才能对外发动战争。并且一般而言，只有通过国内立法，对外战争才能获得国会的财政支持。“9·11”事件以后，总统利用非常时期的民族悲情来影响国会，匆忙地通过了《使用武力授权法》《授权对伊拉克使用武力决议》和《爱国者法案》等国内法，为即将发动的“先发制人”的战争披上合法的外衣。

第一节 《使用武力授权法》

“9·11”事件后，美国行政部门在发动“反恐战争”前为了使战争合法化，以便获得舆论和财政支持，首先在国内进行了一系列的立法。针对“9·11”袭击事件，美国国会于2001年9月14日通过《第23号安全联合决议》（以下简称联合决议），授权总统针对“支恐国家”、窝藏恐怖主义国家、恐怖主义组织和恐怖主义者，“使用一切必要、恰当的武力”①。这一立

① Richard F. Grimmett, “Authorization for Use Of Military Force in Response to the 9/11 Attacks: Legislative History,” CRS Report for Congress, p. 1.

法于当年9月18日经总统签署后成为美国国内法。

在“9·11”袭击事件后的几天里，布什总统紧急和国会领导磋商，以便采取恰当步骤应对美国面临的威胁。经过讨论得出国会联合决议的初步意见：授权总统使用武力应对袭击者。参众两院的议长从一开始就决定，国会与白宫官员及总统就联合决议的具体条款的讨论和谈判不应该由正式的立法委员会来审议其程序，而应由谈判双方自主决定。因此，没有参众两院中的任何委员会就这一立法提交任何正式报告。其结果是，这一法案的主要内容主要是最初的草案意见加上当事人的公开声明。

该联合决议的讨论分为几个阶段：在9月12日至9月14日之间，白宫法律顾问办公室和两党的国会领导就联合决议草案进行讨论，其他议员通过各自的政党领袖提出参考意见。9月12日，白宫将联合决议草案交给参众两院议长，这份草案的内容为：（1）授权总统对“9·11”袭击事件的肇事者采取武力；（2）授权总统对将来针对美国的恐怖主义或者侵略行为采取威慑或者“先发制人”的措施。[①] 这份草案的文本看起来没有任何时间上的限制，授权总统今后无须国会授权的情况下，可以酌情决定对全球任何国家、恐怖主义组织和个人采取军事行动。这一草案授予总统无限的权力，即总统不仅有权针对参与“9·11”袭击事件的国家、组织和个人使用武力，而且还可以针对恐怖主义和美国潜在的侵略者（国家或者组织）采取军事行动。结果，白宫这份草案的部分言辞遭到了国会领导的反对，所以在最终的立法中被删除掉。

进入辩论阶段后，参众两院就联合决议的辩论明确规定，

---

① Congressional Record, 107th Congress, 1st session, October 1, 2001, pp. S9949 - S9951.

《授权法案》的重点主要是国会授权总统针对参与“9·11”袭击的恐怖主义和直接从物质上支持恐怖主义从事这一袭击的国家。与白宫提出的草案相比，最终执行的反恐法案在一定程度上限制了总统使用武力的范围。

9月14日（周五），经过两党的核心小组会议后，草案的文本被提交给参议院，进入最后讨论阶段，经过无记名投票方式，参议院以98票赞成、0票反对通过了联合决议[①]。投票结束后的当天，参议院将联合决议交给众议院，经过几个小时的辩论，于当晚以420票赞成，1票反对通过了该法案[②]。

第23号安全联合决议在第一部分里被正式命名为《使用武力授权法》，9月18日，经总统小布什签署后成为美国国内法。最终执行的法案在其序言中包括五项条款，其中的四条包括在白宫于9月12日提出的草案中。未包括在白宫最初草案中的第5条规定，总统根据宪法规定有权采取行动来制止和防止国际恐怖主义针对美国的暴力行为。

联合决议的第二部分（第一小节）：“授权总统使用一切必要和恰当的武力，打击帮助或者窝藏恐怖主义（组织）的国家、恐怖主义组织，策划、授权和实施‘9·11’袭击的恐怖主义者，以便阻止类似的国家、恐怖主义组织或个人在将来对美国发动袭击。”[③]

第23号联合决议的显著特征在于，与其他主要立法相比，授权总统对国家行为体使用武力的方式不同，联合决议授权总

---

① Tom Daschle. “Power We Didn’t Grant,” Washington Post, December 23, 2005, p. A21.

② Richard F. Grimmett, “Authorization for Use Of Military Force in Response to the 9/11 Attacks: Legislative History,” CRS Report for Congress, p. 3.

③ Richard F. Grimmett, “Authorization for Use Of Military Force in Response to the 9/11 Attacks: Legislative History,” CRS Report for Congress, p. 4.

统对与“9·11”袭击有关的恐怖主义组织和个人使用武力。在过去授权使用武力的法案中，由国会授权对特定地区未指明国家使用武力的案例，或者针对指定的个别国家，但从来没有针对组织或个人的情况。这一针对未言明国家使用武力的情况与之前的一些法案相一致，在那些法案中，当未言明国家成为侵略者、对美国或者美国公民采取军事行动时，美国会授权总统对其采取军事行动。①

布什政府在将联合决议签署为法律时赞赏国会“做出了明智而又大胆的授权，符合美国光荣的传统”，并感谢两院议长迅速地通过了这一历史性的联合决议。布什指出，“9·11”袭击事件发生后，他与国会领袖进行了意义重大、富有成效的协商，为了保证和平和安全，他愿意一如既往地和国会紧密协商。布什总统同时宣称，第23号联合决议根据宪法授权总统采取军事行动，以遏制和预防针对美国的恐怖主义行径。最后布什说，他坚持了宪法赋予总统使用武力的一贯立场。②

《使用武力授权法》形成于特殊的时期，颁布该法可以授权总统在关键时刻采取一切必要措施，这对美国打击恐怖主义和维护国家安全发挥了积极的作用。但美国部分反对人士认为，随着形势的发展，该法逐渐变得不合时宜。③ 其理由是美国及其盟国已抓获和击毙“基地”组织的重要成员，因此该组织已大大受到削弱并分散到全球各地。因此，美国应重新审视

① Richard F. Grimmett, “Authorization for Use Of Military Force in Response to the 9/11 Attacks: Legislative History,” CRS Report for Congress, p. 4.

② George W. Bush, “Public Papers of the Presidents of the United States,” 2001, Washington, D. C. U. S. A.

③ Robert Chesney, “Beyond the Battlefield, Beyond al Qaeda: The destabilizing Legal Architecture of Counterterrorism,” Michigan Law Review, 2013, available at: http: //ssrn. com/abstract =2138623.

已有的《使用武力授权法》，并对其加以修改和补充。持该派观点的主要代表有胡弗研究所的罗伯特·切斯尼（Robert Chesney）、杰克·戈德史密斯（Jack Goldsmith）、本杰明·怀特（Benjamin Wittes）和马修·维克斯曼（Matthew Waxman）。他们在题为《应对下一代恐怖威胁的法律框架》的白皮书中提出制定新法规的主张，建议由国会就总统针对恐怖威胁使用武力制定普遍性的法律标准，其中规定总统必须按合法程序来指定恐怖主义（组织）。[①] 针对胡弗研究所的建议，珍妮弗·达斯卡尔（Jennifer Daskal）等人提出了批评意见，认为修改已有的《使用武力授权法》既无必要，又不明智。其理由是面对出现的新威胁，限制总统使用武力的权力将会危及美国的安全。[②]

在对《使用武力授权法》的批评声音中，美国《赫芬顿邮报》的批评尤为尖锐，该媒体批评布什政府以“反恐”为由入侵阿富汗和其他地方，《使用武力授权法》是布什凝集人心和扩大总统权力的工具，“反恐战争”是美国追求世界霸权和实现世界新秩序的工具。[③] 根据福克斯电视台报道，美国参议员兰德·保罗 2013 年 3 月 7 日批评说，美国以《使用武力授权法》为工具谋求世界霸权的行径无异于苏联意欲控制本国人民和波兰等卫星国的侵略行为。[④]

根据美国《和平与正义》新闻报道，参议员芭芭拉·李

---

① Rrobert Cheseny, “A Statutory Framwork for Nest Generation Terrorist Threats,” Hoover Institute, October, 2013, available at: http://media.hoover.org/sites/default/files/documents/Statutory-Framework-for-Next-Generation-Terrorist-Threats.pdf.

② Susan E. Rice, “U. S. Permanent Representative to the United Nations: Remarks to a Security Council Briefing on Counterterrorism,” March 13, 2013, available at: http://usun.state.gov/briefing/statements/209314.htm.

③ “Wither U. S. Constitution: Rise of a New ‘EvilEmpire’,” Huffington Post, May 17, 2013.

④ “Paul Ends Senate Filibuster of CIA Nominee over Drone Concerns after Nearly 13 Hours,” Fox News, March 7, 2013.

(Barbara Lee) 认为该法案的后遗症是多方面的。她说，《使用武力授权法》不仅授权总统出兵攻打伊拉克和阿富汗，而且可以让美国将涉嫌参与“9·11”事件的嫌疑分子羁押于关塔那摩基地。同时，美国政府根据该法使用无人机袭击巴基斯坦、也门和索马里领土，造成部分无辜平民死亡。她补充说，《使用武力授权法》始于“9·11”事件之后，其作为美国实现国家对外政策的口实已经13年了，现在是废除该法的时候了。①

《使用武力授权法》除了在国内存在争议外，国际上还就该法是否符合国际法进行讨论。根据一些媒体的报道，美国中情局操纵的无人战机在巴基斯坦和也门的袭击逐渐增多，造成部分无辜平民伤亡。国际社会对美国任意选择时间和地点，并不受限制地选择打击目标的行为是否符合国际法进行讨论。②根据《授权使用武力法》，美国选择的战争不受地理的限制，战场可在全球范围内进行。③ 换句话说，战争随敌人的领土而定，哪里有敌人哪里就可以发动战争。根据布什政府的规定和美国最高法院的习惯法，美国处于与“基地”组织和塔利班的开战状态，因此战争法适用于这种状态。同时，美国认为只要适用于战争法，使用武力包括无人战机都是合法的。但根据国际法，一个国家寻求使用武力必须证明其使用武力与军事活动目标成比例，诉诸武力的相称性视具体环境而定。由于中情局操作无人战机在巴基斯坦的打击属于秘密行动，因此不可能确

---

① Peter Lems, “Authorization for Use of Military Force,” Peace and Justice News, Vol. 10, No. 2, March 2014.

② Milena Sterio, “The United States’ Use of Drones in the War on Terror: The Legality of Targeted Killings under International Law,” Case Western Reserve Journal of International Law · Vol. 45 · 2012, p. 198.

③ Milena Sterio, “The United States’ Use of Drones in the War on Terror: The Legality of Targeted Killings under International Law,” Case Western Reserve Journal of International Law · Vol. 45 · 2012, p. 201.

定这种打击是否符合诉诸武力相称性的标准。但国际法学家认为无人战机的秘密行动不属于正常的战争行为，因而不适用于战争法，且无人战机经常误伤平民，所以其行为违反国际法。[①]

第二节　《授权对伊拉克使用武力决议》

2002 年夏天，布什政府就伊拉克拥有大规模杀伤性武器的说法公开发表讲话，其高级官员列举了伊拉克违反“联合国安理会决议”[②] 的大量事实。2002 年 9 月 4 日，布什在白宫与两院和两党领袖开会时说，他希望国会在短期内支持总统采取必要措施，以应对伊拉克萨达姆政权对美国构成的威胁，总统同时表示他将向联合国表达他对伊拉克的担忧。[③]

2002 年 9 月 12 日，布什总统在向联合国大会讲话时罗列出伊拉克在过去 20 年未遵守联合国安理会决议的事实，尤其是未终止发展大规模杀伤性武器。他说，自 1991 年海湾战争结束后美国就和联合国安理会一道督促伊拉克履行安理会决议，但伊拉克却置若罔闻，因此美国希望强制实施该决议。[④]

2002 年 9 月 19 日，白宫向众议院议长丹尼斯·哈斯特尔特（Dennis Hastert）、众议院少数党领袖理查德·格普哈特

---

① Milena Sterio, “The United States’ Use of Drones in the War on Terror: The Legality of Targeted Killings under International Law,” Case Western Reserve Journal of International Law · Vol. 45 · 2012, p. 204.

② 1991 年，海湾战争结束后，联合国安理会通过决议，要求伊拉克终止其化学武器、生物武器和核武器项目。

③ Jennifer K. Elsea and Richard F. Grimmett, “Declarations of War and Authorizations for the Use of Military Force: Historical Background and Legal Implications,” Congressional Research Service, March 17, 2011, p. 16.

④ Elizabeth B. Bazan and Jennifer K. Elsea, “Presidential Authority to Conduct Warrantless Electronic Surveillance to Gather Foreign Intelligence Information,” CRS Report R40888, available at: http://news.findlaw.com/hdocs/docs/nsa/dojnsa11906wp.pdf.

(Richard Gephardt)、参议院多数党领袖托马斯·达施勒(Thomas Daschle)、参议院少数党领袖特伦特·罗特(Trent Lott)等人提交了一份联合决议草案。草案要求授权总统不仅对伊拉克使用武力，而且要求在中东实现和平与安宁。9月26日，该草案被命名为“第45号安全联合决议”，作为就对伊拉克使用武力的必要性和可能性的辩论基础。参议院10月3日将这一草案作为辩论的核心，辩论从4日延续到11日，涉及到就大量内容进行修改的辩论，最后参议院将草案名称更改为《哈斯特尔特联合决议》(由众议院议长丹尼斯·哈斯特尔特命名而来)。在参议院开始辩论前，草案于10月2日被提交给众议院，众议院国际关系委员会10月7日对其做了少量修改，10月8—10日进行辩论。最后，众议院10月10日以296票赞成，133票反对而通过联合决议；参议院10月11日以77票赞成，23票反对通过了决议。10月16日，《授权对伊拉克使用武力决议》的联合决议经布什签署后成为美国国内法，成为美国对伊拉克动武的法理依据。

在签署该联合决议时布什强调说，议会通过这一立法的态度表明“在伊拉克构成的威胁危及国际和平和安全时，美国政府和议会保持了一致的立场”。他补充说，这一立法传递了重要的信号，伊拉克“要么自愿遵守联合国安理会决议、销毁大规模杀伤性武器和停止支持恐怖主义，要么被迫强制执行”①。

该联合决议的核心在于授权总统使用武力。为了免除伊拉克对美国国家安全的威胁和执行联合国安理会对伊拉克所有相关决议，美国总统可采取其认为必要和可行的措施。为了使用

---

① Jennifer K. Elsea and Richard F. Grimmett, “Declarations of War and Authorizations for the Use of Military Force: Historical Background and Legal Implications,” Congressional Research Service, March 17, 2011, p. 17.

武力，法规要求总统向议会说明外交手段和其他和平方法不足以维护美国的安全，或者说不能执行联合国安理会相关的决议。因此，使用武力与打击恐怖主义的斗争是一致的。决议要求总统就与联合决议有关的事宜定期向国会汇报，决议最后陈明，国会“支持”总统采取安理会授予的及时而果断的权利，以迫使伊拉克遵守联合国安理会相关决议。[①]

《授权对伊拉克使用武力决议》签署后，美国以萨达姆政权拥有大规模杀伤性武器、与“基地”组织有联系为由，于2003年3月20日对伊拉克发动战争，推翻了萨达姆政权。根据布什总统的说法，伊拉克战争是始于“9·11”事件后美国“反恐战争”的胜利战，这是一场消除对美国及其盟友威胁的战争。但美国主导的盟国推翻萨达姆政权后并未找到相关证据，因而《授权对伊拉克使用武力决议》和伊拉克战争饱受国际社会的批评。

第三节　《爱国者法案》

布什总统于2001年10月26日签署了《通过提供拦截和阻止恐怖活动所需要的适当手段统一和强化美国法案》（Uniting and Strengthening America by Providing Appropriate Tools Required to Intercept and Obstruct Terrorism），简称美国《爱国者法案》（USA Patriot Act）[②]。《爱国者法案》是对美国现存法规的一系列补充，但也包含了一些新的法规，目的主要用来预防恐怖主义的袭击。

---

① Jennifer K. Elsea and Richard F. Grimmett, “Declarations of War and Authorizations for the Use of Military Force: Historical Background and Legal Implications,” Congressional Research Service, March 17, 2011, p. 18.

② Richard Horowitz, Esq, “Summary of Key Sections of The USA PATRIOT ACT of 2001,” p. 1, available at: http: //www. rhesq. com/Terrorism/Patriot_ Act_ Summary. pdf.

《爱国者法案》是对美国如何使用网络和监督的一种调整，该法案扩大了美国政府对“9·11”事件前所使用的许多监督方法。尤其是法案的第213节、214节、215节和218节的内容尤为极端。

第213节增加了政府执行密码搜查的权力，这一权力的增加使得政府可以在没有任何事先通知的情况下对个人进行搜查。同时，政府相关部门不但有权对恐怖主义者和谍报人员进行搜查，还可对轻微犯罪嫌疑人进行搜查。①

《爱国者法案》的第214节增加了宪法第四修正案的内容。美国宪法第四修正案规定：任何人的人身、住宅、文件和财产不受无理搜查和查封，没有合理事实依据，不得签发搜查令和逮捕令。搜查令必须具体描述清楚搜查地点、需要搜查和查封的具体文件和物品。逮捕令必须具体描述清楚逮捕对象。但是《爱国者法案》的第214节没有对美国执法部门的公权做以上这些限制，除了增加窃听法外，还增加了笔迹登记。因此，如果政府要查看个人的网络日志和过去的邮件通信地址，相关部门的调查人员只需说明想要查看的记录与犯罪调查有关即可，法案同样让秘密法院授权美国情报机构无须执行之前的许多程序而进行监控。②

根据法案的第215节，政府相关执行部门有权查看第三方管理的个人资料。这就意味着政府有权迫使任何公司提交其员工或客户的个人档案资料。这种权力赋予政府可以任意掌握任何人的病历、财务记录，以及任何其他文件。

---

① L. Abramson and M. Goday, “The Patriot Act: Key Controversies,” NPR, Feb 14, 2007, Available at: http://www.npr.org/news/specials/patriotAct/patriotActprovisions.html.

② “EFF Analysis of the Provisions of the USA PATRIOT Act That Relate To Online Activities,” Electronic Frontier Foundation, October 31, 2001, available at: http://www.eff.org/Privacy/Surveillance/Terrorism/20011031_eff_usa_patriot_analysis.php.

《爱国者法案》同样包括获取有关他国家情报的内容。法案第218节放宽了在美国国内收集有关他国情报的一些限制，在进行犯罪调查期间，允许情报部门查阅未解密的档案。[①]

美国《爱国者法案》签署和通过无限制地扩大了公权，侵犯了公民的部分基本权利，与美国的立国精神背道而驰。但它的产生却反应了特定时期维护国家安全的需要，有着一定的民众支持率。根据调查中心和康涅狄格大学的调查结果显示，近2/3或者64%的美国人支持《爱国者法案》[②]，少于一半（42%）的受访者不能理解提高监控程序的主要目的[③]。这一统计数据显示，许多美国人支持美国《爱国者法案》，但仍旧不太清楚该法的具体内容。政府虽然宣称该法案主要是用来威慑和惩治本土和国外的恐怖主义，以加强执法部门的执法力度[④]，但没有准确的数据表明这些新的监控措施能真正阻止恐怖袭击的发生。许多美国人赞同《爱国者法案》是因为他们认为，如果不干坏事的话，监控对他们无所损益。问题在于美国公民不知道进入他们个人资料库的是谁，即使他们不干坏事，一旦个人资料落入不速之客之手，其个人资料有可能被用作犯罪的目的。美国公民支持《爱国者法案》的另一原因是，他们自己不能提供免于恐怖袭击的替代方案。

《爱国者法案》颁布以后，不管是在美国国内还是在国际

---

① L. Abramson and M. Goday, “The Patriot Act: Key Controversies,” NPR, Feb. 2006, available at: http://www.npr.org/news/specials/patriotAct/patriotActprovisions.html.

② W. Lester, “Poll: Info Shrinks Patriot Act Support,” The San Francisco Chronicle, Aug. 2005, available at: http://www.sfgate.com/cgibin/article.cgi? file =/news/archive/2005/08/29/national/w151949D27.DTL.

③ W. Lester, “Poll: Info Shrinks Patriot Act Support,” The San Francisco Chronicle, Aug. 2005, available at: http://www.sfgate.com/cgibin/article.cgi? file =/news/archive/2005/08/29/national/w151949D27.DTL.

④ “USA Patriot Act (H. R. 3612),” Electronic Privacy Information Center, 2007 Feb 24, available at: http://www.epic.org/privacy/terrorism/hr3162.html.

上都产生了一些负面影响。在国内，法案侵犯了个人隐私权。《爱国者法案》在保护美国公民免遭恐怖袭击的同时，也产生了一些负面影响。美国宪法规定每个公民都有与生俱来的权利，这些权利包括安全权利、隐私权和其他自由权利。政府的义务在于保护这些权利，因此政府如果因实施安全法而收回公民的部分权利，在道德上就说不过去。美国政府通过颁布《爱国者法案》而拥有掌握个人隐私的渠道，从而剥夺了公民的部分隐私权，这种侵犯隐私的行为有时也会影响个人的幸福健康。例如医生的保密制度可以让病人毫无顾虑地将自己的病情告诉医生，但这一法案的施行可能导致病人不会将其病情完全告诉医生，结果可能有害病人的健康。

在国际上，《爱国者法案》颁布以后，美国加大了对其他国家的情报监控，从而引起了美国与其他国家的紧张关系。《爱国者法案》颁布以前，美国已于 1978 年通过了《外国情报监控法》（The Foreign Intelligence Surveillance Act，FISA），并建立外国情报监控法院，由该法院发布秘密监控命令。虽然监控密令的执行标准远远低于一般的刑事司法系统的执行标准，但还是有一定的限制。《爱国者法案》第 18 节取消了之前的限制措施，大大加强了美国对其他国家的监控力度。① 爱德华·斯诺登事件便是明证。

2013 年 6 月 10 日，曾经在美国中央情报局（CIA）任职的爱德华·斯诺登（Edward Snowden）② 通过英国《卫报》和

---

① “Let the Sun Set on PATRIOT - Section 218：‘Foreign Intelligence Information’，” Electronic Frontier Foundation，available at：http：//w2. eff. org/patriot/sunset/218. php.

② 2004 年，斯诺登在国家安全局设置于马里兰大学的一处隐蔽设施担任警卫，此后，他又在中央情报局（CIA）担任与信息技术安全有关的职务。2007 年，CIA 将其派驻瑞士日内瓦负责维持计算机网络安全，并给予其外交身份掩护。2009 年，其离开中情局，为戴尔计算机公司工作，随后供职于美国国家安全局的一家合同承包公司。2013 年 5 月离开美国前，他又在国防承包商公司（Booz Allen Hamilton）工作了不到三个月，职务是在夏威夷的一处国家安全局设施内担任系统管理员。

美国《华盛顿邮报》将美国的“棱镜”计划（PRISM）公诸于世。通过“棱镜”计划，美国情报机构大范围地收集并监控网络和电话用户信息，包括邮件、聊天记录、视频、照片、存储数据、文件传输、视频会议及登录信息等。监控对象是“外国人”，并可能包括与外国人有联络的美国人。①

此事件曝光后，世界为之哗然，被美国监听的各国做出不同的反应。俄罗斯为斯诺登提供政治庇护后，美国总统奥巴马以斯诺登事件引起美俄关系紧张为由，取消了原计划于2013年9月在前往俄罗斯参加20国集团峰会间与俄总统普京的会晤。许多观察家认为，奥巴马的这一外交冷落会鼓励俄罗斯在美国拟对叙利亚采取军事干预问题上采取更加强硬的反对立场。②

德国在将举报奖（Whistleblower Award）授予斯诺登时说，“一个开放的社会就需要有像斯诺登这样勇敢的人来揭露和阻止美国滥用权力监听其他国家。”尽管斯诺登最终选择俄罗斯作为政治避难目的地，但德国还是表示，“德国遭到美国情报的紧密监控，因此德国最合适向斯诺登提供政治避难。”③

欧洲议会对美国侵犯欧盟成员国公民的隐私权表示愤怒，欧盟领导人表示，斯诺登事件可能会影响跨大西洋间的贸易谈判，且该事件将会加剧美欧在情报保护和隐私权等问题上的分

① G. Greenwald, “NSA Prism Program Taps in to User Data of Apple, Google and Others,” Guardian, 7June 2013, p. 1.

② G. Greenwald, “NSA Prism Program Taps in to User Data of Apple, Google and Others,” Guardian, 7June 2013, p. 2.

③ Edda Müller, “Whistleblower Award to Edward Snowden,” Transparency International, July 25th 2013, p. 1.

歧[①]。

随着爱德华·斯诺登持续透漏美国家安全局对其他国家的监控计划，美国和其他国家的关系进一步受到影响。巴西总统罗塞夫（Dilma Rousseff）因美国监控巴西政界和商界领导人而推辞了原定于2013年10月23日对美国的正式国事访问。据报道，巴西还和俄罗斯讨论，希望直接和斯诺登见面。巴西是“金砖四国”的发起国之一，又是世界发展最快的经济体之一和能源技术革新国，巴西—美国关系变冷会给美国带来不利的影响。[②] 此外，美洲国家如墨西哥和阿根廷等国都表达了被美国监听的不满。

由于发生了“9·11”袭击事件，恐怖主义在美国民众心灵上造成的震荡是史无前例的，因此，《爱国者法案》从白宫的草拟，到议会的讨论、投票通过，再到总统将其签署成为法律这一整个程序都是在很短的时间内草草完成。立法者对该法的内容缺乏深思熟虑的思考，因此带来了一定的负面影响，因此，该法需要进一步修改和完善，以便在维护国家安全和尊重公民权力之间达成一种平衡。

在颁布了《反恐授权法》《授权对伊拉克使用武力发》《爱国者法案》后，美国为全球反恐确立了法理依据。有了这样的法理依据，美国可以对被嫌疑的对象进行必要的监控，可以放开手脚发动“反恐战争”。于是，美国以南亚的巴基斯坦、东南亚的印度尼西亚、中东—北非的沙特阿拉伯为盟友，发动了“反恐战争”。

---

① Sarah Logan, “Has Snowden left international relations stuck in a transit lounge?” East Asia Forum, July 11th, 2013, available at: http://www.eastasiaforum.org/2013/07/11/has-snowden-left-international-relations-stuck-in-a-transit-lounge/.

② Robert Nolan, “Undeniable Fallouts from the Edward Snowden Leaks,” World Report, September 20, 2013, p. 1.

第四章 美国与南亚“反恐战争”：以巴基斯坦为中心

“9·11”事件发生后，美国认为宗教极端主义者和“基地”组织应对“9·11”恐怖袭击事件负责，并要求阿富汗塔利班政权交出“基地”组织头目本·拉登。由于阿富汗塔利班政权拒绝交出本·拉登，美国决定发动对阿富汗的战争。由于巴基斯坦有着特殊的地缘位置以及与塔利班特殊的历史渊源，因此美国改变冷战后重印轻巴的立场，对巴恩威并施，希望巴加入其主导的“反恐”联盟。面对美国扬言“将巴基斯坦炸回到旧石器时代”的威胁[①]，穆沙拉夫政府根据国家利益最大化的原则，权衡利弊，认为巴基斯坦通过支持美国的“反恐战争”，可以化解美国和印度的威胁、避免国际社会的孤立，可以获得美国的经济和军事等方面的援助，同时可以推动穆沙拉夫政府的世俗化改革。所以巴基斯坦调整了美巴关系，支持美国在阿富汗的“反恐战争”。

---

① “Pakistan: U. S. threatened to bomb us back to Stone Age,” Associated Press, September 22, 2006, available at: http: //www. infowars. com/articles/ww3/pakistan_ us_ threatens_ bomb_ back_ to_ stone_ age. htm.

第一节 美巴对合作“反恐”的认知

一、美国对巴基斯坦地缘重要性的重视

“9·11”事件发生以后，美国认为宗教极端主义者和“基地”组织应对“9·11”恐怖袭击事件负责，并要求阿富汗塔利班政权交出“基地”组织头目本·拉登。由于阿富汗塔利班政权拒绝交出本·拉登，美国决定发动对阿富汗的战争。没有巴基斯坦的支持，对阿战争很难取得胜利，原因主要有：其一，巴基斯坦与阿富汗塔利班有着特殊的历史渊源；其二，巴基斯坦有着特殊的地理位置。

巴基斯坦和阿富汗特殊的历史渊源可以追溯到冷战期间。1979 年，苏联入侵阿富汗，美国为了遏制苏联的侵略扩张，第一次以巴基斯坦作为前线国家的培训基地，将包括“圣战者组织”在内的抵抗力量（其中包括本·拉登）在巴培训后投入阿富汗战场，抵抗苏联的扩张。自那时起，巴基斯坦便和“圣战者组织”结下了不解之缘。1989 年苏联撤出后，直到 1994 年塔利班兴起并执掌政权之前，阿富汗一直陷入内战之中。内战期间，巴基斯坦在支持希克马蒂亚尔（Hekmatyar）[①] 失败后，转而支持塔利班，希望出现一个亲巴的政府；同时，通过支持塔利班来打通前往中亚的贸易之路。[②] 为了改善巴基斯坦被印度和阿富汗东西夹击的不利处境，巴基斯坦除了政治上承

---

① 1940 年出生于巴格兰省，普什图族，卡洛特部落人。1968 年在喀布尔大学学习时投身于政治活动，1993 年当上了阿富汗总理。

② Khawar Hussain, “Pakistan’s Afghanistan Policy,” Naval Postgraduate School, June 2005, pp. 49 – 52.

认塔利班政权外，还向阿富汗塔利班政权提供其他方面的支持。

当塔利班即将取得全国的胜利时，巴基斯坦不惜外交风险，于1997年5月25日正式承认了塔利班政权。这一外交承认引起了巴传统盟友伊朗的不快，加大了巴伊两国的裂痕。[①]除了政治支持以外，巴基斯坦向阿富汗塔利班政权提供了大量的经济的支持。美国穆斯林学者哈瓦尔·侯赛因（Khawar Hussain）认为，巴基斯坦三军情报局（ISI）向塔利班政府提供了交通和通信设施、燃料、宗教支持和政策建议。[②] 鉴于巴基斯坦和阿富汗塔利班的特殊关系，所以打击宗教极端主义和“基地”组织的战争离不开巴基斯坦的“配合”。

从地缘位置来看，由于巴基斯坦地处南亚、中亚和东南亚的十字路口，使其在打击阿富汗塔利班和“基地”组织的战争中发挥着重要的作用。首先，它在地理位置上与阿富汗相邻，西、北、东三面分别和阿富汗、伊朗、中国和印度接壤。阿富汗是美国“反恐”的主战场，伊朗是努力发展核武器的地区大国，中印两国是崛起的全球大国，又是世界上人口最多的发展中国家。加之巴基斯坦国内的恐怖主义活动日趋增多，选择巴基斯坦作为“反恐”联盟的前线国家，意义非同寻常。其次，阿富汗是一个内陆国家，美国主导的“反恐”联盟要打击阿富汗塔利班和阿富汗境内“基地”组织，其运输线有两条：一条经中亚到达阿富汗，另一条经巴基斯坦到阿富汗。历史上由于巴基斯坦长期支持塔利班，掌握着大量有关塔利班的情报资料。所以，将巴基斯坦作为反恐前线国家是美国的必然选择。

---

① Khawar Hussain, “Pakistan's Afghanistan Policy,” Naval Postgraduate School, June 2005, p. 53.

② Dennis, United States and Pakistan 1947 - 2000, Disenchanted Allies, p. 335.

第三，巴基斯坦拥有1.7亿人口，是第二大穆斯林人口国，同时又是穆斯林世界核武器唯一拥有国，这在美国“反恐战争”中无疑有着举足轻重的地位。第四，巴基斯坦和阿富汗接壤的西北边境地区是恐怖主义活动的主要地区之一，其主体民族——普斯图人和阿富汗境内的普斯图人同属一个部族，有着共同的语言和宗教，他们对宗教的认同高于对各自国家的认同，并且可以进行跨界活动。

由于巴基斯坦地缘位置的重要性，美国在“9·11”袭击事件后对巴基斯坦采取“胡萝卜加大棒”的外交政策。一方面，美国向巴基斯坦提供大量的经济援助，包括无偿援助、贷款和债务减免等；另一方面，美国向巴基斯坦施压，迫使后者加入“反恐战争”。在“9·11”袭击事件的第二天，美国副国务卿理查德·阿米蒂奇（Richard Armitage）就对到美访问的巴三军情报局长说，“巴基斯坦要么支持美国，要么反对美国，此外别无选择。”① 袭击后的第三天，美国向巴基斯坦提出了七条不可讨论的要求，包括：（1）阻止“基地”组织在巴阿边界的活动；（2）拦截巴阿边境的武器运输和停止对本·拉登的后勤支持；（3）要求巴向美提供海军基地、空军基地和道路使用权；（4）及时提供情报信息；（5）谴责“9·11”袭击事件肇事者、禁止巴国内针对美国和美国盟国的恐怖主义宣传；（6）终止对塔利班的燃料供应、禁止巴国内自愿者进入阿富汗；（7）如果本·拉登及其“基地”组织进入阿富汗且得到阿富汗和塔利班庇护，那么巴就应断绝和塔利班政府的关系。② 在美国“大棒”政策的施压下，巴基斯坦别无选择，在“反恐战争”中只

---

① Owen Bennet. Jones, Pakistan Eye of the Storm, New Heaven, Yale University Press, 2002, p. 201.

② Bob. Woodword, Bush at War, New York: Simon and Schuster, 2002, pp. 58 – 59.

能选择与美国合作，成为美国“反恐”的前线国家。①

二、巴基斯坦对美巴联合反恐的认知

“9·11”袭击事件后，面对美国“要么支持美国要么反对美国”的通牒，巴基斯坦意识到除了修改其亲塔利班的外交政策、和美国合作打击恐怖主义之外，自己并没有其他更好的选择。这一重要转变是基于以下重要问题的考量：巴基斯坦自身的国际处境及国家安全、宗教极端主义的威胁、核扩散、克什米尔争端和与印度的“复合对话”、后塔利班时代阿富汗的政策取向、发展巴基斯坦经济等问题。② 这一系列的内外安全动态相互交织，使巴基斯坦在执行外交政策时感到步履维艰。

首先，宗教极端主义和恐怖主义在给美国带来威胁的同时，也影响到巴基斯坦的安全和国际形象。正如巴前总统穆沙拉夫所说，巴国内的宗教极端主义和宗派主义使得巴基斯坦四分五裂，其国际形象也日益遭到一小撮极端主义的损害③，使巴在国际上面临四大危险的指控：对阿富汗恐怖主义的泛觞负责；支持巴控克什米尔地区的恐怖主义；扩散核武器；缺乏宽容性和支持宣传极端主义④。穆沙拉夫的话清楚地表明，巴基斯坦在“9·11”事件后深感国家安全的紧迫性。巴随后采取的政策和措施表明，其面临的内外安全威胁之间存在紧密关

① Mussarat. Jabeen, “Pakistan's Security Dilemna: Policies and Responses after 9/11 and Their Impacts on Pak-US Relations,” in Mazhar, Muhammad Saleem (ed.), Post 9/11 Globe, Lahore, Centre for South Asian Studies, Universityof the Punjab, 2010.

② “复合对话”的议程又称“2+6”议程，即在巴印双方各自关心的克什米尔和越界渗透两大主要问题之外，加上锡亚琴冰川地区、土尔布尔导航项目、斯尔河分界、反恐及反毒品走私、经贸合作以及两国间友好往来等双边关系中的六个具体问题。

③ President Musharraf, “Changing Global and GeoStrategic Environment: Implications for Pakistan,” Margalla Papers, Islamabad, 2004.

④ “President Wants Jihad Against Extremism,” Dawn, January 18, 2004.

联。对穆沙拉夫来说，维护国家重要利益并阻止印度利用当时形势孤立巴基斯坦是必要、明智的决定。正如他2002年3月19日在全国电视讲话中说：“在这一关键时刻，我首先考虑的是巴基斯坦的安全，其次才是其他国家的安全。”① 这表明“9·11”事件后的阿富汗只是巴基斯坦的战略依托，而不是巴基斯坦的战略资产。

其次，巴的政策转变也是基于摆脱地区层面的压力这一不利的安全环境的考虑。印度一直称巴基斯坦在克什米尔地区支持恐怖主义发动袭击事件，为了改变地区安全环境，穆沙拉夫总统早在“9·11”事件前就公开谴责了伊斯兰极端主义，他不希望巴基斯坦成为塔利班统治的阿富汗，而是希望其成为土耳其似的温和穆斯林国家（埃尔多安上台前，土耳其确实较为温和）。他于2001年6月5日对宗教领袖发表讲话时说，“巴的行为让国际社会将其视为恐怖主义国家。”② 巴基斯坦学界也有人认为，在解决克什米尔问题上也应该有新的举措，据《美巴关系：苏联入侵阿富汗》（*US-Pakistan Relations: Soviet Invasion of Afghanistan*）一书的作者希拉尔（A. Z. Hilal）指出：“新形势表明，关于克什米尔问题的解决在（巴基斯坦）军政府和民选政府之间很难达成一致的认同，而事实证明巴基斯坦的克什米尔政策是不成熟和错误的，军事精英支持在克什米尔的战斗是愚蠢的，应该停止。”③ 他进一步批评道：“坚持执行

---

① “President General Pervez Musharraf Address to the Nation,” September 19, 2001, available at: http://61.132.103.29:8084/chelres/200/030/030/020/080/001/speeches/pakistanpresident.htm.

② Najmuddin A. Shaikh, “Challenges and Opportunities for Pakistan's Foreign Policy in the Changed Global Environment,” Margalla Papers, (Islamabad: National Defense College, 2004), pp. 1 - 12.

③ A. Z. Hilal, US-Pakistan Relations: Soviet Invasion of Afghanistan, p. 248

这样的外交政策毫无出路可言，正确的方式应该是通过谈判解决问题。”[①] 除了领导人的认知以外，巴基斯坦在面临直接威胁时还存在以下一些现实的考量。

（一）源于对印度、美国以及国际社会孤立的调整

巴基斯坦首先面临的是源于夙敌印度的威胁，如果印度在向美国提供大量帮助后，获得优先选择权，就可能赢得这场在国际社会中孤立巴基斯坦的外交博弈。其次是来自美国的压力，正如美国前副国务卿阿米蒂奇一度发出的威胁——他声称“要把巴基斯坦炸回到旧石器时代”。[②]

穆沙拉夫政府决意支持美国主导的“反恐战争”，这一历史性的决定让印度“鹰派”和美国部分官员大大感到意外，因为正是由于对本·拉登的不同态度，美巴关系一度陷入僵局。1999 年 10 月 12 日，穆沙拉夫推翻谢里夫政府时，克林顿政府对穆沙拉夫的军事政变反应十分强烈，分析人士认为：“美国是对穆沙拉夫阻止针对本·拉登的突击行动的反应。”[③]据《华盛顿邮报》报道，克林顿政府计划在巴基斯坦总理谢里夫和陆军参谋长杰汉吉尔·卡拉迈特（Jahangir Karamat）的支持下，采取针对本·拉登的行动，作为交换条件，美国答应取消对巴基斯坦的制裁。到 1999 年秋，美国中央情报局秘密训练并装备 60 名突击队员，拟在阿富汗抓获或者杀死本·拉登。但该行动在 1999 年 10 月 12 日被迫流产，原因是穆沙拉夫上台后，拒绝继续执行该行动。这一事件被亲印的美国院外集团大加利用，形成了反对穆沙拉夫的势力，美国亲印院外集团把巴基斯

---

① A. Z. Hilal, US-Pakistan Relations: Soviet Invasion of Afghanistan, p. 248.

② Kranti Kumara and Keith Jones, “US threatened to bomb Pakistan back to “the Stone Age,” the International Committee of the Fourth International, 27 September 2006, available at: http://www.wsws.org/en/articles/2006/09/paki-s27.html.

③ A. Z. Hilal, US-Pakistan Relations: Soviet Invasion of Afghanistan, p. 249.

坦描绘成滋生伊斯兰好战者——包括诸如虔诚军（Lashka-e-Taliban）等组织的国家。

“9·11”事件后，美国亲印院外集团认为可以利用该事件大做文章，将巴基斯坦列为“支恐国家”。根据西方的消息来源，布什政府受到了亲印院外集团的影响，用粗鲁的方式向穆沙拉夫下达最后的通牒：“如果拒绝遵从，巴将面临灾难性的后果。”① 但穆沙拉夫深知，如果同意，他将面临军队、毛拉（宗教领袖）、上百万的部落居民和将本·拉登视为英雄的伊斯兰好战者的强烈反对。不管拒绝还是同意，他都面临冲突和流血。穆沙拉夫面对的是极端困难和复杂的形势，因为他支持美国主导的全球反恐战争必然面临国内反对的风险。如果不支持美国，巴将受到美印两国的孤立甚至被列为“支恐国家”而遭到打击。巴为了避免陷入这种被动的局面，充分利用美国亲巴的院外游说集团成功地进行外交活动。20 世纪 80 年代在抵抗苏联入侵阿富汗期间，一些美国官员与巴基斯坦士兵结下了深厚的友谊。这些人中大多数 2001 年时还供职于布什政府，他们利用自身的影响来削弱印度反对巴基斯坦的企图，竭力推动布什政府与巴基斯坦建立关系。更重要的是，穆沙拉夫及时而果断的决策，加上美国的巴基斯坦院外游说集团的努力，美国—印度院外集团的企图最终被消解，巴基斯坦站在了支持美国“反恐战争”的一方。

（二）巨大经济利益

对巴基斯坦来说，支持美国的“反恐战争”将为自己带来巨大的利益，同时与美国合作也有利于巴基斯坦在国际社会争取更大的活动空间。在支持美国主导的旨在推翻阿富汗塔利班

---

① A. Z. Hilal, US-Pakistan Relations: Soviet Invasion of Afghanistan, p. 250.

政权的“反恐战争”时，穆沙拉夫宣称，巴面临自1971年东巴独立后最严峻的形势考验，需要根据国家的最大利益来做出决策，“任何错误的决定都可能导致国家面临灾难性的后果”。[①] 穆沙拉夫向美国的“反恐战争”提供帮助时说，“巴基斯坦为能在国际社会中取得一席之地而感到骄傲。”[②] 分析人士认为，除了迫于美国的压力之外，巴基斯坦之所以支持这场美国主导的“反恐战争”，主要出于以下因素的考虑：第一，希望借此获得美国的经济援助。考虑到因支持美国的“反恐战争”而带来的很多困难，美国向巴基斯坦做出了承诺，答应给予巴基斯坦长期的支持，并取消了自1998年因巴进行核试验和1999年军事政变而遭到所有制裁，重新对巴提供经济援助。对穆沙拉夫政府而言，美国的经济援助是一个强有力的支持。针对巴基斯坦面临的经济困境，美国利用自身在国际货币基金组织的重大发言权，使该组织答应修改巴基斯坦的预算赤字，使其从占国民生产总值的5.3%提高到5.7%。[③] 此外，世界银行和国际货币基金组织在敦促巴基斯坦进行经济改革的同时，答应继续支持其经济复兴计划。国际货币基金组织的管理主任霍斯特·科福勒（Host Koflay）宣布国际货币基金组织将给予巴基斯坦全面的财政支持，他希望穆沙拉夫的减贫计划能够成功，这有助于提高巴基斯坦的经济条件。同时，美国将把巴基斯坦所欠债务从28亿美元减少到18亿美元。[④] 这一系列政策

① “Pakistan president assures unconditional support for US fight against Taliban,” The Dawn, 30 September 2001.

② “Pakistan president assures unconditional support for US fight against Taliban,” The Dawn, 30 September 2001.

③ “Pakistan president assures unconditional support for US fight against Taliban,” The Dawn 30 September 2001.

④ Washington Post, 14February, 2002.

的出台不仅加快了巴基斯坦的经济改革，而且将给该国经济带来持久的影响。

美国为了让巴基斯坦创造一个更宽容的社会，热心地鼓励穆沙拉夫的教育和社会改革，并且宣布了旨在帮助穆沙拉夫将巴朝着民主、温和的穆斯林国家转变的一揽子计划。布什政府为达到此目的，向巴基斯坦 2002—2003 财年提供了 6 亿美元的援助，其中 1 亿美元用于教育，3400 万美元用于消除巴基斯坦落后区的减贫计划。① 这一举措由美国的多种机构支持，包括美国对外援助机构、国务院、劳工和教育机构。2002 年核心计划的 2800 万美元主要集中用于课程开发、教师培训、俾路支省和信德省的信息技术传播。美国教育部拟拔出可支配的 80 万美元赠款帮助提高学校教学质量，以促进美巴学校之间校际交流。美国私立学校通过“友好教育计划”，拟向巴基斯坦联系学校投资 65 万美元赠款，用于 2002 财年、2003 财年和 2004 财年消除童工现象，为旁遮普省的青年提供职业培训。②

美国为巴基斯坦 2002 年 10 月的立法选举提供 200 万美元的技术支持资金，作为选举专员、国内观察员、政治政党的监督员的培训资金；美国政府支持巴基斯坦的多边发展计划，决定重开美国国际开发署办公室，集中于诸如教育、卫生和人力开发等优先领域；布什政府同意扩大与巴基斯坦移民、通信等科学和民用领域的合作，也同意增加接近 1.42 亿美元的巴基斯坦服装出口市场准入。③

美国除向巴基斯坦提供资金支持外，美国会还正式批准提

---

① The Dawn, 14 February 2002.

② A. Z. Hilal, US-Pakistan Relations: Soviet Invasion of Afghanistan, University of Peshawar, p. 252.

③ Humera Iqbal, “Pak-Afghan Ties in the Light of Pak-US Strategic Dialogue,” pp. 10 – 11.

高巴基斯坦的市场准入。由于巴基斯坦参与“反恐”，经济受到严重的影响，出口目标从100亿美元减少到85亿美元，进口目标从110亿美元减少到100亿美元，GDP增长率从4%降到3.2%，储蓄目标从5.4%降到4.9%。[①] 此外，由于之前巴基斯坦的出口订购被中止或取消，其对美国和欧洲出口分别遭受了11亿和14亿美元的损失。巴基斯坦要求美国提高出口市场准入，在美国的主导下，国际货币基金组织接受巴基斯坦的建议，并同意其修改目标计划。为减少对欧洲的出口损失，巴基斯坦在“9·11”事件袭击之后向欧盟纺织品工作组提交了进出口计划、赤字和储蓄年度计划，并修改了目标计划，棉花和纺织品约占总出口的66%，其中服装约占45%。[②] 受美巴关系的影响，欧盟从2002年1月起提高了巴纺织品出口配额的15%，以取代过去的10%，同时减少巴其余出口产品的出口关税。[③]

此外，美巴两国通过建立联合经济论坛，使两国间的经济合作讨论机制化，允许美国海外私人投资公司向巴基斯坦的石油和天然气提供1.5亿美元的贷款，提高美国在巴基斯坦私营企业的信心。[④]

虽然巴基斯坦的经济条件有所改善，但总体看来巴基斯坦并不满意它在该地区的战略转变所带来的有限回报，因为美国的一揽子计划口惠而实不至。考虑到巴基斯坦凋敝的经济状况

---

① Syed Ali Raza Abidi, “50 Reasons Pakistan Needs Musharraf,” October 9, 2010, available at: http://blogs.tribune.com.pk/story/2092/50 - reasons-pakistan-needs-musharraf/comment-page - 2/.

② A. Z. Hilal, US - Pakistan Relations, University of Peshawar, p. 252.

③ “Pakistan: Request for Three Year Agreement under Poverty Reduction,” International Monetory fund for Staff Country Report, No. 01/222, December 2001, pp. 10 - 20.

④ A. Z. Hilal, US - Pakistan Relations, University of Peshawar, p. 252.

以及在美国主导的“反恐战争”中所扮演的关键角色，美国一揽子援助计划的成效可谓令巴基斯坦失望。巴基斯坦希望支持美国主导的“反恐战争”以换取美国实质性地取消双边债务的28亿美元，增加其服装进入美国的市场准入，享受欧盟式的进口关税优惠政策，恢复1991年前的防务关系等。但美国2003年的一些拨款包括对巴基斯坦的2亿美元的援助赠款只是一张空头支票（除了10亿美元的债务勾销外）。2003年，布什总统邀请穆沙拉夫参加戴维营会谈，并宣布了在5年内向巴提供30亿美元的援助计划，每年大约达到6亿美元。根据巴基斯坦《国民报》的评论：“巴基斯坦每年只得到3亿美元，与巴在反恐中遭到直接和间接的经济损失相比，这简直是杯水车薪。”① 美国不仅仅是在经济支持的力度上让巴基斯坦感到失望，更重要的在于这些许诺的落实问题，在巴基斯坦看来，这些计划毫无希望。因为就其内容、期限和条件而言，不管是经济还是军事援助都具有不确定性。美国所答应给予的债务减免也不是一笔勾销，而是通过降低利率和延长偿还债务期限的形式，可能最终是在期限结束时免除10亿美元。另外，巴基斯坦也因参加“反恐战争”出现贸易衰退。美国提高巴基斯坦的出口配额只适用于一部分商品，而不是适用于所有的商品，一些纺织品配额和巴基斯坦要求的一些出口商品优惠关税并没有得到同意。但是，不管怎样，虽然一揽子计划的直接利益可能不会引人注目，但是它对经济的间接影响将会非常重要。国际货币基金组织、世界银行和亚洲开发银行的态度有所软化，所以，总体而言，巴基斯坦的经济环境将得到大幅改善，国内外投资将会回升。②

---

① The Nation, 26 June, 2003.

② A. Z. Hilal, US-Pakistan Relations, University of Peshawar, p. 253.

（三）美巴“反恐”合作——提升巴基斯坦军事实力的途径

美巴“反恐”合作，巴基斯坦可以增强军事实力，从而提高抗衡印度的实力。巴基斯坦政府虽然腐败，但其军队是最有效率和现代化的部队之一，是政府的脊梁。正是基于军队的纪律和团结，穆沙拉夫才能够力挽狂澜，维护巴基斯坦的国家利益。也正是由于其军队的高效性，美国“9·11”事件之后再次把巴军方看作是一个“关键的合作伙伴”，决定与其扩大防务合作，在2003年向巴基斯坦提供100万美元，用于国际军事教育和培训。两国同意重新建立“防务咨询组”，以讨论双方军队间的关系，还就法律的实施建立联合工作组，以便在“反恐”和缉毒方面提高协调性。[①] 此外，美国在2003财年9月之前向巴基斯坦提供C－130运输机、P－3C海上巡逻机、“毒蛇”和“休伊”（Heuy）直升机，以加强西部边境和阿拉伯海的边界安全形势。[②] 2004财年向巴提供包括地对空无线电装置等，主要用于通信系统，以提升巴与美国军事的对接能力，同时提供P－3C飞机，对海上进行空中监视，以帮助跟踪海上毒品走私和“基地”组织的活动。美巴也加强诸如在天气预报、移民和通信等科技和民用领域的合作。美国答应继续出售军事装置、边界安全工具（包括直升机）、情报收集工具（包括现代雷达系统）将列入优先考虑。

此外，基于1971年以来巴基斯坦及其核邻居印度的僵持状态，美国推动国际货币基金组织允许巴基斯坦增加国防预算。根据国际货币基金组织的消息来源，巴基斯坦要求增加100亿卢比的国防预算，但是国际货币基金组织的官员原则上

---

① A. Z. Hilal, US-Pakistan Relations, University of Peshawar, p. 254.

② The News, Rawalpindi, 25 June 2003.

只同意80亿卢比。[1] 布什政府同意恢复与巴的军事合作，包括向其出售武器，因此，随着制裁的取消，大量的军事订单将得到启动。[2] 巴基斯坦希望通过恢复军事领域的合作来获得美国空中武器和高技术轰炸机，美国官员给予了积极的回应。在穆沙拉夫看来，巴基斯坦获得美国武器主要是形成对印度的威慑，形成军事平衡。他声称，印度的国防预算高于巴基斯坦，从1999—2000年，印度的国防预算增加了28%，2000—2001年增加了14%，2002—2003年增加了11%，2004—2005年又增加了7.8%。[3] 印度从世界各国进口武器，它的武器装备更加完善。所以，巴基斯坦希望通过和美国的“反恐”合作，提高自身的军事能力，以提高抗衡印度的军事能力。

（四）穆沙拉夫政府的社会改革与“反恐”

巴基斯坦通过与美国合作“反恐”，打击恐怖主义，推动社会朝着世俗化方向发展。1999年穆沙拉夫通过军事政变上台后，准备把巴基斯坦带到更世俗化的国家认同方向，这种认同不能光靠武力来执行，它需要政府利用资源来鼓励宗教学校和组织来接受宽容和世俗的教育价值。他决心恢复国家根本的世俗传统，根除使国家瘫痪的腐败，清除使国家处于崩溃边缘的极端主义势力。2002年2月12日，穆沙拉夫向全国发表讲话，称巴基斯坦将抓住历史契机向西方主流靠拢，拒绝恐怖主义和神权政体，严厉指责那些为达到个人目的而歪曲穆斯林的人，号召巴基斯坦停止塔利班化。他禁止了5个最臭名昭著的宗教组织，并宣布逮捕2000名好战人员。穆沙拉夫宣布将清真寺置于政府的管理下，并警告说如果清真寺利用学生来进行恐怖

---

① A. Z. Hilal, US-Pakistan Relations, University of Peshawar, p. 254.

② PBS News, 14 February 2002.

③ “General Pervez Musharraf interview with Newsweek,” February 2002, pp. 11 - 12.

主义活动，将会被关闭，并且宗教学校将被带入现代教育体系。他乐观地保证：“巴基斯坦将不会被用作恐怖主义的基地，并且我们也反对巴基斯坦境内外的恐怖主义和极端主义，在从事克什米尔这一事业的后面，禁止任何组织被用来使恐怖主义永久化。穆沙拉夫表示，政府将采取严厉的行动限制在国内外进行恐怖主义活动的巴基斯坦人。”①

“9·11”事件后，穆沙拉夫决定与美国合作，中止了向塔利班提供的军事援助，开始搜捕恐怖主义的领导本·拉登。穆沙拉夫解除了三军情报局局长阿迈德将军的职务，重新任命哈克将军接任这一职务。分析家认为，这一重要行为表明：穆沙拉夫决定改造三军情报局，解除中级官员中与塔利班有往来的原教旨主义者，在军事高级指挥系统内实行改造，解散了两个与阿富汗和克什米尔伊斯兰好战者有密切关系的情报系统。穆沙拉夫决定和西方结成联盟，减少与克什米尔地区伊斯兰好战者之间的联系。《纽约时报》对此评论道：“这一行动可能导致所任命的三军情报局（三军情报局主要从军队抽取人员）内40%人员的变化。”② 被裁减人数可能达到4000—10000人，他们可能被指派回到原来的军队中去。所有与塔利班及克什米尔民兵组织有密切联系的三军情报局和部队高级军官都被调职。③美国还要求穆沙拉夫政府盘问一些官员，以便更多地了解他们和本·拉登之间的关系，美国的部分要求得到了巴基斯坦的考虑。因此，阿富汗地区的组织被彻底取缔，克什米尔地区的组织被削减成情报收集的小分队。但是，对穆沙拉夫政府来说，要关闭克什米尔地区的组织很困难，原因有二：其一，巴基斯

---

① The New York Times (13 January 2002).

② A. Z. Hilal, US-Pakistan Relations, University of Peshawar, p. 250.

③ The New York Times, 20February, 2002.

坦不相信印度会停止情报收集，并且还会采取行动反对其主要对手巴基斯坦；其二，巴基斯坦国民、军队和情报官员受到了失去了东巴基斯坦的困扰，他们不能再忍受失去克什米尔，因为克什米尔是巴基斯坦的生命线。①

认知决定政策取向，冷战结束后，尤其是“9·11”事件以来，美国认为其最大的威胁来自宗教极端主义、恐怖主义与先进技术的结合，美国的当务之急是打击宗教极端主义、恐怖主义以及支持恐怖主义国家。而阿富汗塔利班政权正是“基地”组织的幕后支持者，要想赢得针对阿富汗塔利班政权和后塔利班时代武装组织的“反恐战争”的胜利，巴基斯坦的支持至关重要。因为巴基斯坦与阿富汗塔利班有着悠久的历史渊源，掌握着塔利班的大量情报资料，有着特殊的地理位置，加之又是公认的穆斯林世界唯一的核武器拥有国，所以美国把巴基斯坦当作“反恐”的前线国家和非北约盟国。对巴基斯坦来说，通过支持美国主导的全球“反恐战争”，巴基斯坦可以化解印度和美国的封锁；避免国际社会的孤立；获得美国的经济和军事援助；同时还可以推动穆沙拉夫政府所倡导的社会世俗化改革，所以巴基斯坦选择支持美国领导的全球“反恐战争”。

第二节 美巴“反恐”合作机制、过程及成效

一、美巴“反恐”合作机制

2001 年 9 月 19 日，穆沙拉夫宣布加入美国主导的全球“反恐战争”后，两国开始进行全面“反恐”合作，建立了一

---

① A. Z. Hilal, US-Pakistan Relations, University of Peshawar, p. 250.

系列的合作机制，取得了一定的成效。

（一）美巴军售机制及安全合作机制

20 世纪 90 年代后期，由于美国中止对巴援助，美巴冷战期间一度十分紧密的军售和安全关系几近停止。“9·11”事件后，为了提升巴基斯坦打击恐怖主义的能力，美国答应逐步向巴出售军事装备，资助巴的缉毒项目。[①] 2002 年，美国允许对巴商业出口，使得巴基斯坦至少能够更新部分美式 F－16 战斗机群；2004 年，布什总统将巴基斯坦指定为“非北约盟国”；2005 年 3 月，在间断 16 年之后，美国宣布对巴恢复出售 F－16 战斗机。据五角大楼的报告显示，从 2001 年到 2012 年间，美国根据“对外军售协议”向巴基斯坦出售 52 亿美元的武器（F－16 战斗机及其配套设施占出售总额的一半左右）。从 2001 年到 2014 年，美国国会批准向巴基斯坦提供 30 亿美元的对外军事援助，其中的 20 多亿美元已经兑现。[②] 这些款项主要用于购买美国武器（具体武器见图 4—1）。美巴两国重新恢复“美巴国防磋商组”（DCG），并就军事合作、安全援助和“反恐”等高级别的讨论举行会议，讨论军队对军队之间的关系。美巴为召集军事指挥官讨论阿富汗及阿巴边界安全局势，2003 年成立了美国—巴基斯坦—阿富汗三边委员会，2007 年 2 月在巴基斯坦举行会议，讨论并在喀布尔建立了“联合情报分享中心”，以便提高针对塔利班和其他极端主义的联合行动。驻扎在阿富汗的北约国际安全援助部队的官员也参加了该组织，并在 2007

---

① Azeem Ibrahim, “U. S. Aid to Pakistan: U. S. Taxpayer Have Founded Pakistani Corruption,” Belfer Center for Science and International Affairs, July2009, p. 10.

② “Major U. S. Arms Sales and Grants to Pakistan Since 2001,” the Congressional Research Service for distribution to multiple congressional offices, March 26, 2014.

年5月参加了第22次会议。[①]

旨在监督美巴双边国防关系的“美巴国防合作组”自20世纪50年代成立以来，长期停滞不前，直到2002年9月下旬，该组织在巴基斯坦举行会议。这是1997年以来的首次会议，为期两天的会议包括军事合作工作组、安全援助和“反恐”问题的讨论。据“国防合作组”报告发布的联合声明称：“该会议旨在提供论坛，以便交换关于安全问题的看法。对巴基斯坦来说，巴通过‘国防合作组’可以和美国交换自身安全环境的看法。”[②] 在“美巴国防合作组”的指导下，两国2002年10月在巴境内举行了首次联合军事演习，双方部队各派出了120名人员参加演习，巴多家媒体对此进行报道。[③]

表4—1 2001—2014年美国对巴基斯坦军售统计

武器名称	数量	金额
P-3c海上巡逻机	8	4.74亿美元
军事电台	5750	2.12亿美元
反坦克导弹	2007	1.86亿美元
监视雷达（AN/TPS-77）	6	1亿美元
C-130“大力神”运输机	6	7600万美元
AH-1F“眼镜蛇”攻击直升机	20	6000万美元

资料来源：K. Alan Kronstadt, “Major U. S. Arms Sales and Grants to Pakistan Since 2001,” March 26, 2014。

① “Tripartite Commission Addresses Border Issue,” International Security Assistance Force Press Release, May 26, 2007.

② Department of Defense, “Joint Statement: Pakistan - US Defense Cooperation Group (DCG) Meetings,” Defense Security Cooperation Agency, U. S., September 25 - 27, 2002.

③ “US General Watches Pakistan-US Military Exercise,” Reuters News, October 20, 2002.

（二）军事培训、“反恐”和执法合作机制

为了加强“边防部队”（Frontier Corps，FC）的作战能力，美巴两国在乔治·W. 布什的倡议下组建了65000人的准军事部队，由巴基斯坦内政部长领导。这一“边防部队”主要负责巴基斯坦普赫图赫瓦省和俾路支斯坦省的安全，因为这两省与阿富汗接壤，是恐怖主义者经常活动之所。2007年，美国五角大楼向“边防部队”的培训计划和军事装备提供资金支持，同时增加“美国特种作战司令部”对巴基斯坦“反恐”的支持力度。美国向巴基斯坦“精锐部队”的突击任务提供技术培训。奥巴马上台后，美国除了继续支持两国间的这些军事培训计划外，还承担“巴基斯坦空军袭击部队”的培训和装备工作，以帮助巴基斯坦迅速发现并锁定恐怖主义者。美国资助的这些军事教育和培训计划旨在提高巴基斯坦军事将领的职业化水平，同时培养其具有法制、人权和民主等价值观念。① 为了提高巴基斯坦整个国家的执法能力，美国还向巴基斯坦民事部门提供军事培训，包括提供警力培训、提供先进的识别系统和协助巴基斯坦建立一个新的“反恐特别调查组”②。

2002年，美国和巴基斯坦建立“反恐和法律实施合作工作组”（Working Group on Counterterrorism and Law Enforcement Cooperation），该工作组以论坛的形式讨论正在进行中的美巴反恐合作，以及如何提高合作水平、“反恐”能力及方法。通过此工作组，巴基斯坦将所抓获的400名恐怖嫌疑分子移交美国关押。正如美国助理国务卿克里斯蒂娜·罗卡（Christina Roc-

---

① Susan B. Epstein & K. Alan Kronstadt, “Pakistan: U. S. Foreign Assistance,” Congressional Research Service, July 1, 2013, p. 22.

② “Reforming Pakistan's Criminal Justice System,” International Crisis Group Asia Report No. 196, December 6, 2010.

ca）在国会作证是说，巴在合作过程中做出了巨大的贡献，截至2002年7月18日，巴基斯坦抓捕恐怖嫌疑分子的数量排名第三，仅次于美国和瑞士之后。[①]

（三）情报合作机制

2001年9月，美国发动阿富汗战争后，上千名“基地”组织武装分子经由阿巴边境无人看守的山间小道潜入巴基斯坦无效管辖的部落区，到10月中旬，这批潜入者超过1万人，包括许多主要的策划者和本·拉登本人。2002年3月，当美国领导的盟军在阿富汗夏希噶山（Shahi Kot mountains）针对“基地”组织发动“猛蛇行动”（Operation Anaconda）时，另一波“基地”组织成员又逃到巴基斯坦，其中上百名首领欲将巴基斯坦变成新的策源地。[②] 为了跟踪潜入的“基地”组织成员，有效打击新的威胁，巴基斯坦急需成立更精密的情报网络，在此背景下，巴政府和三军情报局一起成立了“反恐组织”（Counter Terrorism Cell，CTC）。该组织与美国中情局（CIA）和联邦调查局（FBI）通力合作，在“反恐组织”之下设有“内部反恐快速反应部”（Swift-Acting Internal Anti-Terrorism Department），由经过特殊训练的人员组成，主要打击国内恐怖主义。为应对新的恐怖威胁，巴基斯坦还成立了“国家危机管理组织”（National Crisis Management Cell），隶属于内政部。该组织与美国联邦调查局一道合作“反恐”。

由于美巴情报合作具有先进技术设备和高素质的情报人

---

① “Assistant Secretary of State Christina Rocca in Congressional testimony,” South Asia Overview, July 18th, 2002.

② Chirasree Mukherjee, “Pakistan's Role in the War on Terror: A Degenerative or Progressive one?” International Affairs Review, Volume XXI, Number 1, pp. 24 – 25.

员，加之中情局又投入大量资金和建立广泛的情报系统，因此潜入巴基斯坦的“基地”组织人员很容易被锁定和逮捕。许多“基地”头目就是在巴基斯坦“反恐”组织与美国中情局和联邦调查局的密切配合下被逮捕的。

此外，美国中央情报局和巴基斯坦三军情报局建立了情报交换机制。正是有了“两局”的情报交换机制，美巴在“反恐”合作中相互提供信息，逮捕和击毙了一些重要的恐怖主义头目，其中包括哈立德·阿·阿塔什（Khalid Al-Attash）、阿玛佳德·洪森·法鲁奇（Amjad Hussein Farooqi）、卡里德·克（Khalid sheikh）、拉马兹·本·阿尔什布（Ramzi Bin Al Shibh）。

虽然美国—巴基斯坦—阿富汗三国早在2003年就成立了“三边委员会”，但其职能却差强人意，随着巴基斯坦西北边境地区成为塔利班向阿富汗发动袭击的重要基地，美国政府开始将巴基斯坦视为“反恐”新战场。2009年3月27日，奥巴马发表了关于美国对巴基斯坦和阿富汗的白皮书，宣布试图携手巴基斯坦和阿富汗建立一个打击塔利班和“基地”组织的“新外交机制”，将巴基斯坦和阿富汗联系起来，以地区视野和地区政策取代独立的阿富汗政策，建立起一个新的机制。奥巴马于2009年发表演说，宣布了一系列新政策，其中包含：深化美巴“反恐”机制、增兵阿富汗南部地区、改变打击塔利班的战术，以及打击阿富汗国内的腐败等。[1] 这些政策有利于深化美国—巴基斯坦—阿富汗一体化的机制。

---

① 黄荣：“浅析奥巴马政府的阿富汗新政策”，《江苏教育学院学报（社会科学版）》，2010年第5期，第83—87页。

二、美巴"反恐"合作过程及成效

(一)布什政府时期美巴"反恐"合作过程及成效

1. 布什政府时期的美巴合作过程

作为"9·11"事件后美国"反恐"联盟的前线国家，巴基斯坦中止了和阿富汗塔利班政权之间的关系，与美国进行合作并协助其跟踪、抓获在巴境内寻求藏身之地的"基地"成员和塔利班残余部队。可以说，不管是美国过去还是现在"反恐"取得的成功，与巴基斯坦的合作都是至关重要的，正如穆沙拉夫在接受英国 BBC 采访时警告说："没有巴基斯坦的合作和情报服务，西方将在'反恐战争'中失败，并且所取得的成果将会丧失殆尽。"① 美巴在法律实施、情报以及军事领域开展了系列合作。

第一，美巴法律实施和情报领域的合作。

历史上，巴基斯坦穆斯林极端主义者对国家的操纵并不具有连贯性，美国一直注意巴控克什米尔和巴境内不法分子的存在，印度政府继续称巴基斯坦为恐怖主义的中心。2000 年 7 月，一位美国"反恐"高级官员在向参议院外交关系委员会作证时批评巴基斯坦在"反恐"中态度暧昧。他强调指出，巴基斯坦一直容忍恐怖主义在其领土内居住和活动，并且，巴基斯坦还涉嫌向伊斯兰激进分子提供物质帮助。② 事实上，巴基斯坦对极端分子的容忍和支持植根于 20 世纪 80 年代齐亚·哈克对极端宗教的大力支持。而"9·11"事件之后，穆沙拉夫对穆斯林极端主义的政策发生重大转变，这一转变从割裂所有官

---

① "Musharraf says Pakistan's intelligence essential to war on terror," available at: http//www. Wluctive6. com/Global/story. asp? S = 5479240 & nva = 81AX.

② K. Alan Kronstadt, Pakistan-U. S. Anti-Terrorism Cooperation, March 28, 2003, p. 6.

员和塔利班的关系开始，以2002年2月标志性的演说为高潮。在演说中，他宣誓禁止恐怖主义将巴作为活动基地，批评宗教极端主义在国内的不宽容，取缔了许多宗教极端组织。在穆沙拉夫发表演说之后，有3300名激进分子被逮捕并被监禁。[①] 穆沙拉夫政府制定了具有重要影响的政策改革方案，提高移民监管系统，并开始制定和实施新的《反恐财政法》。

2001年底，美国对阿富汗“基地”组织成功地进行军事打击，但是到了2002年上半年，越来越多的迹象表明，塔利班及其追随者又重新组织了起来，首先是在西部地区活动，后来发展到了主要的中心城市。2002年下半年，情报分析认为“基地”组织已在巴基斯坦的卡拉奇重建了新的根据地。为了遏制恐怖主义向巴基斯坦扩散，美国法律批准执行向巴基斯坦提供积极帮助计划，搜寻本·拉登及其同党。此计划在2002年初就已经签署但尚未执行。据报道，“美国反恐署在巴基斯坦的人员有几十到几百人。”[②] 虽然有美国官员称联邦调查局在实地参与和突击行动中发挥的力量一直非常有限，但是巴基斯坦高级官员却坚持说联邦调查局参与了许多突袭行动。[③] 据报道，2001年之后，“美国中央情报局局长至少到达巴基斯坦一次，并且巴政府正在与美国合作搜捕在逃的本·拉登、奥尔马和其他高级伊斯兰极端在逃分子”[④]。

2002年5月8日，巴基斯坦政府与一些美国行政部门的高

---

① Paul Watson, “Revolving Doors for Pakistan's Militant,” Los Angeles Times, November 17, 2002.

② Paul Watson and Josh Myer, Pakistanis see FBI in Shadows, Los Angeles Times, August 25, 2002.

③ Dexter Filkins, “F. B. I and Military Unity in Pakistan to Hunt Al Qaeda,” New York Times, July 14, 2002.

④ “Ties to Bin Laden Suspected,” Washington Post, January 30, 2002.

级官员举行了"反恐和法律实施联合工作组"首次会议，讨论了广泛的双边法律实施问题，包括缉毒、反恐、引渡、洗钱、走私、毒品滥用控制、警察和法律改革，以及在押巴基斯坦人的遣返问题，两国政府同意加强以上每一领域的合作。2003 年 4 月，美巴在华盛顿举行了另一次"反恐和法律实施联合工作组"会议。

据报道，"2002 财年对巴基斯坦的补充援助包括 7300 万美元，用于缉毒和法律实施，这些基金将继续用于 2003 财年的边界安全与法律实施相关的问题。"① 美国向巴安全力量提供大量的武器和设施，包括 5 辆旧的直升机、750 台短波和长波无线电台、434 辆车辆（包括卡车、拖拉机和摩托车），以增加其应对突发事件的反应速度。2002 年 12 月，美国南亚事务助理国务卿访问巴基斯坦时宣布向其提供 8000 件尖端通讯和监视设施，价值 400 万美元，这些设备主要用于追踪涉嫌恐怖主义分子和从事毒品走私者。美国也帮助巴培训侦查人员，建立全国指纹数据库模式。2003 年 3 月，美国政府向巴赞助 1000 万美元，用于犯罪信息数据库的建立，同时提供 2000 万美元，用于联邦直辖部落区道路修建。② 2004 年，在美国的推动下国际货币基金组织向巴无条件提供了 745 万美元，2005 年又提供了 148 万美元。③

第二，美巴在安全和军事领域的合作。

为了提高巴基斯坦跟踪、抓获塔利班和"基地"组织残余

① U. S. Department of State, "FY2004 Congressional Budget Justification for Foreign Operations," February 13, 2003, available at: http: //www. state. gov/m/rm/rls/cbj/2004.

② Zaffar Abbas, "U. S Help for Pakistan Terror Fight," BBC News, December 14, 2002.

③ Frida Berrigan and William D. Hantung, "U. S. Weapon at War 2005: Promoting or Fueling Conflict," World Policy Institute, June 2005, available at: http//www. worldpolicy. org/projects/arms/reports/wawjune2005. html #7.

部队的执行能力，布什政府启动了几项与安全相关的计划，包括提高对边境地区控制、打击非法走私、毒品走私和人员非法入境的控制、警察改革以及与“反恐”相关的培训，并提供大量的经济援助。2002—2005 财年，美国向巴基斯坦提供了 260 万美元的直接援助，其中 110 万美元用于安全方面援助。[①] 在通过 2005 年对外援助款项条款时，美议会同意了总统对巴 7 亿美元的援助要求，其中的一半用于资助与安全有关的项目。[②]（相关数据见表 4—2）

表 4—2　2001—2007 财年美国对巴基斯坦的援助

（单位：万美元）

项目或预算	2001 年	2002 年	2003 年	2004 年	2005 年	2006 年	2007 年
儿童存活与健康	—	5.0	15.6	25.6	21.0	32.2	21.7
发展援助	—	10.0	34.5	49.4	29.0	40.6	29.0
经济扶助资金	—	624.5	118.0	200.0	297.6	337.1	350.0
对外军事支持	—	75.0	224.5	74.6	298.8	297.0	300.0
国际军事教育培训	—	0.9	1.0	1.4	1.9	2.0	2.1
国际毒品控制和法律实施	3.5	90.5	31.0	31.5	32.1	37.6	25.5

① K. Alan Kronstadt, “Pakistan-US Relations,” Congressional Research Service (CRS) Report, May 9, 2007.

② K. Alan Kronstadt, “Pakistan – US Relations,” Congressional Research Service (CRS) Report, May 9, 2007.

续表

项目或预算	2001 年	2002 年	2003 年	2004 年	2005 年	2006 年	2007 年
非扩散、反恐、扫雷和其他相关的项目	—	10.1	—	4.9	8.0	7.8	10.3
小结	3.5	1061.0	494.6	387.4	688.4	754.3	738.6
食物援助	87.5	90.8	18.7	24.0	18.0	26.7	—
合计	91.5	1151.8	513.3	411.4	706.4	781.0	738.6

资料来源：美国国务院和工业部；国会研究服务（CRS）报告，更新到2006年5月9日。

到2007年为止，巴基斯坦是美国安全援助的最大接受对象。2004年，巴被指定为主要的非北约盟友，这使得巴成为北约之外享受军事和财政援助的国家。其范围包括美巴之间的紧密军事联系，以及获得美国一定的防务设施，美国答应从2005—2009年向巴提供150万美元的对外军事援助。[①] 据五角大楼报道，根据2003—2004财年对外援助协定，美国对巴军售价值为3.43亿美元，2005年估计为4.92亿美元。根据资源管理局的报道，在2002—2005年间巴总计获得国际货币基金组织的支持款项为8.21亿美元，另外，培训资金从2001年的零美元上升到2006年的200万美元。[②]

① “Defense Department statement on Pakistan Partnership,” U.S. Department of Defense office of the Assistant Security, Vol. 90, No. 06, March 4, 2006, available at: http//www.defenselink. Mil/release/2006/nr20060304 – 12606. html.

② Frida Berrigan and William D. Hatungk, “U.S. Weapon at War,” World Policy Institute, No. 18, 2005, p. 7.

尽管美国在巴基斯坦的军事存在仍然是一个具有争议的话题，但是有报告表明联邦调查局、中央情报局和其他机构在巴基斯坦“帮助”其“反恐”这一事实的存在。美国承诺训练和装备巴基斯坦新的海空突击队和总统安全特遣队。巴美两国还执行了多次联合空军突袭演习。2005 年 3 月，布什政府宣布将恢复向巴基斯坦出售 F－16 战斗机，结束了 16 年的武器出口限制。2006 年 7 月，布什政府宣布耗资 510 万美元对巴援助计划，包括 31 架 F－16 战斗机、军备和现有 F－16 舰艇的升级版。2006 年 10 月 2 日，巴空军宣布与美国签署了一项关于购买 18 架 F－16 战斗机的协议，这一计划包括提供 18 架 F－16 战斗机、升级已使用过的 F－16 战斗机、升级现有的 32PAFF－16s 舰艇、空对空和地对地导弹以及其他的辅助设施。①

2. 布什政府时期美巴“反恐”合作的成效

通过情报系统的合作、对卫星电话发射进行拦截和跟踪，美国中央情报局能够密切监控恐怖主义的邮件和因特网通信信息，美巴可以联合努力抓获在逃的塔利班和“基地”组织人员。

2002 年 3 月，“基地”组织的战地指挥官被抓获；6 月，被禁止的极端组织的 8 名成员在拉合尔被抓获；7 月，8 名阿拉伯“圣战者武装组织”人员被抓获；8 月，美国法律监督实施人员突袭“圣战者”的一间办公室，逮捕了 12 名激进的嫌疑分子，收缴了炸药和相关证据；② 9 月，拉米兹－本、阿什本（Ramzı bin al-Shibh）、萨里本·阿玛德（Sharib Ahmad）都

---

① “Pakistan, US sign F－16 deal,” Daily News and Analysis （Mumbai）, October 3, 2006.

② “Passengers’ Identity System Installed,” Dawn （Karachi）, November 11, 2002.

被逮捕，前者据说是策划“9·11”事件的主谋，后者则据称是2002年美国驻卡拉奇领事馆汽车炸弹袭击事件的组织者，是巴基斯坦一直通缉的在逃分子；9月下旬，据称是“基地”组织成员的两个阿尔及利亚人在卡拉奇被抓获，紧接着在两天之内逮捕了10个阿尔及利亚人①；10月，在白沙瓦附近难民营的一次突袭中捕获了4个“基地”密探嫌疑分子，几天之后，在黎明前的一次突袭行动中抓获了5个极端嫌疑分子②；12月，巴基斯坦抓住了两个来自北瓦济里斯坦两个部落人并移交给美国中情局进行审讯，因为其声称参与了对美国在巴基斯坦军营的袭击；12月下旬，巴基斯坦警察和美国联邦调查局联合袭击，逮捕了9个“基地”密探嫌疑人，包括两个归化的美国人③；2003年2月，在卡拉奇市郊的一场枪战中，巴基斯坦警察和联邦调查局逮捕了3个密探嫌疑人，缴获了电脑、手榴弹和3万元美金；3月，在拉瓦尔品第黎明前的突袭行动中逮捕了声称是“9·11”袭击事件的主谋和本·拉登的亲密朋友哈立德·穆罕默德（Khalid Mohammed）及其两个追随者，在这次突袭行动中，据报道美国通信专家在定位嫌疑分子中起了关键的作用；一周之后，10名“基地”嫌疑犯在白沙瓦被抓；3月中旬，巴基斯坦情报局宣称：至“9·11”事件以来，巴共抓获了442个涉嫌恐怖活动的外国人，把其中的346人交由美国关押。3月下旬，警察在拉合尔逮捕了声称是本·拉登的金融家亚萨·安·佳济里（Yassir al-Jaziri），这次逮捕为以后

---

① K. Alan Kronstadt, “Pakistan - U. S. Anti-Terrorism Cooperation,” Report for Congress Order Code RL31624, March 28, 2003, p. 11.

② K. Alan Kronstadt, “Pakistan - U. S. Anti - Terrorism Cooperation,” Report for Congress Order Code RL31624, March 28, 2003, p. 11.

③ K. Alan Kronstadt, “Pakistan-U. S. Anti-Terrorism Cooperation,” Report for Congress Order Code RL31624, March 28, 2003, p. 11.

的抓捕活动提供了线索[①]。布什政府表达了对穆沙拉夫和巴基斯坦政府的深深感激，感谢其在“反恐”中所做的贡献。以上不难看出，美巴联合“反恐”取得了较大成果，但是，恐怖主义者仍然在巴基斯坦和阿富汗境内不断发动袭击。应对不断的新袭击，需要有新的“反恐”构想，在这种情况下，奥巴马政府的“阿富巴政策”应运而生。

（二）奥巴马政府时期的“反恐”合作过程及成效——“阿富巴战略”

1. “阿富巴战略”及其内容

2009 年 3 月 27 日，奥巴马在和内阁成员、军事指挥官、国务院以及巴基斯坦和阿富汗政府的代表经过长期讨论后，针对巴基斯坦和阿富汗宣布了一项新计划，以下称“阿富巴战略”。“阿富巴战略”的目的旨在“打断、根除和击败巴基斯坦和阿富汗的‘基地’组织，防止他们将来回到其中的任何一个国家”[②]。

在执行方式上，新战略把巴基斯坦和阿富汗列入重要日程，更重要的是，新战略不仅进行军事合作，而且考虑向巴基斯坦增加经济和社会支持。在设想新战略时，奥巴马意识到基于历史的原因，美巴两国之间存在着不信任的情绪。他许诺努力消除过去的误解，建立长期持久的关系。他说，“过去美国经常狭隘地界定美巴关系，那些日子已经一去不复返了。”此外，他还承诺建立一种新的局面——“互利、相互尊重、相互信任、向前看，巴基斯坦人民必须知道美国仍然是巴基斯坦安

① K. Alan Kronstadt, “Pakistan – U. S. Anti – Terrorism Cooperation,” Report for Congress Order Code RL31624, March 28, 2003, p. 12.

② The White House, “Remarks by the president on a New Strategy for Afghanistan and Pakistan,” 27 March 2009, available at: http//www. whitehouse. gov/the_ press_ office/remarks-by-the-president-on-a-New-Strategy-for-Afghanistan-and-Pakistan.

全和繁荣的有力支持，所以，巴基斯坦人民的潜力会得到释放的”①。

“阿富巴战略”涉及巴基斯坦、阿富汗以及新的“联系国”（linking country）这三个关键区域。其中针对巴基斯坦的援助主要有两点：（1）依据这一战略计划，美国政府宣布加强对巴民选政府的支持，在未来5年内向巴提供75亿美元的援助；（2）阿巴边境靠近巴基斯坦一侧的联邦直辖部落区（FATA）列入该战略“重建机遇期”发展新计划的一部分。“阿富巴战略”所涉及的“联系国”主要包括阿富汗、巴基斯坦、印度、伊朗、中国和中亚地区，美国非常希望这些国家提供帮助，以便使美国和北约实现在阿富汗的目标。

对阿富汗地区，美国除了派出部队外，美政府还答应另外增派4000人作为阿富汗国家部队教官；美国还打算训练13万阿富汗国家军队，培训大约8万名警察人员……通过此行动，阿富汗获得上百万美元的补助，这对根除其毒品种植相当关键。② 奥巴马于2009年12月1日（当地时间）晚在位于纽约州的西点军校发表全国讲话，宣布阿富汗战略的调整方案，其中包括2010年夏季之前向阿富汗增兵3万人（2009年4月派遣的1.7万不计算在内），这一增派将加强6.8万名美国人和那里的3.9万名非美国安全援助力量。这一增加有利于锁定武装分子，更好地保护阿富汗中心城市，并加强该国政府的控制

---

① “Remarks by the president in Address to the Nation on the Way Forward in Afghanistan and Pakistan,” West Point, New York: 1 December 2009, available at: http//www.whitehouse.gov/the-press-office/remarks-president-address-nation-way-forward-afghanistan-and-pakistan.

② Farzana Shah, “Obama's New Af – Pak Policy – will it work?” Defence Journal, Vol. 18, No. 21, 2009, p. 12.

能力，使之能够在该地区发挥领导作用[①]。

2. 巴基斯坦对“阿富巴战略”的反应

“阿富巴战略”虽然主要是针对阿富汗和巴基斯坦两国，但显然印度已经成为“联系国”之一，从地缘政治来讲，巴基斯坦对印度参与该地区的事务感到不安，印度对阿富汗不确定的活动，对美国和巴基斯坦的政策制定者造成了一些麻烦。[②]正如巴基斯坦学者所说：“在美国宣布‘阿富巴战略’之前，巴基斯坦已经对印度领事馆在阿富汗日益增加的活动表示关切，但是通过把印度包括在所提出的‘联系国’里，奥巴马已经把布什的错误放大了两倍。”[③]

“阿富巴战略”对巴基斯坦社会和经济产生了重大的影响。一方面是显而易见的经济和政治利益。巴基斯坦从 2009 年到 2014 年将获得美国 75 亿美元的援助，每年 15 亿美元。[④] 这将有助于巴基斯坦在短期内减少财政赤字。尽管存在种种矛盾，美巴在新战略中还是实行了有限的合作，如在斯瓦特和南瓦济里斯坦成功的军事合作，这些有助于建立国际信心，并为那些地区遭受塔利班的残暴统治、承受相关经济和社会困难的人民提供了希望。

另一方面则是支持“反恐战争”所带来的恶果。巴基斯坦十分担忧可能招致恐怖主义的报复。根据新战略，阿富汗和巴

---

① “Remarks by the President in Address to the Nation on the Way Forward in Afghanistan and Pakistan,” West Point, New York, 1December 2009, available at: http//www. whitehouse. gov/the-press-office/remarks-president-address-nation-way-forward-afghanistan-and-pakistan.

② Mehmood-Ul-Hassan Khan, “ New Af-Pak Strategy,” Defence Journal, Vol. 18, No. 21, 2009, pp. 15 – 17.

③ Mehmood-Ul-Hassan Khan, “New Af-Pak Strategy,” Defence Journal, Vol. 18, No. 21, 2009, pp. 15 – 17.

④ Mehmood-Ul-Hassan Khan, “New Af-Pak Strategy,” Defence Journal, Vol. 18, No. 21, 2009, pp. 15 – 17.

基斯坦将会面临新的威胁——无人战机在其领土上急剧增加，而频繁进行的无人战机的袭击则证实了巴基斯坦的这种担心。[①]巴基斯坦可能会面临更致命的恐怖主义袭击，因为无人战机的攻击只能激起更多的恐怖主义的报复。此外，美巴合作也是龃龉丛生，如美国的无人战机实行越界跨境打击，损害了巴基斯坦的主权独立。更有甚者，无人战机造成巴平民和士兵伤亡的事件在美国和巴基斯坦之间造成了紧张的关系。如在 2010 年 9 月 30 日，北约一架从阿富汗起飞的直升机对巴基斯坦边境的一处安检站进行轰炸，造成 3 名巴基斯坦士兵死亡。事件发生后，巴基斯坦政府以安全形势不佳为由，禁止北约车队经由当地进入阿富汗喀布尔。[②]

另外，据美巴双方 2009 年 3 月的统计，自“反恐战争”以来，巴基斯坦遭受了不可弥补的重大损失，因阿富汗的混乱而遭到的直接和间接损失达 350 亿美元。[③] 巴基斯坦学者乌尔-哈森-汉（Mehmood-Ul-Hassan Khan）指出：“由于反恐战争造成的不良影响，巴基斯坦仅一年的经济净损失就达 60 亿美元。此外，战争造成上千人流离失所，威胁着国家的安全。”[④] 还有学者认为，“反恐战争”以来，巴基斯坦成了恐怖主义的最大受害者，有超过 12 万的巴基斯坦正规军和其他准军事力量参与打击“基地”组织和塔利班极端主义者，超过 1300 多名安全部队的人员在“反恐战争”中牺牲。他甚至还

---

① Mehmood-Ul-Hassan Khan, “New Af-Pak Strategy,” Defence Journal, Vol. 18, No. 21, 2009, pp. 15 – 17.

② BBC News, September 30th, 2010.

③ Mehmood-Ul-Hassan Khan, “New Af-Pak Strategy,” Defence Journal, Vol. 18, No. 21, 2009, pp. 15 – 17.

④ Mehmood-Ul-Hassan Khan, “New Af-Pak Strategy,” Defence Journal, Vol. 18, No. 21, 2009, pp. 15 – 17.

认为，巴基斯坦由此为全球“反恐战争”做出了最大的贡献[①]。

（三）后拉登时代（2011年以后）的美巴“反恐”合作

1. 美巴“反恐”合作裂痕的出现

2011年5月2日，美国出动79名海豹突击队员击毙了本·拉登后，就本·拉登在巴藏匿一事展开了激烈的讨论。美方认为，阿巴塔巴德是一个军事基地，本·拉登在该地藏匿数年之久，而巴基斯坦政府和军方对此一无所知，实在令人难以置信，因此要求巴政府做出解释。巴为美国事先未知照巴方就出动突击队而侵犯其主权感到羞辱和愤怒。本·拉登死后，不断的无人战机袭击进一步激怒了巴基斯坦。根据“新美国基金会”智库的报道称：“美国无人战机从2004年到2011年6月3日前在巴基斯坦共发动了234起袭击。”[②] 在突袭本·拉登后的几天里，巴总理吉拉尼要求美国将其在巴的部队消减200名以上。此外，5月14日，在经过长达10小时的马拉松会议之后，巴议会一致同意全面重新审视美巴关系。根据英国《卫报》报道：“9·11”事件之后不久，穆沙拉夫和小布什达成协议，同意美国使用巴基斯坦领土执行任何旨在打死或者捕获本·拉登的秘密军事行动。[③] 美国直接进入巴基斯坦领土击毙本·拉登的行为让巴不得不考虑该协议对巴的危害性。

美巴双方又一次陷入口水战。10月6日，美国指责巴基斯坦三军情报局支持“哈卡尼组织”。美国参谋长联席会议主席

---

① Farzana Shah, “Obama's New Af-Pak Policy-will it work?” Defence Journal, Vol. 18, No. 21, 2009, p. 12.

② Faiz Sobha, “U. S-Pakistan: A Perilous Partnership,” Dhaka Courier, No. 3, 2011, p. 14.

③ Faiz Sobha, “U. S-Pakistan: A Perilous Partnership,” Dhaka Courier, No. 3, 2011, p. 14.

麦克·马伦把该组织描绘成三军情报局的真正武器。巴基斯坦反应强烈，巴外交部长希娜·拉巴尼·哈尔（Hina Rabbani Khar）警告说，"美国此举将导致其失去盟友的危险。"①巴在竭力否认与恐怖组织有任何联系的同时，也对美国事先未知照巴基斯坦，在巴境内采取"突袭行动"而侵犯其主权表示抗议。巴总理吉拉尼称"巴主权不应被侵犯"；巴议会上院"谴责美单方面行动构成了对巴主权的损害"，主张"采取必要措施阻止类似事件的再度发生"。②巴军方宣布将把美国在巴部队减少到最低数目；巴陆军参谋长称如果发生类似的突袭行动，巴将重新审视美国情报和军事合作水平。与此同时，巴基斯坦议会通过决议，禁止美国无人战机在巴领土越境打击，并以切断北约运输线相威胁，导致北约与巴边防军多次交火。巴媒体甚至曝光了美在巴中情局人员名单。民众层面则持续不断爆发反美示威活动，反美情绪空前高涨，使美巴关系降到至2001年结盟以来的低谷。③

不过，在经过双方的口水战之后，两国态度渐趋理性，外交关系有所缓和。正如《纽约时报》报道称，双方均认识到彼此关系"极为重要，难以承受关系破裂的代价"④。为了修复严重受损的双边关系，美国国务卿希拉里·克林顿和麦克·马伦出人意料地访问巴基斯坦。希拉里说，"没有证据表明巴高层领导为本·拉登提供庇护所"，承认"巴在打击塔利班和

---

① Faiz Sobha, "U. S-Pakistan: A Perilous Partnership," Dhaka Courier, No. 3, 2011, p. 14.

② "Intelligence Chief Urges U. S Spies to Leave Pakistan," New York Times, May 15, 2011.

③ 杨文静：《后拉登时代美巴关系探析》，《现代国际关系》，2011年第6期，第58—59页。

④ 杨文静：《后拉登时代美巴关系探析》，《现代国际关系》，2011年第6期，第58—59页。

‘基地’组织的战斗中付出了巨大的牺牲”，但是她也敦促“扎尔达里政府采取果断行动打击塔利班”[①]。在会谈中，巴明确表示将在北瓦济里斯坦发动打击塔利班和“基地”组织的行动，该地区也是“哈卡尼网络”基地之一。通过双方的协调，美巴关系重新走向缓和。

2. 美巴关系出现裂痕的原因分析

首先，从巴基斯坦方面来看，美巴裂痕的出现是基于巴做出了巨大的牺牲的反省。根据巴基斯坦《新闻报》消息灵通人士透露，至“9·11”事件后巴成为美国的反恐前线国家开始，巴基斯坦有5000名士兵和警察死于反恐，3万平民死于战争，在巴阿边境布置了900个哨所和15万部队。与此相比，北约49国部署在巴阿边境的哨所总共只有25个哨所、45万部队。但美国仍对巴的贡献不甚满意，不断施压，导致两国关系龃龉丛生。

美国采取突袭行动击毙本·拉登，将巴基斯坦政府置于更尴尬的境地：一方面，阿巴塔巴德是军事重镇，本·拉登在该地藏身那么久，为什么巴军方和政府一无所知。如果知道，巴为何不告诉美国。美国要求巴做出解释。另一方面，美国采取突袭行动侵犯巴领土，巴政府和军方为何无从知晓？如果知道，为何不采取行动阻止？巴民众要求政府和军方做出解释，并采取大规模的反美反政府示威游行。对于这两方面，不管巴知道与否，采取行动与否，其处境都会极其尴尬。根据巴《新闻报》人士透露：如果巴对以上两方面都不知道，说明巴政府和军方无能；如果巴事先知道美国将采取突袭行动侵犯巴领土而采取紧急行动，则会被扣上支持本·拉登的帽子而遭到美国的军事打击；反之，民众又认为巴军方和政府置国家主权于不

---

① Faiz Sobha, “U. S-Pakistan: A Perilous Partnership,” Dhaka Courier, No. 3, 2011, p. 14.

顾而加以反对。

其次，本·拉登在巴基斯坦领土内被击毙后，巴基斯坦遭受了一连串来自巴基斯坦塔利班（Pakistan Taliban）的报复性恐怖袭击事件。第一起是针对巴西北部军事培训中心的人体炸弹袭击事件，造成80人死亡，多人受伤；第二起是袭击白沙瓦美国总领馆的护航队，导致1名巴基斯坦人死亡，其他10人受伤；第三起袭击事件发生在卡拉奇的梅兰（Mehran）海军基地，导致10名巴基斯坦人死亡；第四起是攻击白沙瓦警察局的汽车炸弹袭击，导致4人死亡，22人受伤。事实上，正是由于本·拉登的死导致了巴基斯坦民众反美反政府情绪的上升，造成美巴情感冲突，这一连串的袭击事件导致巴基斯坦重新审视美巴关系，美巴关系产生了裂痕。

从美国方面来看，美国对巴基斯坦缺乏足够的信任导致信任“赤字”。尽管“9·11”事件后美巴结成“反恐”伙伴，但美国从来没有把巴基斯坦当成忠诚的伙伴，美国早就怀疑巴基斯坦玩“两面下注”的游戏。美国认为巴基斯坦在支持美国“反恐战争”的同时，也在暗中支持恐怖主义组织。[①] 早在2011年4月，麦克·马伦访问巴时就直言不讳地说三军情报局和“哈卡尼网络”有联系。[②] 本·拉登死后，美国加紧对巴基斯坦的批评，指责说巴政府允许激进分子组织以巴领土为庇护所进行恐怖袭击。迈克·马伦警告道，“巴必须断绝与‘哈卡尼网络’的任何联系。”[③]

---

① 杨文静：《后拉登时代美巴关系探析》，《现代国际关系》，2011年第6期，第58—59页。

② Faiz Sobha, “U. S-Pakistan: a Perilous Partnership,” Dhaka Courier, Nol. 3, 2011, p. 14.

③ BBC news, 11/6/2011, available at: http://news.sina.com.cn/w/sd/2011-10-09/134323273467.shtml.

在某种程度上，巴基斯坦支持了美国主导的全球“反恐战争”，但是两国间缺乏足够的信任，早在5月美国在巴本土上击毙本·拉登就向世界说明了这一点，美国认为“巴基斯坦要么是表现不力，要么是‘两面下注’”①。

第三节　巴基斯坦在美国“反恐”中的地位

“9·11”事件当日，基于巴基斯坦国家自身利益的考虑，时任巴总统的穆沙拉夫就发表意见，谴责恐怖主义针对美国的袭击，并表示愿和国际社会一道打击恐怖主义。2001年9月19日，穆沙拉夫发表全国电视讲话，要求人民支持巴政府加入美国主导的全球“反恐战争”的决定。10月，穆沙拉夫告知到巴访问的美国国务卿鲍威尔，尽管巴多数人民反对美国在阿富汗主导的军事行动，但巴仍然是“反恐”力量的一部分，包括向美国提供空军基地、道路使用权、扩大空中过境权等后勤支持。

一、巴基斯坦向美国提供后勤支持

（一）提供领空过境权、空军基地及相关辅助服务

在巴基斯坦同意支持美国的“反恐战争”后，仅在头5个月里，就有2.8万架次美国飞机飞越巴基斯坦领空。② 同时，巴基斯坦向美国在阿富汗的“反恐”行动提供了巴什里（Pasni）、贾科巴得（Jacobabad）和达尔班丁（Dalbandin）三

① BBC news, 11/6/2011, available at: http://news.sina.com.cn/w/sd/2011-10-09/134323273467.shtml.

② Liam. Collins, “U.S. Foreign Policy with Pakistan Following 9/11,” WWS 547: The Conduct of International Diplomacy, 16 May, 2008, p. 7.

处空军基地，主要用于向驻阿富汗的盟军提供后勤支持，其中达尔班丁主要用于向在阿富汗执行特殊任务的美国飞机提供燃料。这三大基地邻近阿富汗，对美国来说非常关键。马苏德·汉（Masood Khan）认为，“轰炸塔利班和巴基斯坦境内部落区的激进分子的无人机正是从巴境内的这些基地起飞的，尽管巴基斯坦政府官员否定了这些说法，但否定背后的原因却是：政府只有拒绝承认该事实，才能避免人民的强烈反对。”[①] 巴基斯坦的一家英语新闻报纸援引美国兰德公司 2004 年的一份报告说：“巴基斯坦的许多军事基地向美国提供了通道，在巴什里、贾科巴得和达尔班丁帮助建立中转设施，帮助美国在贾科巴得和沙穆斯（Shamsi）建立飞机基地，向其他基地提供通道，为 50 架以上的飞机和 2000 名联合军事人员提供方便。”[②] 此外，巴基斯坦还派遣了 3.5 万人的部队保护以上基地。[③]

（二）提供燃料

在讨论巴基斯坦向美国提供后期支持时，不得不提到一项重要的战略物资——燃料。如果没有穆沙拉夫政府的合作，美国驻阿富汗部队所需燃料在几天之内将会耗尽。

美国军队在阿富汗每天消耗大约 575000 加仑燃料，其中的 80% 来自巴基斯坦的炼油厂。如果没有穆沙拉夫政府和巴军方的合作，美国在阿富汗驻军的燃料供给只能依靠库巴、阿塞

---

① Masood Khan, “Pakistan's Role in Global War on Terrorism: and Areas of Clash with United States,” Pakistan Defence, Jul 1, 2009, 2009, available at: http: //defence. pk/threads/pakistan% C2% 92s – role – in – global – war – on – terrorism – and – areas – of – clash – with – united – states. 29111/.

② Masood Khan, “Pakistan's Role in Global War on Terrorism: and Areas of Clash with United States,” Pakistan Defence, Jul 1, 2009, 2009, available at: http: //defence. pk/threads/pakistan% C2% 92s-role-in-global-war-on-terrorism-and-areas-of-clash-with-united-states. 29111/.

③ Liam. Collins, “U. S. Foreign Policy with Pakistan Following 9/11,” WWS 547: The Conduct of International Diplomacy, 16 May, 2008, p. 7.

拜疆和土库曼斯坦提供。且美国必须经由极不稳定的阿富汗北部，到达1000千米以外的地区才能获得。① 正如在阿富汗和伊拉克南部负责管理燃料运输的美国陆军上校丹·詹宁斯（Dan Jennings）所说，阿富汗的燃料供应操作使他寝不安席，食不甘味，国防能源供应中心（负责国防部燃料购买和运输的机构）每天得向美国驻阿富汗的主要基地拖运数百万加仑的飞机燃料。大约700辆油罐车被用来运送这些燃料，其中的一些油罐车从阿富汗到巴基斯坦要花费一个多月时间。有时，美国军队在巴基斯坦和阿富汗过境的燃料多达470万加仑。除了保证燃料供应量外，詹宁斯及其同事还得应付诸如偷盗、撞车和其他故障等。尽管存在种种问题，但詹宁斯对巴的燃料供给无比满意。他表示：“正是有了巴基斯坦的燃料供应，美军在阿富汗燃料短缺问题得到改变。”②

美国一位退休军官格雷格·威尔科克斯（Greg Wilcox）说，“假使巴基斯坦的燃料供应被中断，美国在阿富汗的使命将不能完成。”当谈到巴基斯坦时，他认为美国没有任何选择；要是没有穆沙拉夫，美国甚至不能在阿富汗生存。因为美国之前设在乌兹别克斯坦的炼油厂已被驱逐出境，不再有任何近便的炼油厂向阿富汗美军提供燃料。不管美国喜欢穆沙拉夫与否，美国都离不开他。总而言之，当谈到巴基斯坦时，他不希望听到布什政府有过激的言辞，因为成千上万的美国生命依靠

---

① Robert Bryce, “Logistical Vulnerabilities and the Afghanistan War: The Pakistan Fuel Connection,” Counterpunch, November 13, 2007, available at: http: //www. unz. org/Pub/CounterpunchWeb－2007nov－00108.

② Robert Bryce, “Logistical Vulnerabilities and the Afghanistan War: The Pakistan Fuel Connection,” Counterpunch, November 13, 2007, available at: http: //www. unz. org/Pub/CounterpunchWeb－2007nov－00108.

巴基斯坦源源不断的燃料供给来维持。①

（三）提供陆上道路使用权和海上后勤服务

“9·11”事件后，美巴两国签订协议，根据协议，巴基斯坦保证向美国提供全方位的支持，其中包括向美国提供道路使用权。75%的美国和北约的供应物资通过巴基斯坦，这些供应物资包括气体燃料、食物和军事装备等。此外，巴基斯坦还允许美国军队在其领土上驻军，并帮助美国主导的“反恐”联军封锁巴阿边界，阻住恐怖主义越境活动。

巴基斯坦除了向美国及北约提供陆上道路使用权外，还向其海军提供必要的后勤服务。巴基斯坦巴什里港口既是重要的空军基地，又是重要的海军基地，美国主导的“反恐”联盟在此部署了50架飞机和2000名军事人员，以及美国两栖特遣部队（TF58）。到2013年为止，往返于巴什里港口执行任务的美国C－17和C－130共达400架次，海军陆战队员8000名，舰只330艘，货物载重量达1350吨。为了满足美国美国主导的“反恐”联盟的后勤供应，巴基斯坦压缩了自己的培训项目，同时每天向美国及美国主导的“反恐”联盟提供多达10万加仑的燃料。福罗里达的一位官员评价说，美国海军陆战队在巴什里执行的两栖任务是朝鲜战争以来规模最大的。②

二、向美国提供军事和情报支持

（一）锁定和抓获恐怖分子

巴基斯坦与阿富汗相邻，两国之间边界狭长，长达2400

---

① Robert Bryce，“Logistical Vulnerabilities and the Afghanistan War：The Pakistan Fuel Connection，” Counterpunch，November 13，2007，available at：http：//www.unz.org/Pub/CounterpunchWeb－2007nov－00108.

② Hidayat Khan，“Pakistan's Construction to Global War on Terror after 9/11，” IPRI Journal XIII，No.1，Winter2013，p.46.

千米，地势险峻，崎岖难行，很难监视。美国发动阿富汗战争后，不断变化的形势迫使恐怖主义者从阿富汗逃到巴基斯坦寻求避难所，巴基斯坦部落区和阿富汗的居民有数百年的联系，彼此自由往来。在这种背景下，塔利班和“基地”组织的势力同样可以在巴基斯坦部落区找到避难所。2002 年，在美国的高压之下，穆沙拉夫命令在部落区采取军事行动，造成数百名平民死亡，安全部队也遭受较大损失。2003 年，巴基斯坦政府军在部落区取得了巨大的成功，抓获了 400 多名“基地”组织和塔利班嫌疑分子。2004 年，巴基斯坦安全部队在北瓦济里斯坦采取军事行动，击毙 300 多名外国武装人员和“基地”嫌疑人。2005 年，巴基斯坦军队宣布从 6000 名外国伊斯兰激进分子中抓获了 600 人，击毙 150 人，而巴基斯坦军队也牺牲了大约 200 人。① 持续不断的努力证明了巴基斯坦对“反恐战争”所做出的巨大贡献，与此相比，没有其他任何一个美国盟国做出过如此重大的贡献。但这种支持也使巴基斯坦陷入了两难的困境中，一方面，这些行动遭到大量部落居民的反对，对部落区的安全造成了更大的破坏；另一方面，美国仍然对巴基斯坦在全球“反恐战争”中的努力不是很满意，称巴基斯坦对其部落区和阿富汗的反美行动表示同情。②

（二）在巴阿边境驻扎军队，协作反恐

巴基斯坦在巴阿边境驻扎了 9 万多人的部队，阻止叛乱分子越境活动，此外，巴基斯坦还建立了 1000 多个检查站，并

---

① Masood Khan, “Pakistan's Role in Global War on Terrorism: and Areas of Clash with United States,” Pakistan Defence, Jul 1, 2009, available at: http://defence.pk/threads/pakistan%C2%92s-role-in-global-war-on-terrorism-and-areas-of-clash-with-united-s ates.29111/.

② Masood Khan, “Pakistan's Role in Global War on Terrorism: and Areas of Clash with United States,” Pakistan Defence, Jul 1, 2009, available at: http://defence.pk/threads/pakistan%C2%92s-role-in-global-war-on-terrorism-and-areas-of-clash-with-united-states.29111/.

且在联邦直辖部落区执行了100多次行动，2000多名“基地”组织和塔利班激进分子被击毙。[①] 其他“反恐”盟国建立的跨界检查站不足200个（比巴基斯坦建立的少800多个），其他“反恐”盟国派遣在巴阿边境的总兵力不足7万人（比巴基斯坦派驻的少2万多人）。[②] 为阻止藏匿巴基斯坦境内的武装人员渗透到阿富汗，巴基斯坦前外交部长卡苏里于2006年11月5日表示：巴方愿意封锁巴阿边境，并在边境地区帮助美国领导的“反恐”联军鉴别和拘押恐怖嫌疑人。此外，巴基斯坦国务秘书里亚兹·穆罕默德于2006年12月26日表示，巴将在巴阿边境有选择地修建隔离墙和埋设地雷。

（三）提供情报支持

巴基斯坦为美国提供了高级的情报支持，有了这些支持，美国才能锁定“基地”组织和塔利班的成员。美国国家安全顾问吉·哈德利（J. Hadley）采访时拒绝评论美国中央情报局和巴基斯坦三军情报局之间的合作，他说：“我们之间的关系非常敏感，这是国家间的国内政治问题，公开谈论这些关系无助于我们反恐。”[③] 这显然地表明了巴基斯坦三军情报局对美国打击塔利班和“基地”组织秘密支持。此外，2002年巴基斯坦情报局逮捕了哈立德·阿·阿塔什（Khalid Al-Attash）。其他重要的活动包括抓获拉马兹·本·阿尔什布（Ramzi Bin Al Shibh），据称其曾经参与了“9·11”事件的策划，另外一名

---

① Pervaiz Iqbal Cheema, “More troops on Afghan border,” Pakistan Observer, Tue, May, 15, 2007.

② Pervaiz Iqbal Cheema, “More troops on Afghan border,” Pakistan Observer, Tue, May, 15 , 2007.

③ Masood Khan, “Pakistan's Role in Global War on Terrorism: and Areas of Clash with United States,” Pakistan Defence, Jul 1, 2009, available at: http://defence.pk/threads/pakistan%C2%92s-role-in-global-war-on-terrorism-and-areas-of-clash-with-united-states.29111/.

重要嫌疑犯哈立德·谢赫（Khalid sheikh）在2003年被巴基斯坦内务情报局抓获。2002年布什总统宣称反恐盟军在60个国家抓获与“基地”组织有联系的2700名伊斯兰极端分子，其中，巴基斯坦抓获了500名，比其他任何一个国家所抓获的数量都多。曾经参与暗杀前总统穆萨拉夫，且和本·拉登有密切联系的阿玛佳德·侯赛因·法鲁奇（Amjad Hussein Farooqi）在2004年被巴基斯坦警察开枪击毙。可以认为，如果没有巴基斯坦情报局的支持，美国的反恐行动将会非常困难。

三、充当了美国的“替罪羊”

自美国发动“反恐战争”以来，巴基斯坦作为其盟友，承受着巨大的国内压力，政治局势持续动荡，政局不稳。各种恐怖主义组织相互交织，集结了大量的敢死队，利用人体炸弹制造自杀式暴力事件，不加区别地向国家安全部队、政治领导和平民发动一波又一波的袭击，把巴基斯坦政局推向极度混乱的境地。而且，从2007年开始，恐怖袭击事件急剧增多，据统计，1995—2006年总计为16起，在2007年，除了以伏击、路边炸弹和以政治领导为目标外，另有60起自杀性袭击事件发生，造成770人死亡，1574人受伤。在60起自杀性袭击事件中，有37起是针对安全人员和安全设施的。① 2008年第一季度，从自杀爆炸事件来看，巴基斯坦甚至超过了饱受战争蹂躏的伊拉克和受叛乱分子打击的阿富汗，且从2007年起袭击次数增加，袭击范围主要集中在不稳定的联邦直辖部落区和西北边境省（详情参见表4—3）。

---

① Muhammad Amir Rana, “Evolution and Suicide Terrorism in Pakistan and Counterstrategies,” Conflict and Peace Studies, Jan-March, Vol. 3, 2010, pp. 58 - 59.

表 4—3 巴基斯坦自杀袭击事件统计年表（截至 2011 年）

年份	袭击次数
1995	1
2002	1
2003	1
2004	5
2005	2
2006	6
2007	60
2008	63
2009	86
2010	68
2011	41
总计	334

资料来源：《冲突与和平研究的》（2010 年第 3 期 1—3 月）、巴基斯坦 2010 年安全报告，以及冲突监控中心的数据的基础上，笔者自制。

相关资料表明，伊拉克和阿富汗的自杀袭击现象主要是由外国军队占领两个主要的穆斯林国家诱发的，“在 2003 年美国入侵伊拉克之前，伊拉克没有发生任何自杀袭击事件，自美国‘入侵以来，自杀式恐怖主义迅速增多’”。① 但在巴基斯坦，除了美国无人战机袭击巴阿边境的部落区外，只有巴基斯坦安全部队一直执行反恐，并无外国部队占领巴基斯坦。因此可以认为恐怖袭击是对政府不恰当和滥施“反恐”政策的报复，是对巴基斯坦和美国主导的“反恐”联盟站在一起的报复。

---

① Scott McConnell, “The logic of Suicide Terrorism: It's occupation, not fundamentalism,” The American Conservative, July 18, 2005.

在伊拉克，恐怖主义者在袭击前大多数都要录制录像声明，这种形式很少在巴基斯坦出现，这也使“法律实施署”很难识别渗透者及其动机、幕后策划以及在自杀袭击中使用的材料来源。基于安全和问题敏感性的考虑，研究人员不可能对被关押在巴基斯坦的自杀式嫌疑人进行采访，所以分析人士只能基于报纸、书籍、研究报告、社会执政研究等二手资料展开相关研究。情况表明，巴基斯坦的自杀式恐怖主义的执行者属于“基地”组织及其下属团伙。当巴基斯坦在“反恐战争”中决定支持“国际社会”，“基地”组织就开始联合相关的团伙寻求大范围的自杀袭击。1995 年 11 月 19 日，“基地”组织在巴基斯坦制造了第一起自杀性袭击事件，一辆载满炸药的卡车驶进埃及驻伊斯兰堡大使馆，造成 15 人死亡，19 人受伤。[①] 之后，全球的恐怖主义组织和巴基斯坦的“圣战者武装组织”联合起来，经常使用致命的攻击方式袭击巴基斯坦国内的目标。第二起自杀性事件是 2003 年在拉瓦尔品地针对穆沙拉夫的袭击。袭击浪潮表明，在 2001 年 10 月，以美国领导的联盟发动“反恐战争”之后，“基地”组织及其下属团伙被迫逃到巴基斯坦和阿富汗接壤的边界地区，重新聚集起来，恐怖主义势力又开始复活。巴基斯担内大多数袭击事件主要由“基地”组织及其下属团伙所为，“基地”组织特地把目标指向军队、准军事和警察人员，偶尔也袭击政治领导人。有关人士指出：“由于他们能够在部落地区找到庇护所和主要的训练设施，在不久的将来，他们仍将是自杀性恐怖主义的背后操纵者。”[②]

---

① Muhammad Amir Rana, “Evolution and Suicide Terrorism in Pakistan and Counterstrategies”, Conflict and Peace Studies, Jan-March, 2010, Volumne 3, p. 58.

② Muhammad Amir Rana, “Evolution and Suicide Terrorism in Pakistan and Counterstrategies”, Conflict and Peace Studies, Jan-March, 2010, Volumne 3, p. 58.

美国政府的调查表明，在巴基斯坦发生了自杀爆炸事件主要是由多种伊斯兰好战分子和与“基地”组织有联系的恐怖主义组织制造的，这些组织包括原教旨主义组织、巴基斯坦塔利班（TTP）和活跃在部落地区的当地塔利班团伙和其他“圣战”组织。

在这些地区，恐怖主义产生的原因是非常复杂的，其中包含一系列的诱因。在巴基斯坦频发的自杀袭击事件背后，起主导作用的因素包括文化意义上的“复仇”、“在天堂获得更高地位”、获取社会荣誉感、政治上反对外国占领阿富汗和巴基斯坦的亲美政策等。但是，不管这些因素如何，自杀袭击事件的根源主要还是与宗教相关，宗教所承诺的来世回报具有巨大的吸引力。

第一，复仇可以被视为是巴基斯坦恐怖袭击背后主要的因素。恐怖分子认为巴基斯坦支持美国的“反恐战争”是一个极大的错误，所以他们要为被巴基斯坦政府军打死的亲人复仇。法律实施署的调查表明，充当人体炸弹的人都是由恐怖组织的头目仔细挑选的，他们通常挑选 20 岁出头的年轻人。存在冲突的巴部落地区和西北边境省份，以及极端神权流行的其他地区为潜在人体炸弹的征募提供了理想的基地，主要对象是那些在政府军事行动中失去亲人的男孩。据所获得的资料表明，巴基斯坦大多数的人体炸弹都是来自普什图人占支配地位的部落地区和西北边境省。原因是 2003 年以来，巴基斯坦政府军为赶走外国激进的伊斯兰好战分子，在该地发动了大规模的军事行动，结果造成了大量的平民伤亡和财产损毁，这一行动导致了这些地区一系列的自杀性爆炸事件。

在普什图社会，传统上宗教都是服从于文化的，并且复仇的观念支配着共同的行为，普什图的荣誉模式要求家庭成员为遇难亲人复仇。复仇（Badal）的观念，意味着那些家庭成员被打死的人迷恋于复仇。正如以为受访者对《普什图箴言》所说，“复仇可能需要时间，但他可以在一百年之后复仇，他唯一遗憾的是我仓促复仇。”（Badal badal we，ko agha seal kala pas humvi）① 复仇可能会花一代人的时间才能实现，但它将是“殉难者”亲人的生活焦点，直到复仇得到实现，家庭才能获得荣誉。在这种背景下，许多充当人体炸弹者都是普什图人，他们往往为在巴基斯坦的军事行动被打死的家庭成员复仇，或者为被美国无人战机在巴基斯坦境内炸死的亲人复仇。根据一位匿名的巴基斯坦高级情报官员透露：“到目前为止，我们抓获的或者识别的人体炸弹主要涉及两件事：2006 年 10 月美国导弹袭击巴焦尔，造成 80 多人死亡；另一次是 2007 年 7 月由巴基斯坦采取紧急行动的‘红色清真寺’事件，据说清剿行动造成 100 多人死亡。”② 穆沙拉夫政府对“红色清真寺”采取行动之后，随之而来的是大量人体炸弹的突袭。安全部队在“红色清真寺”的行动对 2007 年下半年的安全形势产生了很大的影响，巴基斯坦仅在 2007 年下半年就遭到了 47 起自杀性人体炸弹袭击。而“红色清真寺”事件之前，巴基斯坦在 60 年的历史中只有 16 次自杀性袭击事件的报道（见表 4—4）。这些事件表明“复仇”（为巴基斯坦支持美国而复仇）在诱发巴基斯坦人体炸弹事件中扮演了重要的角色。

第二，享受极端的社会荣誉是人体炸弹的另外一个诱发因素，许多由部落地区被培训成为人体炸弹的是青少年，他们极

---

① Khuram Iqbal, “Evolution of Suicide Terrorism in Pakistan and Counter-Strategies,” Conflict and Peace Studies, Volumn3, Jan-Mar 2010, Number 3, p. 58.

② Khuram Iqbal, “Evolution of Suicide Terrorism in Pakistan and Counter-Strategies,” Conflict and Peace Studies, Volumn3, Jan-Mar 2010, Number 3, p. 59.

端迷恋社会荣誉、崇拜“圣战者”和部落区的烈士。调查研究表明，在完成自杀袭击后，巴基斯坦塔利班向人体炸弹的家属颁发烈士证书。在当地，这些证书对家属来说是一项崇高的荣誉。在部落地区，“人体炸弹被誉为抵抗‘美帝国主义’的救星，抵抗以色列的救星，抵抗充当美国‘炮灰’的巴基斯坦政府及其安全部队的救星”。[1] 这就不难理解多数人体炸弹袭击事件发生在巴基斯坦的部落地区、西北边境和旁遮普地区，也不难理解巴基斯坦在“反恐战争”中充当了美国的“替罪羊”。

表4—4 1995—2009年巴基斯坦自杀袭击事件

地点	袭击次数
西北边境（NWFP）	114
联邦直辖区（FATA）	30
旁遮普（Punjab）	34
信得（Sindh）	7
伊斯兰堡（Islamabad）	14
俾路支斯坦（Balochistan）	7
克什米尔地区（Azad Kashmir）	2
总计	208

资料来源：Khuram Iqbal, “Evolution of Suicide Terrorism in Pakistan and Counnterstrategies,” Conflict and Peace Studies, Volume 3, Jan and Mar2010, p. 57。

第三，在巴基斯坦，由于人民对政治不满，训练者往往误导不满政府的年轻人来充当人体炸弹。在部落地区很容易得到书面或录制成磁带的遗嘱内容总是强调政治上的不满，包括把

① Khuram Iqbal, “Evolution of Suicide Terrorism in Pakistan and Counter-Strategies,” Conflict and Peace Studies, Volumn 3, Jan-Mar 2010, Number 1.

巴基斯坦看成是“反伊斯兰力量”影响下的政府。巴基斯坦一些恐怖主义组织明确宣布它们决定使用自杀爆炸来反对被认为是亲美的政府。诸如巴基斯坦塔利班和原教旨主义这些组织在口头上一直把巴基斯坦政府称为“美国的傀儡”。2007 年 7 月，一群自称是“圣战”的伊斯兰组织出版了一本小册子，威胁说如果巴基斯坦安全部队不停止为美国服务，就要发动更多的人体炸弹袭击。[①] 这本名为《直到穆斯林住在伊斯兰堡》的小册子敦促巴基斯坦士兵“回到自己的家，并为自己的家庭服务，而不是服务美国人”。[②]

由上可知，由于巴基斯坦政府和安全部队支持美国主导的全球“反恐战争”，“基地”组织、塔利班及原教旨主义者既恨美国，也憎恨巴基斯坦政府和安全部队。但 2007 年以后，反恐联盟主要利用无人战机，采取“非接触”的方式打击恐怖主义，使得恐怖主义者无法对美国采取报复行动。为了给死去的亲人复仇，或者实现自己的极端理想，恐怖主义者只有将目标集中在前沿的巴基斯坦军队、安全部队甚至无辜平民的身上，使巴基斯坦本国政府和军队成为美国在南亚反恐的“替罪羊”（巴遭受的伤亡详见表 4—5）。正如提出挫折—攻击理论的多拉德等人的研究表明：“如果人们没有意识到自己受到剥夺，就不会采取攻击行为。并非所有的挫折都会导致攻击行为。如果受到惩罚，那么攻击行为就会受到抑制。有些造成障碍和挫折的人在心里、生理或社会方面可能难以受到攻击，比如较强壮的人、拥有权威和神圣地位的人，能使用社会认可的

---

① Jone Dollard, Frustration and Aggression, Pub. for the Institute of human relations, 1939, pp. 39 - 47.

② Muhammad Amir Rana, “Evolution and Suicide Terrorism in Pakistan and Counterstrategies,” Conflict and Peace Studies, Volumne 3, Jan-March 2010.

惩罚手段进行报复的人，或者以其他方式而使自己难以受到伤害的人（美国人即是属于此种类型的人）。在这种情况下，人们将采取间接攻击行为来代替直接攻击，即攻击一个与造成自己挫折无关的目标，然后设想或希望心目中的攻击目标受到伤害；或者转向自我伤害、自我惩罚，甚至于最极端的方式——自杀。任何攻击的行为都是一种精神上的宣泄，即释放攻击能量，缓解挑起攻击行为的冲动。”①

表 4—5　2003—2011 年巴基斯坦遭受恐怖袭击的死亡人数统计表

年份	平民	安全部队	恐怖主义	总数
2003	140	24	25	189
2004	435	184	244	863
2005	430	81	137	648
2006	608	325	358	1471
2007	1523	597	1479	3599
2008	2155	654	3906	6715
2009	2307	1011	8267	11585
2010	1796	469	5170	7435
2011	226	98	384	708
合计	9620	3443	20150	33213

资料来源：Chirasree Mukherjee，“Pakistan's Role in the War on Terror：A Degenerative or Progressive one?” International Affairs Review，Volume XXI，Number 1，Fall 2012，p. 30。

① Khuram Iqbal，“Evolution of Suicide Terrorism in Pakistan and Counter-Strategies”，Conflict and Peace Studies，Volumn 3，Jan-Mar 2010，Number 1.

冷战结束后，尤其是“9·11”事件以来，美国认为其最大的威胁来自宗教极端主义、恐怖主义与先进技术的结合，美国的当务之急是打击宗教极端主义、恐怖主义以及支持恐怖主义国家。而阿富汗塔利班政权正是“基地”组织的幕后支持者，要想取得针对阿富汗塔利班政权战争的胜利，巴基斯坦的支持至关重要，因为巴基斯坦与阿富汗塔利班有着悠久的历史渊源，掌握着塔利班的大量情报资料，能够提供军事合作和情报支持；巴拥有特殊的地理位置，能够提供后勤帮助；城门失火，殃及池鱼，由于巴基斯坦处于反恐前线，在恐怖主义的袭击中在一定程度上充当了美国的盾牌的作用。其次，巴基斯坦又是公认的穆斯林世界唯一的核武器拥有国，对防止核武器扩散发挥着举足轻重的作用，所以美国把巴基斯坦当作“反恐”的前线国家和非北约盟国。再次，巴基斯坦认为，支持美国主导的反恐战争，巴基斯坦将获得美国的经济援助、先进的军事装备并有助于本国推动社会世俗化改革。所以巴基斯坦成为反恐的前线国家，成了美国的非北约盟友，支持美国领导的全球反恐战争，并为美国在阿富汗的“反恐战争”中提供了后勤支持、军事支持和后勤补给等方面的支持。

基于以上双方的认知，巴基斯坦对美国领导的全球反恐战争给予支持，美巴在反恐中进行合作：推翻了塔利班政权、击毙和逮捕了部分“基地”领导人、查封一些恐怖主义组织、冻结恐怖主义者资金来源，并击毙了“基地”组织的“精神领袖”本·拉登。但由于美巴反恐合作不是基于对恐怖主义的共同认知，而是基于双方的短期利益，所以双方的合作缺乏一种长效机制，使得美巴反恐合作呈现出“离心离德”的局限性。

到目前为止，美巴合作反恐已逾十年之久，但在可预见的将来，前景仍然不容乐观。美巴“反恐”合作要获得最终的成功，两国需开启定期军事和外交对话，以消除误解，增进互信，从而建立一种合作的长效机制。美国应首先考虑巴基斯坦对国家安全的关切，积极真诚地促进印巴和解，解决困扰两国的边界冲突和其他矛盾。就巴基斯坦而言，为了拓展国际生存空间，最大限度地消除印度对自身的威胁，巴基斯坦也应提高政府的执政能力、改善安全环境、促进经济繁荣和民主、消除部落地区的贫困，从根本上消除滋生恐怖主义的温床。

第五章 美国东南亚“反恐”：以印尼为中心

在推翻塔利班政权后，在南亚反恐的同时，美国对东南亚的极端伊斯兰组织也采取了打击行动，尤其是与“基地”组织有联系的“伊斯兰祈祷团”（Jemaah Islamiyah）。根据美国国会的调查研究，“基地”组织在过去几十年里在东南亚通过资助、建立和培训地方组织并与其进行合作，从而有效地对东南亚进行渗透，印尼和菲律宾南部尤为严重。

为了打击恐怖主义，布什政府向东南亚各国政府施压，要求打击恐怖主义组织和逮捕恐怖主义嫌疑人，在菲律宾南部驻扎1000名部队，帮助菲律宾打击“阿布沙耶夫组织”（Abu Sayyaf Group），加强与菲律宾的情报合作；重启与印度尼西亚的军事合作关系，包括“国际军事合作和培训计划”，答应向菲律宾和印尼提供数百万美元的军事援助，与“东南亚国家联盟”签订多边反恐协定。由于东盟各国对危及自身稳定的威胁程度看法不同，因而对恐怖主义和美国做出不同的反应。总体来看，新加坡、马来西亚、菲律宾三国及时做出打击激进组织的决定，并与美国和澳大利亚共同分享反恐情报，但是印尼和泰国只是在恐怖袭击严重地威胁到本国公民的安全后才做出反应。也就是说，许多国家对美国日益增加的压力和在该地区的军事存在持矛盾心理，因为伊斯兰主义和世俗国家主义是该地区的主流，印尼和马来西亚还拥有众多的伊斯兰人口，菲律宾的穆斯林少数民族在历史上有着分离倾向。

第一节 美印（尼）对合作“反恐”的权衡

一、伊斯兰好战分子和恐怖主义在东南亚的滥觞

“9·11”事件以后，东南亚恐怖主义的结构发生了深刻的变化，原因是美国主导的反恐联盟发动阿富汗战争和伊拉克战争后，“基地”组织被迫从阿富汗向世界各地分散，从原来的集中型向“去中心化”方向转变。为了继续实施恐怖活动，受到削弱的“基地”组织不得不严重依赖世界各地的恐怖组织，东南亚地区也不例外。

早在20世纪80年代，为了抵御苏联入侵阿富汗，巴基斯坦和阿富汗成为伊斯兰游击队和恐怖组织的集散地。苏联撤出阿富汗后，“基地”组织由此形成，继续其“圣战”运动，并在90年代向世界各地输送受训人员和提供资金。作为一个在世界各地都拥有“追随者”的组织，“基地”组织拥有各种能力和资源，能有效地装备、培训、资助世界各地的36个极端伊斯兰组织，并对其成员进行意识形态渗透。尤其在90年代，总部设在阿富汗的“基地”组织和塔利班将7万—12万的年轻穆斯林培训后投送到印尼、马来西亚、缅甸等地①。

“基地”组织从财政、意识形态和装备各方面向各地伊斯兰极端组织提供支持，包括印度尼西亚的“君杜拉虔诚军”

---

① Gunaratna, Rohan, Inside Al Qaeda, New York: Columbia University Press, 2002, p. 72.

（Lashkar Jundullah）、菲律宾的“摩洛伊斯兰解放阵线”（Moro Islamic Liberation Front，MILF）和马来西亚的“大马圣战组织”（Kumpulan Mujahidin Malaysia，KMM）等。除了在阿富汗的培训营地以外，“基地”组织还派遣“教练员”到东南亚、中东和高加索等地区建立培训营地，在当地培育第三代“圣战者”。

就东南亚而言，该地区在过去几十年里曾经是本土的伊斯兰极端组织的大本营。从传统上来看，该地区伊斯兰极端组织与其他地区的极端组织之间的联系并不紧密，多数极端组织主要在本国或者半岛内活动，主要集中于国内问题，诸如推行“沙里亚法”（Sharia）[①] 和力图独立于本国政府。菲律宾国内暴力的穆斯林分离主义运动——“莫罗自由运动”（Moros of Mindanao），一直采取暴力方式反对美西战争后美国占领菲律宾南部。在印度尼西亚，各种伊斯兰流派竞相争取追随者和吸引公众的注意力，但多数不寻求建立伊斯兰国家。不管是现代的还是传统的伊斯兰温和派都反对苏哈托的统治。苏哈托之后的民选总统瓦希德（Abdurrahman Wahid）和梅加瓦蒂当政时的参议院议长阿米恩·奈斯（Amien Rais）都是最大的穆斯林政党领袖，都主张建立世俗化国家，马来西亚也不例外[②]。

自20世纪90年代起，“基地”组织就大举进入东南亚地区，其成员主要是中东籍，他们主要执行三大任务。首先，建立当地组织，其领导人主要由“基地”组织在阿拉伯的成员担

---

① 伊斯兰教宗教法的总称，指《古兰经》中所启示的、可靠圣训中所解释的安拉所有的命令和训诫，为每一个穆斯林必须遵行的宗教义务。

② Mark Baker, “Mahathir Claims Rival Party Has Terrorist Links,” Sydney Morning Herald, August 6, 2001.

任。这些当地组织主要负责策划针对西方的袭击，同时为受到美国情报人员追踪的人员提供庇护所。"基地"组织在马尼拉的分支机构于20世纪90年代早期由本·拉登的姐夫穆罕默德·贾迈勒·哈利法（Mohammed Jamal Khalifa）创立，成立之初的活动非常频繁。之后，其活动范围扩大到印度尼西亚、马来西亚和新加坡。"基地"组织充分利用东南亚地区财政管理体制的弊端在各国筹集和转移资金，并从事洗钱活动。到2002年为止，"基地"组织约1/5的力量集中在东南亚地区。[①]

其次，帮助当地建立半自治武装——"伊斯兰祈祷团"[②]。该组织被称作微型"基地"组织（mini-Al-Qaeda），曾经策划针对西方的袭击，并被认为2002年10月执行巴厘岛爆炸案，导致202死亡[③]。

第三，与当地激进的伊斯兰组织相互勾结，并向后者提供资金和技术培训。"基地"组织在东南亚的成员在20世纪90年代中期曾向摩洛武装分子提供大量的资金支持，主要对象包括阿布沙耶夫集团、"摩洛伊斯兰解放阵线"（Moro Islamic Liberation Front，MILF）。上千名激进分子曾在阿富汗、菲律宾、印尼和马来西亚的"基地"组织营地受过培训。据报道，"基地"组织曾向印尼、马来西亚和菲律宾等国当地营地提供资金。印尼情报官员指控"基地"组织参与、煽动穆斯林2000年于马鲁古岛和苏拉威西岛袭击基督教[④]。

---

① "Report to the UN Security Council bythe Security Council Monitoring Group," '1267' Committee, Security Council Report S/2003/669, July 7, 2003, p. 15.

② "伊斯兰祈祷团"是东南亚恐怖组织，该组织在印尼、马来西亚、新加坡等东南亚国家建立网络，从事爆炸、绑架和武器走私等非法活动。

③ Mark Manyin, Richard Cronin, "Terrorism in Southeast Asia," CRS Report for Congress, Order Code RL31672, November18, 2003, p . 4.

④ Zachary Abuza, "Terrorism in Southeast Asia," in National Bureau of Asian Research, Strategic Asia 2002 – 3.

随着时间的推移，“基地”组织在东南亚地区的存在使得当地激进组织的作案手段更加专业化，从而使两者更好地相互配合，合作形式也可随时随地进行，该地区的主要恐怖主义组织有“伊斯兰祈祷团”。

激进伊斯兰运动于20世纪90年代在东南亚出现的原因可以归结为一些综合因素：（1）对全球化的反应，尤其是与美国关联的地区精英主义的兴起后，世俗政府对宗教活动的镇压导致激进穆斯林主义的反弹；（2）反对以色列占领约旦河西岸和加沙地带；（3）阿富汗退伍老兵的加入，“基地”组织与当地激进伊斯兰组织间的结合等，这些因素导致该地区激进组织的出现。[①]

“9·11”袭击事件后，与“基地”组织有着广泛联系的泛亚洲恐怖主义网络浮出水面。其中被称作“伊斯兰祈祷团”的恐怖网络在印尼、马来西亚、新加坡、菲律宾、澳大利亚和泰国有着分支小组。为了以印尼为中心在东南亚建立伊斯兰国家，“伊斯兰祈祷团”首领和其他激进伊斯兰团体结成联盟，共同分享相关资料，并一起发动恐怖袭击。有大量资料表明，“伊斯兰祈祷团”曾参与许多起袭击事件。[②] 因此，2002年10月，美国在巴厘岛爆炸事件后很快将“伊斯兰祈祷团”定性为“国外恐怖主义组织”（FTO）。此后联合国安理会也将该组织列入恐怖组织的名单，并要求联合国成员国冻结其财产、断绝其资金来源，并拒绝其成员进入或者穿过成员国领土。自2001年12月，超过150个疑似和确定的“伊斯兰祈祷团”成员相

---

① Mark Manyin, Richard Cronin, "Terrorism in Southeast Asia," CRS Report for Congress, Order Code RL31672, November 18, 2003, pp. 2 – 3.

② Zachary Abuza, "Terrorism in Southeast Asia," in National Bureau of Asian Research, Strategic Asia 2002 – 3.

继落网，许多逮捕得益于各国间广泛的情报分享[①]。

“伊斯兰祈祷团”的起源可以追溯到19世纪60年代，其创立者阿布·巴卡尔·巴赛伊尔（clerics Abu Bakar Baasyir）和阿卜杜拉·桑格卡尔（Abdullah Sungkar）当时要求在印尼实施伊斯兰法（sharia law）。他们70年代于爪哇岛建立宗教学校，鼓吹沙特阿拉伯所宣扬的瓦哈比伊斯兰教教义。巴赛伊尔和桑格卡尔1985年逃到马来西亚，在那里建立合作基地，帮助派遣印尼人、马来西亚人到达阿富汗去抗击苏联，并在“基地”组织营地培训恐怖主义者。90年代中期，二人又将“伊斯兰祈祷团”并入“基地”组织，开始构建一个复杂的组织结构，在东南亚积极筹划和招募恐怖主义，并于2000年开始发动恐怖袭击[②]。

苏哈托政府1998年垮台为“伊斯兰祈祷团”提供了很大的活动空间，原来对穆斯林团体的限制措施几乎在一夜之间完全失效，巴赛伊尔和桑格卡尔得以重新回到爪哇岛的所罗门，较为公开地鼓吹伊斯兰教教义。同时，印尼对外岛的管理能力受到削弱，于是穆斯林教徒和基督教教徒长期积压的矛盾开始爆发。1999年和2000年穆斯林教徒和基督教教徒在马鲁古群岛和苏拉威西岛爆发了暴力冲突，“伊斯兰祈祷团”和“基地”组织借此筹措资金、招募战斗人员并煽动教派冲突，从而导致数千人丧生。冲突平息后，许多“圣战者”成为“伊斯兰祈祷团”内的活跃分子[③]。

---

① Mark Manyin, Richard Cronin, “Terrorism in Southeast Asia,” CRS Report for Congress, Order Code RL31672, November18, 2003, p.5.

② Mark Manyin, Richard Cronin, “Terrorism in Southeast Asia,” CRS Report for Congress, Order Code RL31672, November18, 2003, p.5.

③ Zachary Abuza, “Terrorism in Southeast Asia,” Christian Science Monitor, June 17–19, 2003.

“伊斯兰祈祷团”进入公众的视野始于2001年10月，当时该组织在新加坡策划袭击美国、澳大利亚、英国、以色列在新加坡的公共设施和公民，新加坡国内安全部（Internal Security Department，ISD）袭击了两个策划小组，美军随后在阿富汗发现的录像带证实了“基地”组织与此次阴谋的联系。据报道，“伊斯兰祈祷团”在马来西亚的分支机构也参与策划这一阴谋，包括采购制造炸弹的材料、伪造旅游证件，以及与“基地”组织的联络①。

“9·11”事件之后美国联邦调查局通过调查发现“伊斯兰祈祷团”与“9·11”袭击事件间的联系，两名劫机者和穆萨维（Zacarias Moussaoui）2000年在马来西亚与“伊斯兰祈祷团”小组成员碰头。另外，美国中情局声称，在马来西亚的“伊斯兰祈祷团”小组成员还向穆萨维提供3.5万美元和一本袭击指导手册，后者后来参与了“9·11”袭击②。

2002年6月，印尼警察逮捕了一名疑似“基地”组织头目奥马尔·法鲁克（Omar al-Farouq）并将其交给美国军方，经过审讯后法鲁克承认自己是“基地”组织在东南亚的高级头目，并透漏恐怖主义在该地区针对美国的恐怖计划。这些计划包括“基地”组织与“伊斯兰祈祷团”联合策划，准备在“9·11”袭击事件一周年之际，用汽车炸弹在印尼、马里阿西亚、新加坡、菲律宾、泰国、中国台湾地区、越南和柬埔寨针对美国利益发动袭击③。根据这一信息，布什政府2002年不得不将以上几国（地区）的美国使馆关闭数日，并将预警系统由

① Mark Manyin, Richard Cronin, “Terrorism in Southeast Asia,” CRS Report for Congress, Order Code RL31672, November18, 2003, p. 6.

② Mark Manyin, Richard Cronin, “Terrorism in Southeast Asia,” CRS Report for Congress, Order Code RL31672, November18, 2003, p. 6.

③ Romesh Ratnesar, “Confessionsof an Al-Qaeda Terrorist,” Time, September 23, 2002.

黄色提升为橙色。法鲁克在审判中还承认巴赛伊尔是“伊斯兰祈祷团”的精神领袖和许多恐怖袭击事件的主谋。新加坡和马来西亚连续数月对巴赛伊尔提起指控，并与美国一道要求印尼政府将其绳之以法。在“基地”组织与“伊斯兰祈祷团”联合发动的恐怖袭击事件中，2002 年 10 月 12 日发生的巴厘岛爆炸案是“9·11”袭击后最严重的恐怖袭击事件，该事件甚至让印尼温和的穆斯林团体也意识到恐怖主义的危害性，从而支持政府的反恐政策。

二、“9·11”事件后美国眼中的印尼

美印（尼）关系在过去 25 年里经历了一些跌宕起伏。冷战期间，印尼既不与美国结盟，也不与苏联结盟，而是积极地参与不结盟运动。但是许多印尼的精英与美国建立非常良好的非官方关系且具有亲美情结。冷战结束后，美国将印尼视为一个巨大的潜在市场，但有很多人权问题需要克服，这种认知直到“9·11”事件后才发生根本性的转变。

20 世纪 80 年代后期，在保罗·沃尔福威茨担任美国驻印尼大使期间，美国对印尼政策主要围绕如何保持印尼的国内稳定和开发其潜在的市场。基于这一现实政治的考虑，美国放松了对苏哈托政府在人权和政治改革方面的压力。正如当时的大使官员所说，虽然沃尔福威茨在上述问题上也向雅加达施压，但较之于美国其他方面的现实利益，人权问题只是处于从属的地位。[①] 这种关系一直维持到 90 年代，1991 年印度尼西亚士兵向主张独立的东帝汶示威者开枪扫射，这一行为遭到了世界

① Alan Sipress and Ellen Nakashima, “Jakarta Tenure Offers Glimpse of Wolfowitz,” The Washington Post, 28 March 2009, p. A12.

的批评。美国国会于1992年做出反应，取消对印尼的“国际军事教育和培训计划”（the International Military Education and Training，IMET）、限制对印尼的军事援助。1993年IMET经扩大后得以恢复，美国国会1994年以印尼侵犯人权为由通过对印尼军售部分限制措施。

尽管两国关系存在以上问题，但克林顿政府第一任期内还是意识到经济发展的潜力，并将其看作十大新兴市场之一。但是1997—1998年的亚洲金融危机使得印尼经济动力遭受重创，其国民生产总值减少了13%，通货膨胀率为70%。[①] 严峻的经济形势使苏哈托政府1998年垮台，这一政治变革为宪政过程铺平了道路，导致1999年的民主选举。但印尼军方支持民兵组织在东帝汶的独立，当局对此进行镇压的行为引起美国的反应，于是国会通过了莱希修正案（Leahy Amendment），完全禁止对印尼军事培训和武器出口。“9·11”袭击事件发生后，美国对印尼国内的人权状况关注才让位于美国安全的考量[②]。

“9·11”袭击事件改变了美国的外交议程，布什总统2001年9月20日对国会发表讲话时称恐怖主义对美国国家安全构成了严峻的挑战。他说，“美国的敌人不仅仅是世贸大楼的袭击者，而是全球的恐怖主义，因此美国的‘反恐战争’将从‘基地’组织开刀，但不是终于‘基地’组织。而是直到全球的恐怖主义被发现、制止和击败，美国的‘反恐战争’才算胜利。”[③] 布什宣称，相关国家必须做出选择：要么支持美

---

① Neil Slough, Paul Miesing, and Rodger Brain, "The Big Ten Emerging Market Initiative a Decade Later: Measurements and Commentary," University at Albany SUNY, 7 February 2005.

② John Haseman and Eduardo Lachica, "Toward a Stronger U. S. -Indonesia Security Relationship," USINDO, August 2005.

③ "Geoge w. Bush's Adress to Joint Session of Congress," 20 Semptember 2001, available at: http: //www. Whitehouse. gov.

国，要么支持恐怖主义。美国2001年10月7日发动阿富汗战争不久后，东南亚地区成为美国的第二条反恐前线①。美国将东南亚视为第二条反恐前线有其必然的原因：首先，东南亚的恐怖主义与“9·11”袭击事件有一定的联系。据报道，主要的劫匪包括穆罕默德·阿塔（Mohammed Atta）曾在吉隆坡讨论袭击计划，这一说法使得美国将马来西亚视为袭击的策源地之一②。据报道，美国国务院2001年10月将印度尼西亚、马来西亚和菲律宾称为潜在的“基地”组织中心③。

其次，伊斯兰激进分子在该地区的活动使得美国将该地区视为第二反恐前线。早在“9·11”袭击事件之前，美国就注意到恐怖主义在该地区的活动，包括一些与“基地”组织有联系的恐怖活动。1995年，警察在马尼拉拉姆兹·尤塞夫（Ramzi .Yousefu）公寓内发现制造炸弹的原料，并根据这一线索破获一系列的恐怖袭击案件，包括刺杀约翰保罗二世、袭击美国中情局总部和炸毁美国11架商业客机的阴谋，同时还发现“圣战者”组织在印度尼西亚的活动。之后，尤塞夫因1993年策划袭击美国世贸中心而遭到美国联邦法院的审判。

第三，东南亚是重要的穆斯林聚居地，印度尼西亚和马来西亚是穆斯林人口众多的国家。印尼是世界第一穆斯林人口国，也是东南亚人口、面积和经济总量最大的国家。印尼扼守马六甲海峡、横跨印度洋和太平洋，有着广阔的领土，但由于边界管理机制相对较弱，所以恐怖主义可以越界活动。此外，

---

① Mathew Engel, “US May Turn Attention to Far East Terror Group,” The Guardian, October 2001.

② Philip Shenon and and Johnston Davad, “Suspect Calls Malaysia A Staging Area for Terror Attack,” The New York Times, Jaluanary 30th, 2002.

③ Michael Richardson, “Southeast Asia Bars Help of US Troop,” Internatonal Herald Tribune, 4 December 2001.

印尼的政治制度向世人表明，多元主义和民主价值观可以超越历史、地理、宗教和人口的界限，但美国却一直将印尼看作恐怖主义的安全庇护所。鉴于此，美国政策制定者在“9·11”袭击事件之后认为美国需要和印尼“结盟”，以便驳斥美国“针对穆斯林”发动战争的论调。①

这三个因素一起加强了印尼在美国反恐中的地位，这一系列的事件与2002年10月巴厘岛爆炸事件中7个美国人遇害的事实联系在一起使得美国认为东南亚是打击穆斯林恐怖主义的重要场所。

三、印尼对美印合作反恐的政策变化

梅加瓦蒂2001年上台时，印尼面临经济危机和民主化的双重挑战，而民主化释放出的政治能量让伊斯兰政治派别得以充分利用苏哈托倒台后的政治自由发展壮大。2001年，正是在伊斯兰政党的协调下，“伊斯兰教士联合会”（Nadhatul Ulama）的领袖瓦希德（Abdurahman Wahid）总统逊位，由梅加瓦蒂继任总统，最大的穆斯林政党领袖哈姆扎·哈兹（Hamzah Haz）当选副总统。伊斯兰政党和世俗国家主义政党在意识形态上组成的这一脆弱联盟，使其在面对恐怖主义，以及与美国共同打击恐怖主义等问题时面临更加复杂的选择。

梅加瓦蒂在“9·11”事件后对美国的国事访问改善了两国关系，增加了恢复两国被搁置的双边军事关系的可能性。在美国看来，印尼是世界上最大的穆斯林国家，因此印尼对美国在政治上的支持对打击伊斯兰极端主义极为重要。从印尼政府

---

① Hady Amr and Peter W. Singer, “Engaging the Muslim World: How to Win the War of I-deas,” The Journal of the ACS Issue Groups, 2008, p. 92.

结构层面来看，印尼需要寻求美国的投资，以刺激国内经济发展，同时使印美两国双边关系得以正常化。基于此认识，印尼政府支持美国打击恐怖主义，甚至向美国军用飞机提供空中过境权。[①] 但是，包括梅加瓦蒂联盟伙伴的伊斯兰团体反对美国军事打击阿富汗后，梅加瓦蒂不得不改变外交辞令，批评美国滥用武力，并对美国在阿富汗造成的人员伤亡深表遗憾。[②]

在推翻阿富汗塔利班后，美国军事打击伊拉克的决定引起雅加达强烈的反应，数千名示威者在印尼举行游行示威，反对美国军事打击伊拉克的决定。这一情况使梅加瓦蒂没有更多的选择，只能表示坚决反对美国领导的反恐联盟军事进攻伊拉克，以维护国内脆弱联盟的关系、确保政权的稳定。因为支持军事进攻伊拉克将会遭到国内的反对，使总统恢复政治和经济稳定的努力丧失殆尽。鉴于国内这一政治环境，印尼政府层面口头上不得不反对美国攻打伊拉克的决定，只能暗中与美国进行有限的反恐合作，但是巴厘岛爆炸事件在很大程度上改变了印尼对美国—印尼合作反恐的认知。

2002 年 10 月 12 日，恐怖主义在印尼旅游胜地巴厘岛引爆三枚炸弹，其中一枚在登巴萨市的美国使馆前引爆。当晚 11 点 5 分，一名恐怖主义者在帕迪酒吧（Paddy's Bar）引爆肉弹，其目的是制造混乱并将食客驱逐到惹勒吉安（Jalan Legian）。待到人群惊慌失措地拥挤到惹勒吉安后，一辆装满炸药并事先埋伏的货车及时引爆炸药，拥挤于此的食客正好遇上炸

---

① Capie, "Between a Hegemon and a hard place: the 'war on terror' and Southeast Asian-US relations," The Pacific Review, Vol. 17, No. 2, June 2004, p. 228.

② Capie, "Between a Hegemon and a hard place: the 'war on terror' and Southeast Asian-US relations," The Pacific Review, Vol. 17, No. 2, June 2004, p. 228.

弹爆炸。[①] 巴厘岛的三颗炸弹连环爆炸案造成202人死亡，其中包括38名印度尼西亚人，209人受伤。[②] 这一恐怖事件激起全国对恐怖主义的憎恨，也使印尼充分认识到恐怖主义的危害性。因此，至巴厘岛袭击事件后，政府打击恐怖主义的决心更加坚定，通过了严厉打击恐怖主义的相关法规，作为逮捕和审判“伊斯兰祈祷团”头目的依据，逮捕和审判了数名恐怖袭击的幕后操作者，其中三名被判死刑[③]。同时，印尼还允许澳大利亚协助调查巴厘岛爆炸案，此外，印澳两国还于2003年举行地区研讨会，共同研究巴厘岛爆炸事件，因为澳大利亚在巴厘岛袭击事件中伤亡最为惨重，有88名澳大利亚人死于袭击事件[④]。

爆炸案也激起包括伊斯兰社团组织在内的民间社会对恐怖主义的憎恨，两个最大的印尼伊斯兰组织，“伊斯兰教士联合会”（Nadhatul Ulama）和“穆罕默迪雅”（Muhammadiya）支持政府对恐怖主义采取严厉的措施，同时疏远自己与宗教极端主义的关系。[⑤] 在争取到国内的大力支持后，印尼政府获得了与其他国家合作的更为广阔的空间。美国总统布什2003年访问印尼时表达了对梅加瓦蒂“反恐”行动的支持，同时加强了

---

① Anne Cullen, “Regional Terrorism: the Bali Bombing, Australian and Indonesian Responses,” p. 1, available at: http://www.oup.com.au/_ _ data/assets/pdf _ file/0020/125606/Case_ 21. pdf.

② Anne Cullen, “Regional Terrorism: the Bali Bombing, Australian and Indonesian Responses,” Chapter 21 of The Globalization of World Politics, p. 1.

③ “Bali bomber let out for coffee at Starbucks,” The New Zealand Herald, 9 June 2004, available at: www.nzherald.co.nz/storydisplay.cfm? storyID = 3589469&thesection = news&thesubsection = world&thesecondsbsection = &reportid = 712591.

④ Melissa G. Curley and Nick Thomas, “Securitisation and the Challenge of ASEAN Counter-terrorism Cooperation,” Centre of Asian Studies at The University of Hong Kong, p. 34.

⑤ Daljit Singh, “ASEAN Counter-terrorism Strategies,” p. 204.

与马来西亚、菲律宾和新加坡的合作[①]。

印尼在与美国和东南亚国家合作“反恐”时，为了平衡国内对宗教极端主义的不同看法，采取更为精妙的外交政策配合美国打击全球恐怖主义，一方面强调通过联合国和东盟等多边和地区机制来打击恐怖主义，另一方面反对美国攻打伊拉克。

第二节 “刚性反恐”：美—印尼“反恐”合作领域及成效

印尼作为世界上穆斯林人口最多的国家、繁荣的穆斯林民主国家、地区和平的促进者，对美国来说是一个非常具有吸引力的结盟对象，因为美国通过与印尼结盟可以消除其“‘反恐战争’是针对穆斯林世界”的论调。[②] 这在印尼总统梅加瓦蒂（Megawati）访美时表现得特别明显，梅加瓦蒂是“9·11”事件后第一个访美的穆斯林大国领导，他在赴美的国事访问期间强烈谴责袭击事件，并承诺支持美国打击恐怖网络的行为，布什总统热情地接待她并追加对印尼的经济援助。[③] 但印尼总统回国后却遇到了不小的压力，许多印尼人认为美国主导的“反恐战争”主要针对伊斯兰文明，毫无公正可言。甚至副总统哈姆扎哈兹2002年宣称，“恐怖主义是外部问题，印国内没有恐

---

① “Anti-piracy drive in Malacca Straits,” BBC News, 20 July 2004, available at: www. news. bbc. co. uk/2/hi/asiapacific/3908821. stm.

② John B. Haseman and Eduardo Lachica, “The U. S. -Indonesia Security Relationship: The Next Step,” summary of observations and recommendations, January 2009, p. vii.

③ Denni Blair, “Testimony of Admiral Dennis Blair, Commander-in-Chief, Pacific Command, before the US Congress House International Relation Committee, Washington, D. C., March 26, 2014.

怖主义。”[①] 但是2002年10月巴厘夜总会袭击事件让该派观点不攻自破。2003年，印国内万豪酒店（J. W. Marriott Hotel）发生了爆炸袭击、2004年澳大利亚驻印尼使馆爆炸案、2005年巴厘岛再次发生恐怖袭击。在经过一系列恐怖袭击之后，尽管国内仍然存在反对美国“反恐”政策的声音，尤其是美国2003年发动的伊拉克战争，但总体支持美—印联合“反恐”。美印两国在“反恐”合作培训、军事和安全、军事援助和情报领域进行“反恐”合作，并取得了一定的成效。

一、“反恐”合作培训

美国—印尼两国“反恐”合作培训主要是通过“反恐援助计划”来实施的，该计划于1983年开始启动。2003年2月，美国总统布什宣布打击恐怖主义的国家安全战略后，国务院根据安全战略再次强调“反恐援助计划”的作用。美国通过该计划向合作伙伴提供培训、技术装备，以便提高伙伴国家的操作和技术能力，以及“反恐”人员的综合素质，从而使其有效地预防袭击、摧毁恐怖主义网络和打击恐怖主义。同时，美国盟国“反恐”能力的提升也确保美国海外公民的人身安全和公私财产安全。此外，“反恐”合作计划还促进了美国及其伙伴国执法官员的合作水平，如提供先进的反恐培训和设施，这能够增强盟友发现和逮捕恐怖主义的能力。

美国与印尼建立“反恐”合作伙伴关系后，2003年将“反恐援助计划”应用于印尼，向印尼政府提供培训和其他援助计划。2004年，“反恐援助计划”为印尼国家警察提供了一

① “Indonesian Vice President's Dinner Sorts out Nice Guys from Terrorists,” The Sydney Morning Herald, 16 May 2002, available at: http: //www. smh. com. au/articles/2002/05/15/1021415013912. html.

系列的培训课程，包括爆炸后调查、对危机反应的战术指挥，以及大规模杀伤性武器的有关常识。到2004年年底，美国为印尼培训的官员名单为：国家警察156名、“危机反应组”96名、“爆炸事故对策组”30名、“反恐调查组”30名[①]。美国还打算将该培训项目制度化，以便增加印尼政府对危机反应的能力。

二、政治安全合作

政治和安全关系一直是美印两国合作的粘合剂，两国冷战期间为遏制共产主义的威胁而进行安全合作。苏联解体后，两国关系在20世纪90年代一度紧张，但21世纪在面临恐怖主义的威胁面前，在布什和奥巴马政府的持续努力下，两国在很大程度上通过“反恐”合作，重新为两国的政治和安全合作机制注入了新的活力。这些政治安全合作机制包括：(1) 加强高层互访，总统和内阁官员的互访表明两国致力于高水平的接触和交流。(2) 建立全面合作伙伴关系进展情况评估机制，每半年评估一次。这是一个制度化的非政府评估机制，包括名人小组或者非政府组织和私营企业的代表，他们能够对伙伴关系的进展做出独立的评估。(3) 将美—印尼立法之间的联系制度化，两国议会每年一次的定期互访能够提供军事和行政部门以外的持续交流平台。(4) 开展两国在第三国领土上的合作，两国通过这一举措可以在诸如缅甸等国进行军事培训合作。由于印尼在东南亚、不结盟国家和伊斯兰合作组织内有着日益增强的地区领导力，使其成为美国全球反恐的理想伙伴。(5) 增加

① “The Antiterrorism Assistance Program,” United States Department of State, Report to Congress for Fiscal Year 2004.

美—印尼联合军事演习的范围、提高印尼在军事演习中的地位。印尼积极参与美国主导的多边军事演习，这表明印尼在亚太安全中的地位日益增强，也给美—印尼两国军队增加互信提供了广阔的空间。甚至穆雷·希伯特（Murray Hiebert）认为应该增加双边军事演习的范围和频率，其重点不应该局限于美国主导的范围，而应增加印尼的主导地位。（6）加强和规范军官交流，以利于增强两军的互信程度。（7）美国向印尼提供安全援助。[①]

在上述原则的指导下，美—印尼两国采取一些具体措施进行实质性的合作：美国国防部2002年恢复“国际军事与教育培训计划”，向印尼军事人员提供技术培训，以增加印尼军事人员的专业化水平。加强印尼对民主和人权的尊重、巩固印美两国的军事合作。美国防部从2002年到2004年还向印尼资助了一个“反恐奖学金计划”（Counterterrorism Fellowship Program），向包括情报人员在内的“反恐”人员提供学习机会。到2005年，除印尼特种部队（Kopassus）以外，两国军事关系基本正常化。两国2010年建立包括政治和安全的全面合作伙伴关系后，奥巴马总统将美—印尼双边关系列为美国“亚太再平衡”战略的一个组成部分[②]；2011年，印尼通过军事采购，从美国进口F-16战斗机、军舰和C-130运输机的配件[③]；2012年，美—印尼两国举行联合委员会会议，内容涉及继续

① Murray Hiebert, Ted Osius and Gregory b. poling, “A U. S. - Indonesia Partnership for 2020: Recommendations for Forging a 21st Century Relationship,” A Report of the CSIS Sumitro Chair for Southeast Asia Studies, September 2013, p. xiii13.

② Murray Hiebert, Ted Osius and Gregory b. poling, “A U. S. - Indonesia Partnership for 2020: Recommendations for Forging a 21st Century Relationship,” A Report of the CSIS Sumitro Chair for Southeast Asia Studies, September 2013, p. 4.

③ “Military Spending in South- East Asia: Shopping Spree,” Economist, March 24, 2012, available at: http://www.economist.com/node/21551056.

进行国防战略对话等。希拉里·克林顿和其他官员的努力使两国合作伙伴关系取得新的突破①，包括向印尼提供 EDA F－16 战机、“阿帕奇”直升机以及其他重要设施，以满足印尼的国防需求。

两国建立另外一项协议，讨论双方的交流和安全，以促进两军的交流和安全。通过美国安全援助尤其是“国际军事教育培训计划”，印尼军队可以提高现代化和专业化水平。根据该协议，美国除了向印尼提供 C－130 战斗机外，还提供 C－130 战斗机的维修服务、海上监视系统设施的升级服务，继续向印尼军队提供专业化教育和培训，两国还决定将未来的安全援助集中于印尼民航设施的修建和维护。②

美—印尼两国每年实现了上百次的军事交流，此外，美国务院通过全球维和行动倡议（Global Peacekeeping Operations Initiative），向印尼的“和平与安全中心”（Peace and Security Center）的发展提供支持，向印尼的军营建设和其他建筑设备提供 800 万美元的资金支持。③ 两国通过军事演习和军事交流，促进了海上军事安全合作，这种合作也带动了两国在其他新领域包括网络和太空领域的合作，并将在以后进行信息技术的交流与合作。

---

① U. S. Department of State, “Indonesia- U. S. Third Joint Commission Meeting,” September 20, 2012, available at: http: // www . state . gov /r /pa /prs /ps /2012 /09 /197980. htm.

② U. S. Department of State, “Indonesia- U. S. Third Joint Commission Meeting,” September 20, 2012, available at: http: //www . state . gov /r /pa /prs /ps /2012 /09 /197980 . htm.

③ U. S. Department of State, “Indonesia-U. S. Third Joint Commission Meeting,” September 20, 2012, available at: http: //www . state . gov/r/pa/prs/ps/2012/09/197980. htm.

三、军事合作领域

尽管乔治·W. 布什2001年上台后就开始考虑恢复对印尼军事关系的可能，但真正对美—印尼军事合作起到催化作用的是全球恐怖主义的威胁。“9·11”事件后，布什政府认为，继续孤立印尼军队不但对结束其国内侵犯人权的行为无济于事，反而激起印尼社会对美国的反感，让印尼民众认为美国是要向其完全实施贸易禁运。此外，印尼国内的恐怖威胁主要来自恐怖组织较小的分支机构，这些恐怖主义小组充分利用政府管理不善制造威胁。而印尼安全部队由于缺乏专业化水平，不能完全应对恐怖威胁，因此恢复两国军事关系是遏制恐怖主义的有效措施。正如美国时任国防部副部长兼驻印尼前大使保罗·沃尔福威茨所说，“确保印尼反恐能力的最好方法是影响印尼军队。”布什政府2002年初要求国会批准美国军方向印尼军方提供800万美元的初步预算，时任美国国务卿鲍威尔2002年9月访印时又宣布向印尼安全部队提供5000万美元的援助，其中的一半主要用于印尼警力建设。①

印尼巴厘岛发生爆炸事故后，美国继续向印尼提供军事援助。美国向印尼提供的军事援助从2006年的1400万美元增加到2011年的近4000万美元，2012年又签订了许多援助协定，援助总额达到7亿多美元（见图5—1）。

① “U. S. – Indonesia Relations: Searching for Cooperation in the War against Terrorism,” Asia-Pacific Center for Security Studies, Volume 2 – Number 2, May 2003, p. 3.

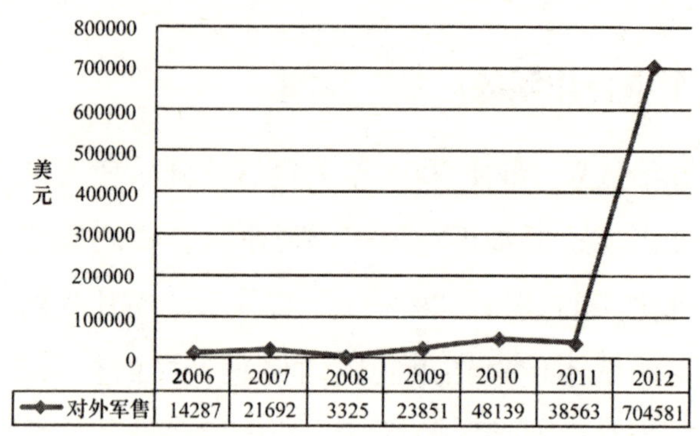

图 5—1 美国与印尼对外军售协议（2006—2012 年）

资料来源：美国国防部安全合作署，2012 年 9 月历史事实记录，详见：http：//www. dscamil/programs/biz-ops/factsbook/Historical% 20Facts% 20Book% 20 - % 2030% 20Sep% 202012. pdf。

由美国“国际军事教育和培训计划”提供的援助保持较稳定增长，从 2005 年的 72.1 万美元增加到 2012 年的 200 万美元，这一数目仅次于菲律宾所获得的援助（见图 5—2）。

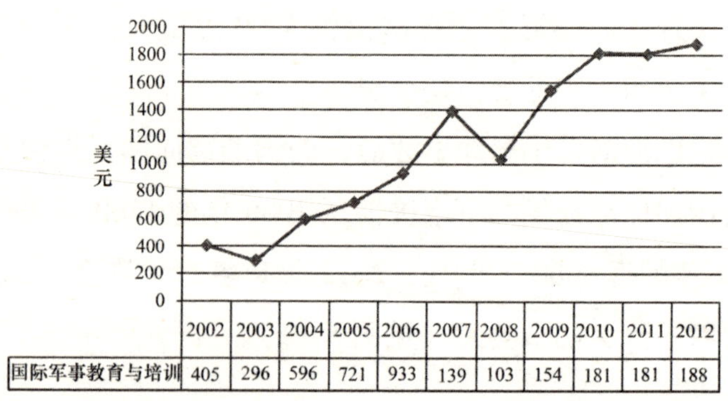

图 5—2 美国国际军事教育和培训计划对印尼的援助（2002—2012 年）

资料来源：美国国防部安全合作署，2012 年 9 月历史事实记录，详见：//www. dsca. mil/programs/biz-ops/factsbook/Historical% 20Facts% 20Book% 20 - % 2030% 20Sep% 202012. pdf。

四、情报合作领域

“基地”组织、“伊斯兰祈祷团”和其他恐怖主义组织在各国之间的人员流动、资金转移和武器走私表明美国及其“反恐”盟国之间的情报合作至关重要。2002年8月，美国与包括印尼在内的东盟签署“反恐”合作协议，要求签约国重点提高情报共享能力、冻结恐怖主义的资产和加强边界控制。[①] 美国通过与印尼等国的情报合作，逮捕了几十名“伊斯兰祈祷团”的成员，包括数名组织头目，并根据被捕者的供词逮捕更多的恐怖主义者、挫败拟实施的袭击阴谋[②]。

美国和印尼基于“反恐”的需要，通过在政治、安全和军事援助和情报等领域进行合作，取得了实质性的进步。印尼军队给予“伊斯兰祈祷团”沉重的打击，2007年6月，抓获“伊斯兰祈祷团”领导人阿布·杜加纳（Abu Dujana）和扎尔卡什（Zarkasih）。2008年2月，雅加达南部地区法院指控二人窝藏恐怖主义分子和私藏武器，判处二人有期徒刑各15年，同时宣布“伊斯兰祈祷团”为非法组织。[③] 印尼军队第88分队几年内共抓获数百名恐怖嫌疑犯，包括2008年抓获恐怖头目法伊兹·法乌赞（Faiz Fauzan），此人2005年曾参与巴厘爆炸案的实施[④]。2009年7月巴厘发生第三次袭击后，印尼警察成功地破获一起谋杀总统尤多约诺（Yudhoyono）的阴谋。印尼警察根据这一线索于2009年9月17日在爪哇东部击毙了另外

---

① United States of America - ASEAN Joint Declaration for Cooperation to Combat International Terrorism, August 1, 2002.

② Mark Manyin, Richard Cronin, “Terrorism in Southeast Asia,” Congressional Research Service Report, November 18, 2003.

③ “Indonesia Jails Leaders of ‘Terrorist’ JI,” SBS News, April 22, 2008.

④ “Indonesia Arrests Alleged Bali Bomb Plotter,” Agence France Presse, May 5, 2008.

一名恐怖头目托普（Top），从托普电脑里调出的资料显示他本人是印尼武装分子与"基地"组织间建立联系的负责人，且正筹划煽动印尼穆斯林与基督教徒间的冲突，同时准备再次袭击巴厘岛。[①] 对这些恐怖主义者的抓捕和审判被看作是美印"反恐"合作的重要成果。

第三节　印尼"柔性反恐"措施及美国的反应

"柔性反恐"是与"武力反恐"相对而言，主要指印尼政府采取一系列非武力措施进行"反恐"，旨在维护基本的"潘查希拉"[②]、促进伊斯兰教的宽容度和温和性、减少伊斯兰极端势力，这些方法在战略上和策略上都以一种非武力的方式来开展，以便达到一种"道德感化"的效果。[③] 总体来看，印尼"柔性反恐"措施分为战略层面和策略层面。

一、印尼战略层面的反恐措施

（一）组织不同宗教间的对话

组织不同宗教间的对话，增加不同宗教和文明之间的沟通和了解。不管是在国际上还是印尼国内，宗教间的对话在影响穆斯林朝着温和的方向发展、增加不同文明和宗教间的协作和相互尊重等方面发挥着积极的作用。从长远来看，这种对话有

---

① "Letter Found on Top's laptop Implicates Jibril, States Jaelani Recruited by Al Qaeda in Yemen," OSC, September 29, 2009.

② "潘查希拉"是印尼建国"五项原则"的译音（Pan tjasila），是苏加诺在1945年6月1日印尼独立准备调查会……"潘查希拉"是苏加诺思想的集中体现。目的在于团结印尼各阶层群众和各种政治力量，共同反对帝国主义，争取、捍卫印尼独立。

③ Magnus Ranstorp, "Preventing Violent Radicalization and Terrorism: The Case of Indonesia," Center for Asymmetric Threat Studies, 2009.

助于打击恐怖主义和宗教极端主义。因此印尼获得了不少国家的支持，如新西兰、澳大利亚和英国。

在澳大利亚的赞助下第一次亚太地区宗教对话 2004 年在印尼的日惹（Yogakarta）举行，会议由印尼国内伊斯兰教社团“穆罕默德迪雅”主办，印尼总统尤多约诺致开幕词，他在致辞时说，解决问题的办法不是要忽略人们间的分歧，而是要承认分歧和建立交流平台，从而加深相互之间的理解。总统表示，对话的目的是要在穆斯林群体内增强温和派的影响力。[①] 2007 年在新西兰举行第三次会议，第四次会议 2009 年在柬埔寨金边召开，新西兰继续以不同方式参与印尼倡导的宗教对话和各种交流活动[②]。印尼政治家一直重视各种族和宗教所做的努力，认为各教派通过对话减少了不少冲突。各种组织也参与宗教对话，如“穆罕默德迪雅”“伊斯兰教士联合会”等，各宗教团体希望通过对话减少分歧和避免冲突。[③]

此外，穆斯林学者还向基督教徒授课，内容涉及“圣战”以及穆斯林对恐怖主义的态度等。这些对话既在全国层面举行，又在当地层面开展。基督教和穆斯林青年一起在农村地区相互协作，共同致力于社会公益事业。自由穆斯林组织和“伊斯兰教士联合会”间的合作自 1990 年以来也取得了很大的进步。

（二）利用大众文化来进行社会教化

这一方法主要是挑选大众喜闻乐见的艺术家，通过其传播

---

① Magnus Ranstorp, “Preventing Violent Radicalization and Terrorism: The Case of Indonesia,” Center for Asymmetric Threat Studies, 2009, p. 7.

② “Indonesia Interfaith and Inter-cultural Initiatives,” 11 September 2009, available at: http: //www. asean. fta. govt. nz/indonesia-interfaith-and-intercultural.

③ “Institute for Interfaith Dialogue in Indonesia,” 11 September 2009, available at: http: //www. interfidei. or. id/profile. php.

理性的声音，使受众变得温和与理性。同时对大众文化的宣传还能分化极端主义势力，将其中的一部分纳入主流社会，从而起到限制极端主义势力的作用。印尼实施这一方法主要靠流行音乐家演唱流行音乐、推广音像制品来进行宣传。根据“全人类解放基金会”提供的数据，到2009年为止，印尼已出售了六七百万张有关大众文化的专辑，全国每天的媒体都报道大众音乐。印尼每年举办的音乐会超过90场，每年至少听过一场音乐会的人超过10000人。另外，三首反极端化的音乐位列电台排行榜榜首。目前，宣传宽容，反对极端、暴力和恐怖主义的音像制品已风靡东南亚。[①] 通过大众文化，尤其是利用大众艺术家和流行音乐来进行社会教化，这在东南亚国家产生了很大的影响。

（三）建立社会联系网络

印尼模式的社会联系网络主要指在不同信仰的群体中建立个人联系网络，然后通过各种网络向社会施加积极的影响。宗教组织在印尼有很高的声望，因此社会借此建立重要的联系渠道，通过演艺界、商界、政界等人士促进“反恐”方法。比如“全人类解放基金会”（Lib For All Foundation）[②] 就是一个影响很大的非政府组织。它可以建立社会网络并普及各种有效“反恐”措施，其影响力体现在建立跨部门的联系网络，主要范围包括五大群体：（1）拥有广泛群众基础且在一定程度上能限制极端势力的宗教领袖；（2）有影响力的宗教学者和教师，他们

---

① Magnus Ranstorp, “Preventing Violent Radicalization and Terrorism: The Case of Indonesia,” Center for Asymmetric Threat Studies, 2009, p. 11.

② “全人类解放基金会”是印度尼西亚—美国合建的，它的使命是在全世界范围内促发对伊斯兰更好的了解，其目的是宣传基金会的讯息：反对宗教偏执、拒绝暴力、发扬宗教宽容、澄清伊斯兰的真谛。该工程是在世界各地的许多官方、非官方机构的协助下完成的。

对宗教宽容性、多元性的解释可以在学术界和神学领域获得广泛的认同；（3）拥有大量粉丝的流行偶像；（4）有能力解决社会问题的政府官员；（5）能够提供财政支持的商界领导人。[①]

除了创建社交网络和加强学校间的合作外，另一重要措施是通过出版大量的印刷品如书籍、论文和报纸等来进行面宣传。如“瓦希德研究所”[②] 经常重点检查激进代表所传达的信息，并利用论文和其他宣传活动来鼓励人们对重要问题进行讨论。另一重要机构“马里夫研究所”（Maarif Institue）[③] 通过组织公开的讨论和辩论，鼓励民众更多地参与社会，从而巩固印尼的民主成果。“马里夫研究所”还通过远程教育计划来增加电脑在学校的普及率，以便分发论文和课本，从而增加学生对多元主义、宽容和女权主义等问题的讨论。

根据“全人类解放基金会”创立者查尔斯·奥朗德泰勒的说法，“反恐”成功的关键在于组织社会各阶层的民众团结起来反对宗教极端主义。主要包括组织不同宗教之间的对话、利用大众文化等措施来反制宗教极端主义。

（四）促进民主

从理论层面来看，不管是康德还是美国普林斯顿大学教授迈克尔·W. 多伊尔（Michael W. Doyle）都认为民主的推广有

---

① Magnus Ranstorp, “Preventing Violent Radicalization and Terrorism: The Case of Indonesia,” Center for Asymmetric Threat Studies, 2009, p. 15.

② “瓦希德研究所”成立于2004年，主要是宣传瓦希德总统等人的观点，他们认为不管印尼还是其他国家的穆斯林都应该秉持宽容和开放的心态，该研究所的主要目的是要在穆斯林的精神领袖与西方世界的政治领导人之间建立起对话机制。

③ “马里夫研究所”成立于2002年，由“世界宗教和平大会”前主席马里夫组建，其目的在于通过促进各种信仰、宗教和文化间的对话来改变伊斯兰的世界观，以便建立和平、宽容、合作的和谐世界。“马里夫研究所”的另一目标是巩固印尼的民主成果。

利于和平区域的扩大。[①] 从实际层面看，大量的研究表明，阻碍社会参与、政治腐败、专制独裁只能使弱势群体感到绝望甚而采取极端方式报复社会。因此，将极端主义者引入政治参与可以促进社会缓和。重要举措之一是宗教组织“穆罕默德迪雅”和“伊斯兰教士联合会”颁布有违民主观念的禁令、反对建立哈里发国家、警告违反“和平共处”原则的思想和活动。[②]

（五）促进主流宗教教育

目前这一措施的重点主要集中于农村学校的宗教教育改革。在许多情况下，宗教学校更擅长于招收处境严劣的对象，这也是滋生极端思潮的重要源头。因此正确引导宗教学校是反极端化重要战略之一。在所有“反恐”措施中，学校通过合作使得大学和宗教学校的课程多样化，课程涉及世界各种宗教，学生在学习世界宗教时可以就世界大事如巴以争端等问题进行透明、公开的讨论。这种讨论可以增进不同宗教间的相互了解和减少分歧。学校还可以与阿訇和宗教研究所进行合作，参与者可以通过论坛对话，重点在于向听众阐明伊斯兰教宽容性。[③]

（六）开展减贫计划

如果说“全人类解放基金会”通过社交网络来反制极端思想是至上而下的方式的话，其他机构则是采取至下而上的方式，集中于草根阶层的减贫计划，两种办法相互补充，相得益彰。减贫计划一方面强调杜绝恐怖主义渗透的机会，另一方面

---

① 杨曼苏：《国际关系基本理论导读》，中国社会科学出版社，2001 年版，第 238 页。

② Magnus Ranstorp, “Preventing Violent Radicalization and Terrorism: The Case of Indonesia,” Center for Asymmetric Threat Studies, 2009, p. 16.

③ Magnus Ranstorp, “Preventing Violent Radicalization and Terrorism: The Case of Indonesia,” Center for Asymmetric Threat Studies, 2009, p. 16.

加强地方社区与外部的交流。正如印尼国防部长苏达索诺（Juwono Sudarsono）强调说，印尼为3400万人口所做的减贫工作是“反恐”的重要组成部分，因为极端分子通常充分利用贫困等社会弊端进行渗透，而失业又推动和加剧社会冲突。[①]。为了减贫，“瓦希德研究所”向雅加达周围地区提供小额贷款，并在自然灾害期间向家庭和学校提供大量的人道主义援助。政府和社会通过这些惠民政策抵消了宗教极端主义对草根阶层的渗透，从而减少孳生恐怖主义温床的可能性。

二、印尼战术层面的“反恐”措施

战略层面主要从社会结构方面来进行教化，而战术层面主要从个体层面（包括个人与个人相关的家庭）来影响，分为“去极端化”计划和地区法制合作机构等。

（一）开展“去极端化”计划（De-Radicalization Programme）

“去极端化”计划主要是针对囚犯及其家庭而言，其目的是防止罪犯家庭成员沦为极端主义者。印尼针对这一问题采取的计划与马来西亚和新加坡执行的计划相似，其基本哲学都是由政府采取措施预防激进犯人的家属形成一个自立于社会之外的亚文化圈，这一亚文化圈在增加潜在追随者的同时，通常会加剧其成员对政府的仇视心理。[②] 政府采取的措施包括：第一，让温和阿訇和囚犯对话，并对其进行说服教育；其次，努力改变囚犯家属对社会的憎恶感，主要安抚方法包括为囚犯家属支付探监费、政府提供囚犯子女的教育费并向其家庭提供小额贷

① Magnus Ranstorp, “Preventing Violent Radicalization and Terrorism: The Case of Indonesia,” Center for Asymmetric Threat Studies, 2009, p. 17.

② Greg Sheridan, “Jakarta's Terrorist Rehab,” The Australian, 31 May 2008.

款、为狱中犯人结婚提供所需费用和医疗费等；第三，加强对囚犯的管控，印尼安全部队第 88 分队和雅加达执法合作中心一起加强监狱的安全措施，以防止恐怖主义对囚犯的渗透和拉拢。该计划在澳大利亚、英国、法国和美国的支持下取得了显著成果，当然也主要得益于第 88 分队领导的英明和廉洁。①

（二）组建地区执法合作机构

建立区域和多国执法机构不管是预防还是镇压极端主义都具有重要的意义，因为这些合作机构为地区内情报交流创造了积极的条件，而且还可以加强各国针对极端主义进行惩罚性教育、管理极端亚文化圈等方面的能力。此外，通过执法合作机构，相邻国家间的警力培训质量有了很大的提高。②

三、美国对印尼“柔性反恐”措施的反应

为了支持印尼的“柔性反恐”措施，促进印尼学校的主流宗教教育，尤其是帮助解决其资金上的困难，美国向印尼提供了一定数量的资金援助。布什总统 2003 年 10 月 22 日访问印尼时宣布向印尼提供 1.57 亿美元，帮助其提高教学质量。这一举措旨在通过加强世俗化教育来削弱穆斯林寄宿学校的影响，因为许多穆斯林学校宣扬激进的伊斯兰教派教义，要求实施伊斯兰教法和宣传暴力。许多穆斯林寄宿学校由恐怖嫌疑分子或者“伊斯兰祈祷团”成员经营，他们利用学校来招募成员和帮助学生建立身份认同。③ 此外，美国还向印尼提供与“柔性反

---

① Magnus Ranstorp, “Preventing Violent Radicalization and Terrorism: The Case of Indonesia,” Center for Asymmetric Threat Studies, 2009, p. 19.

② Magnus Ranstorp, “Preventing Violent Radicalization and Terrorism: The Case of Indonesia,” Center for Asymmetric Threat Studies, 2009, p. 20.

③ Ellen Nakashima, “U. S. Policy Censured in Indonesia,” The Washington Post, October 21, 2003.

恐”措施相关情报信息和军事培训服务，美国政府和非政府组织也提供了几百万美元的资金支持。①

印尼政府虽然在“9·11”袭击事件后声明支持美国主导的全球“反恐战争”，但由于国内的反对声音过于强大而未有实质性的行动。但巴里岛恐怖袭击事件唤醒了印尼社会对恐怖主义危害性的认知，增加其对恐怖主义的憎恨程度，从而支持政府对美国“反恐战争”的支持。印尼政府由此团结社会各阶层力量与美国在军事培训、政治、安全、情报交换等领域进行“反恐”合作。印尼在与美国进行“反恐”合作的同时，也采取了自主的“柔性反恐”措施，包括组织不同宗教间的对话，促进主流宗教教育，社会教化、减贫，促进民主和建立社会联系网络等措施。“刚性反恐”措施与“柔性反恐”措施相互结合，取长补短，取得了很好的成效。

① "Indonesia Uses 'Soft Approach' to Contain Terrorist Threat," The voice of America, January 17, 2010, available at: http://www.voanews.com/content/indonesia-uses-soft-approach-to-contain-terrorist-threat-81960552/165281.html.

第六章 美国中东“反恐”：以沙特阿拉伯为中心

多个世纪以来，中东一直被国际体系中的大国看作重要的战略区域，地缘政治学者认为控制中东不仅主宰该地区的政治，而且还控制相邻地区如西亚。英国战略研究学者詹姆斯·威利（James Wyllie）就持此观点，他认为中东战略地位的重要性主要来自三个因素的结合。首先，中东是东西方间的连接枢纽；其次，中东扼守世界上最重要的海上通道，包括苏伊士运河、亚丁湾、红海、波斯湾和霍尔木兹海峡等；第三，中东拥有最多的已探明石油储备量，占世界已探明石油储备的三分之二。另外，该地区的石油最易于开采和加工。这三个因素加上其他因素使得该地区不仅受到区内国家的青睐，而且受到世界大国的觊觎。它们通常介入该地区持久的冲突和斗争，其目的在于施加影响或控制该地区，亦或是两者兼而有之。这种情景类似于霍布斯式的自然状态——无政府状态是利己行为者行为的结果。同样，区内主要国家行为皆由自利使然，这反过来又引发了国家间的紧张关系甚至暴力冲突。①

---

① Lawrence Mhandara, “Reflections on the Pillars of the Us Policy in the Middle East during the Post Cold War Epoch,” International Journal of Humanities and Social Science, Vol. 2, No. 11, June 2012, p. 98.

阿尔弗雷德·马汉于1902年分析海权论时特别强调中东地理位置的重要性，他将其重要性概括为两个因素：民族主义的冲突（阿拉伯对以色列）和美国在该地区的利益。这两个因素的紧密结合决定了该地区当今和平和安全的特点。以色列在该地区建国是阿拉伯民族永久的伤疤，以色列在巴勒斯坦心脏地带的建国引发数次至今仍未了结的冲突。由于双方声称对以色列所占领土的合法性，在这一断层线的冲突主要是以色列和阿拉伯民族间的较量。美国在该地区的利益主要围绕能石油、支持犹太民族主义和“反恐”三大问题。[①] 这三大问题在不同的时期有不同的侧重点，“9·11”袭击事件发生后，“反恐”成为美国在该地区的战略重点，任何不考虑消除恐怖主义的威胁，而只关注犹太民族主义和谋求能源经济的战略都将徒劳无益。因为恐怖主义不仅威胁到美国的安全，也危及到以色列的安全，所以恐怖主义是美国和以色列的共同敌人。在这个层面上来说，“9·11”事件迫使美国将军事力量作为中东地区外交政策的引擎，将“反恐”作为主要手段。

中东地区的沙特阿拉伯是一个伊斯兰神权国家，圣城麦加和麦地那的所在国，逊尼派穆斯林世界的实际领导者，沙特通过与瓦哈比伊斯兰原教旨主义结盟巩固政权。瓦哈比是清教徒式的伊斯兰教派，其原教旨主义色彩极为强烈，瓦哈比意识形态往往转化成针对西方世俗政府的暴力，并倡导以暴力的“圣战”形式反对美国和以色列[②]，因而是美国和以色列的死敌。“9·11”事件后许多关于恐怖主义和“反恐”的文献表明美

---

① Lawrence Mhandara, “Reflections on the Pillars of the Us Policy in the Middle East during the Post Cold War Epoch,” International Journal of Humanities and Social Science, Vol. 2, No. 11, June 2012, p. 97.

② Craig Unger, House of Bush, House of Saud (2004), excerpts published at salon. com, March 11, 2004

国对沙特政策的关切围绕两个问题：恐怖主义资金来源和沙特官方意识形态。许多分析人士认为瓦哈比意识形态公开反美[①]，而且沙特的一些隶属于政府的慈善机构经常资助全球的极端伊斯兰组织[②]。另外，许多美国人认为“瓦哈比主义”是暴力极端主义和恐怖主义的根源。“9·11”袭击事件后，在国会联合委员会的报告中，参议员凯尔（Jon Kyl）和帕特·罗伯茨（Pat Roberts）将瓦哈比主义看作极端反美的穆斯林变体[③]。另一位参议员查尔斯·舒默（Charles Schumer）对此持赞同态度，他说：“瓦哈比主义者试图摧毁美国社会。”[④] 由于沙特阿拉伯是瓦哈比伊斯兰的支持者，又是美国的传统盟友，因而美国将沙特作为中东地区的主要反恐盟友，并与其在各个领域进行反恐合作，对美国来说意义非同寻常。

第一节 美沙对合作“反恐”的利益需求

一、“9·11”事件后沙特阿拉伯在美国“反恐”战略中的地位

“9·11”袭击事件在令世界震惊的同时，也让美国—沙特关系成为世人瞩目的焦点。原因在于本·拉登和大多数的袭击劫机者都是沙特公民，这一事实使得公众、媒体和政府重视研

---

① Michael Scott Doran, “The Saudi Paradox,” Foreign Affairs, Vol. 83, No. 1, Januanry/February2004, p. 35.

② Terrorist Financing: Report of an Independent Task Force Sponsored by the Council on Foreign Relations. New York: Council on Foreign Relations. 2002.

③ Jon Kyl, Pat Roberts, “Additional Views,” available at: http: //news. findlaw. com/hdocs/docs/911rpt/addviewsmem. pdf, p. 20.

④ Jon Kyl and Charles Schumer, “Saudi Arabia's Teachers of Terror,” Washington Post, August 18, 2003.

究美沙关系，但许多美国人和沙特人未曾注意到的是这种联盟关系的历史渊源。这种关系主要基于相互尊重和共同利益，包括经济、政治利益。美国与沙特阿拉伯之间有着特殊的历史渊源，其起源可以追溯到伍德罗·威尔逊时期，时值世界包括中东的大多数国家国家遭受殖民主义的奴役，威尔逊提出的民族自决使沙特深受鼓舞，沙特国王意识到本国的发展需要新兴力量美国的帮助，与威尔逊结下了友好的个人关系。①

冷战期间，尽管美国和沙特阿拉伯在地区问题尤其是在阿以冲突中存在着持续的分歧，但美沙两国为了遏制苏联的扩张主义、埃及的纳赛尔主义和世俗主义而结成紧密的盟友关系。尼克松政府将沙特阿拉伯看作波斯湾地区两大安全支柱之一，在卡特政府和里根主政期间，沙特政府对美国的全球反苏战略给予支持。1991 年沙特阿拉伯支持美国等国家向伊拉克发动“沙漠风暴”，遭致逊尼派伊斯兰极端主义如本·拉登的仇视，“基地”组织的追随者自此以后对美国和沙特发动了袭击②。

与一战和冷战期间一样，美沙伙伴关系在“9·11”事件后同样重要。正如之前一样，紧密的美沙关系不但惠及美国的石油进口，也影响中东地区的和平稳定。随着世界石油需求量的激增和进口的有限性，美国需要加强与沙特阿拉伯的关系。同样，加强美沙关系有助于巴以冲突的解决。更重要的是，美沙两国在打击恐怖主义方面有着共同的利益。另外，沙特的慈善机构被认为是恐怖主义的重要财源之一，美国通过和沙特结盟可以在一定程度上阻断恐怖主义的资金来源。

---

① “Saudi – US Relations,” Royal Embassy of Saudi Arabia Information Office, p. 1, available at: www. saudiembassy. net.

② Alfred B. Prados and Christopher M. Blanchard, “Saudi Arabia: Current Issues and U. S. Relations,” Congressional Research Service, Order Code RL33533, April 13, 2007, p. 3.

（一）沙特是美国石油进口的保障

过去美国对石油的需求使美国采取主动措施与沙特建立伙伴关系，现在这一动力仍然是两国伙伴关系的重要因素。因为大约60%的世界石油供应来自海湾国家，而其中的25%又来自沙特阿拉伯。[①] 沙特是全球最大的石油生产国，而美国是最大的石油消费国，因此稳定的石油市场对双方来说都是互利共赢。沙特不仅是石油最多的国家，也是公认的石油产业最可靠的合作伙伴。沙特的石油储备使其在过去能够应对石油开采的短缺，并在1979年巴列维国王倒台后实行过这样的政策。伊拉克和科威特1991年因海湾战争减少石油生产、2003年的伊拉克战争，以及现在委内瑞拉和尼日利亚石油生产减少时，沙特阿拉伯都起到了石油供应“稳定器”的作用。[②] 这些措施表明沙特一直是石油供应和成本的“稳定器”。

除了对世界石油市场的稳定作用外，沙特被证明是美国较稳定的石油供应伙伴，部分原因在于沙特毫不费力地将外国石油公司国有化。与伊朗和英国石油公司20世纪50年代激烈冲突不同，沙特逐渐地收购了美国石油公司阿美公司（Aramco），而美国投资者和承包商仍然在董事会供职。[③] 沙特王子阿卜杜拉1998年在华盛顿与美国石油公司领导人见面时要求巩固两国能源上的战略伙伴关系。[④] 进入21世纪后，美沙两国在石油上相互依存关系有增无减，因此，可以认为石油换安全（oil-

---

① Cordesman. A, “Saudi Arabia: Friend or Foe in the War on Terror?” Middle East Policy, Vol. 13, No. 1, Spring of 2006, pp. 28 – 42.

② G. Bahgat, “Oil and MilitantIslam: Strains on US – Saudi Relations,” World Affairs, Vol. 165, No. 3, 2003, p. 115.

③ G. Bahgat, “Oil and MilitantIslam: Strains on US – Saudi Relations,” World Affairs, Vol. 165, No. 3, 2003, p. 115.

④ Ottaway, David and Martha M. Hamilton, “Saudis Talk with 7 U. S. Oil Firms,” Washington Post, September 30th, 1998, p. A1.

for-security）是美国和沙特结成特殊的反恐盟友关系的因素之一。美国需要一个可靠、价格稳定的石油供应国，而沙特需要美国提供必要的安全保证。[①]

（二）沙特对阿—以和平进程具有重要意义

强化美沙伙伴关系将会服务于双方在阿以冲突问题上的利益。如若美国在解决阿以冲突中能够提高其声誉，就能在阿拉伯地区获得一些支持。沙特在参与解决阿以冲突时同样拥有自身的利益。沙特和巴勒斯坦都是伊斯兰教的守护者和逊尼派穆斯林的代表，如果沙特在阿拉伯世界不受欢迎，它作为美国和阿拉伯世界的桥梁作用将会失效。如果沙特能和以色列保持和平，同时提高自己在阿拉伯世界的形象，则解决阿以冲突的决议将会在该地区大受欢迎。同样，沙特在阿拉伯世界提高其地位不但有助于自身国内局势的稳定，而且对美国来说也是一种福音，因为美国可通过与地区大国结盟来减缓阿拉伯世界对美国的敌视。沙特就阿以之间提出的和平倡议要求双方承认对方的国际法人地位。这一倡议不但树立了沙特在和平进程中潜在的领导地位，而且为中东和平路线开出了一个良好的药方。原因在于沙特2007年在利雅得峰会上提出的和平倡议不但得到所有阿拉伯国家首脑的拥护，而且也得到以色列的支持，同时还得到联合国的支持。[②] 沙特和平倡议如此重要和令人鼓舞的原因还在于它是一个阿拉伯式的解决方案，这一方案不仅提出建立巴勒斯坦国，而且也承认以色列国家的存在。因此阿拉伯世界对此积极响应。

---

① Stegner and Wallace, “Discovery: The Search for Arabian Oil,” California: Selwa Press, 2007, p. xxxiv.

② Morris, Harvey and Roula Khalaf, “Saudis and Israelis Deny Secret Summit Took Place,” Financial Times, September 25, 2006.

美国既要继续无条件地支持以色列，同时又希望获得阿拉伯世界的支持，这两个战略在本质上是相互矛盾的。美国为了改善与其盟友沙特的关系，必须调整其与以色列的关系。美国和以色列间的特殊关系使沙特很难公开和美国结盟，即使沙特与美国间的盟友关系再密切，许多沙特人包括部分政府官员仍不满以色列。① 如果美国在阿以和平进程中能够保持公正的立场，那么它就会获得阿拉伯世界的部分支持。

支持沙特和平倡议和改善美沙关系是实现美国在该地区利益的必要措施。在阿拉伯世界看来，美国历届政府未能解决阿以冲突的主要原因在于，美国在很大程度上偏袒以色列。沙特和平倡议为美国支持阿拉伯式措施提供了一个契机，以色列2006年后也表现出愿意和阿拉伯世界合作的愿望，因此这一倡议对相关各方为通往和平之路而达成共识提供了一次历史机遇。

当然，沙特和平倡议除了符合美国的利益外，也符合沙特自身的利益。因为对沙特来说，中东地区政治气候变化之快令其感到不适。2006年，黎巴嫩真主党在其本土上击败以色列防御力量后郑重其事地宣布获胜，公开支持真主党的伊朗在该事件后扩大其影响，由此在沙特和伊朗之间出现此消彼长的态势。为了扩大影响，沙特国王阿卜杜拉试图将沙特和平倡议作为确保其控制该地区的一种尝试。美国对该协议的支持有助于沙特获得国际的认可和支持。

（三）沙特个人和一些机构对恐怖主义极端组织的支持

“9·11”事件后，美国国内部分人士称沙特参与了恐怖袭击事件，或者批评沙特打击恐怖主义组织不力。其他一些人士

---

① Josh. Pollack, “Anti – Americanism in Contemporary Saudi Arabia,” Middle East Review of International Affairs, Vol. 7, No. 4, 2003, pp. 30 – 39.

认为沙特国内国外形成的政治生态是导致逊尼派伊斯兰极端主义的恐怖行为根源。其理由是根据沙特资助宗教慈善机构和教育计划，而这些慈善和教育机构不但宣传极端伊斯兰教，而且可能宣传暴力。[①] 批评沙特政策的人士引用了许多报告，称沙特政府允许或鼓励与“基地”组织有关的伊斯兰慈善团体和基金会在其本土筹措资金，甚至一些极端的批评者称沙特应对袭击事件负责。[②] 尽管两党组成的“对美恐怖袭击调查委员会”（National Commission on Terrorist Attacks Upon the United States）的最终报告显示，没有证据表明沙特政府和高级官员资助“基地”组织。但是报告也呈明“基地”组织在沙特直接通过个人和慈善机构筹集资金。而恰恰是在沙特，慈善机构通常从政府获得大量的赞助，且有的慈善机构如“哈拉曼伊斯兰基金会”（the Al Haramain Islamic Foundation）可能向“基地”组织提供资金赞助。[③] 报告专门描述了本·拉登在 20 世纪 80 年代如何利用慈善机构这一“黄金链”，美国官员称恐怖主义者利用慈善机构很少受到监督这一便利，通过慈善机构和其他非政府组织筹集资金，并将其私汇给阿富汗的“自由战士”和后来的“基地”组织。[④]

除了两党全国委员会的报告外，外交关系委员会赞助的“独立工作队”发布了两份关于沙特支持恐怖主义的报告。发布于 2002 年 10 月的第一份报告强烈批评沙特向国际恐怖组织

---

① Christopher M. Blanchard, “Islamic Religious Schools, Madrasas: Background,” CRS Report RS21654, January 23, 2008, p. 1.

② Alfred B. Prados and Christopher M. Blanchard, “Saudi Arabia: Current Issues and U. S. Relations,” Congressional Research Service, Order Code RL33533, April 13, 2007, p. 3.

③ Christopher M. Blanchard and Alfred B. Prados, “Saudi Arabia: Terrorist Financing Issues,” CRS Report for Congress, Order Code RL32499, September 14, 2007, p. 3.

④ Christopher M. Blanchard and Alfred B. Prados, “Saudi Arabia: Terrorist Financing Issues,” CRS Report for Congress, Order Code RL32499, September 14, 2007, p. 3.

提供财政支持。报告在摘要和主体中指出，“多年来，沙特的一些慈善机构和个人一直向‘基地’组织提供大量的的资金支持，而沙特官员对此却视而不见。”报告的起草者认为沙特和“基地”组织之间的这种关联有着许多内在原因：沙特阿拉伯是该地区最富裕的国家；沙特国民和慈善机构是之前抵抗苏联“圣战”运动最重要的资金来源；沙特人在“基地”组织中占有很高的比例；“基地”组织的政治口号长期围绕沙特人感兴趣的话题。①

“独立工作队”2004 年 6 月发布的第二份报告是对第一份报告的更新。报告指出，沙特政府 2002 年以来为阻断恐怖主义的资金来源而采取措施加强其财政、法制和其他监管制度，承认并赞扬沙特政府为打击恐怖主义所做出的巨大努力，但也指出沙特政府在打击恐怖主义资金来源方面应该做出更多的贡献。

此外，其他的许多相关指控称沙特慈善机构和个人向宗教极端组织和恐怖主义提供资金支持。2002 年 8 月中旬，600 多名“9·11”事件遇难者家属对三名沙特王室成员、一些财政机构和个人提起诉讼，要求赔偿大约 1 万亿美元的赔偿。诉讼称，正是由于被告向袭击者提供财政支持才使得“9·11”事件得以发生。② 2004 年 10 月，一位不愿透露姓名的国防部官员向媒体透漏，称一些沙特人和慈善机构暗中向伊拉克叛乱组织提供资金支持。③ 同年 12 月，媒体引用情报资料称伊拉克复

---

① Christopher M. Blanchard and Alfred B. Prados, “Saudi Arabia: Terrorist Financing Issues,” CRS Report for Congress, Order Code RL32499, September 14, 2007, p. 4.

② Christopher M. Blanchard and Alfred B. Prados, “Saudi Arabia: Terrorist Financing Issues,” CRS Report for Congress, Order Code RL32499, September 14, 2007, p. 5.

③ John Lumpkin, “Insurgents Infiltrating Iraq Have Cash,” Associated Press, October 22, 2004.

兴党高级头目在沙特筹集资金后将其转交给伊拉克的叛乱组织。[①] 如前所述，美国财政部一位高级官员 2005 年 7 月作证时说，沙特人可能是伊拉克叛乱组织的主要财政支持者。[②] 伊拉克研究小组报告指出，伊拉克逊尼派叛乱组织的资金主要来自沙特和海湾国家的一些富豪。伊拉克官员要求沙特和其他邻国加强控制财政网络，阻止对伊拉克叛乱组织的支持。[③]

20 世纪 90 年代以来，美国一些报告指出沙特公共机构和个人向被美国列为国外恐怖主义组织的“哈马斯”提供资金支持。[④] 在美国 2001 年有关恐怖主义的年度报告中，国务院注意到“哈马斯”从沙特私人赞助商获得资金支持。美国国务院 2005 年有关恐怖主义的报告指出，沙特捐赠者仍然是“哈马斯”的主要财政来源。[⑤] 根据之前的评估报告，沙特富豪每年向“哈马斯”大约捐赠 500 万美元，当时沙特政府发言人阿德尔·阿组比（Adel AlJubeir）反驳说，沙特政府没有直接或间接支持“哈马斯”，但他认为沙特个人很可能向“哈马斯”提供财政支持。[⑥]

此外，沙特被称为宗教学校的有力支持者。慈善捐赠是穆斯林的宗教义务，是穆斯林的五大支柱（信神、祈祷、斋戒、捐赠和麦加朝拜）之一。许多沙特富豪将不少于 2.5% 的收入捐赠给慈善机构和救援组织，而这些机构将其捐赠资助国内外

---

① Thomas E. Ricks, “Rebels Aided By Allies in Syria, U. S. Says,” Washington Post, December 8, 2004.

② “Testimony of Stuart Levey, Before the Senate Committee on Banking,” Housing, and Urban Affairs, July 13, 2005.

③ Tarek El Tablawy, “Iraq Minister Urges Neighbors on Militants,” Associated Press, May 11, 2005.

④ Christopher M. Blanchard and Alfred B. Prados, “Saudi Arabia: Terrorist Financing Issues,” CRS Report for Congress, Order Code RL32499, September 14, 2007, p. 16.

⑤ Department of State, “Country Reports on Terrorism,” April 27, 2005, available at http: //www. state. gov/s/ct/rls/45394. htm.

⑥ AFP, “Saudi Official Condemns Terrorism, But Not Hamas,” June 12, 2003.

的宗教学校、孤儿院、医院和其他发展计划。据美国前国务院官员维内尔估计，沙特每年的慈善捐赠约为30亿到40亿美元，其中的10%—20%被分发到国外①。而沙特官员认为每年约1亿美元的捐赠被发放到国外②。

由于以上大量相关指控认为沙特人和沙特一些机构支持恐怖主义，因而恐怖活动“得益于”沙特的支持这一观点在美国拥有一定的市场。因此美国要切断恐怖主义的资金来源，沙特必然成为美国不可或缺的合作伙伴。因为美国打击恐怖主义的战略不仅是打击恐怖主义组织和支恐国家，同时还必须切断恐怖主义的资金来源。正如福特基金会政治学教授巴里·波森(Barry Posen)所说，美国的“反恐”战略不仅是摧毁恐怖主义组织的据点，而且也反对向恐怖主义提供资金支持和提供庇护所的国家，美国的任务是使这些国家与美国合作，共同阻断恐怖主义的资金来源。③ 布什政府2008年2月在《对沙特的战略》中声称，“没有沙特帮助阻断恐怖主义的资金来源和打击伊斯兰极端主义，美国的全球反恐战争很难取得成功。”④

二、沙特对美沙合作“反恐”的考量

(一) 沙特—美国“反恐”合作有利于沙特的安全利益

面对美国部分人士的批评，沙特一方面澄清其与恐怖袭击

---

① Jonathan M. Winer, Congressional testimony before the Committee on Senate Governmental Affairs, July 31, 2003.

② Adel al-Jubeir, “U. S. and Saudi Officials Hold a News Conference on a Major Development in the War on Terrorism,” Federal Document Clearing House Transcript, June 2, 2004.

③ Barry Posen, “The Struggle against Terrorism: Grand Strategy, Strategy, and Tactics,” International Security, Vol. 26, No. 3, Winter 2001/2002, p. 41.

④ U. S. Department of State, “U. S. Strategy toward Saudi Arabia: Report Pursuant to Section 2043c of the Implementing the Recommendations of the 9/11 Commission Act,” P. L. 110-153, January 30, 2008, p. 1.

无任何关联，另一方面集中精力打击“基地”组织，并成为美国“反恐战争”的重要盟友。在沙特阿拉伯看来，与美国通力合作打击恐怖主义不仅仅是支持美国的全球“反恐战争”，而且也是确保沙特自身的安全。因为沙特从1995—2006年共遭受12次重大袭击，造成约110人死亡，800人受伤。[①] 尤其严重的是，2003年5月，“基地”成员在沙特首都利雅得制造炸弹袭击事件，造成30人死亡（其中包括9名美国人），200人受伤。同年11月利雅得又发生了第二次恐怖袭击事件，造成18人死亡，22人受伤，大多数遇难者是沙特和外国工人。[②] 本·拉登和其他极端分子在批评美国的同时，也批评沙特和西方合作的政策。“基地”组织在袭击美国的同时也袭击沙特，因为海湾战争后美军进驻伊斯兰胜地沙特，“基地”成员认为沙特政府支持非穆斯林国家和非穆斯林事业是一种反穆斯林的表现，不是真正的穆斯林，因而对其发动袭击。[③] 为了对付共同的敌人，沙特和美国开始组建联合反恐特遣部队，在利雅得举办国际反恐会议，会议协调双方的“反恐”立场，增加沙特的“反恐”义务，并提高其在中东的领导地位。[④]

尽管沙特拒绝支持美国2003年攻打伊拉克的行动，但在政治上支持美国对伊拉克的介入。与美国政策制定者一样，沙特政府害怕伊拉克出现乱局和四分五裂。由于沙特担心什叶派

---

① A. S. M. Ali Asharf, Transnational Cooperation on Anti – terrorism: A Comparative Case Study of Saudi Arabia and Indonesia," Perceptions, Summer – Autumn 2007, p. 103.

② A. S. M. Ali Asharf, Transnational Cooperation on Anti – terrorism: A Comparative Case Study of Saudi Arabia and Indonesia," Perceptions, Summer – Autumn 2007, p. 103.

③ United States Strategic Studies Institute, "Saudi Arabia: Islamic Threat, Political Reform, and the Global War on Terror," March 2005, available at: http://www.strategicstudiesinstitute.army.mil/.

④ A. Cordesman, "Saudi Arabia: Friend or Foe in the War on Terror?" Middle East Policy, Vol. 13, No. 1, Spring 2006, pp. 28 – 42.

穆斯林控制伊拉克并向该地区的其他国家输出影响，呼吁伊拉克国民共同努力重建家园，并要求外部势力不要干预伊拉克的重建进程。[①] 很明显，沙特过多担心的不是出现一个统一和民主的伊拉克，而是在乎伊拉克统治者的宗教派别。当美国与伊拉克什叶派穆斯林结盟时，沙特不希望什叶派统治伊拉克。当伊拉克什叶派坐大并得到伊朗支持时，沙特为此坐立不安，因此需要与美国结盟来抵消伊朗在伊拉克的影响。

（二）沙特—美国“反恐”合作有利于沙特的经济利益

如上文所述，美国和沙特之间能源上的相互依存关系既惠及美国又兼顾沙特的利益。自 1933 年沙特发现并开采本国石油后开始成为地区大国，在将石油收入用于军事开支的同时，也致力于国内社会的发展。例如，沙特将 200.14 亿美元投入国内市场，力图使经济发展模式多样化。沙特国内还就加入世贸组织进行讨论，支持者认为加入世贸组织后将使沙特在西方主导的世界经济全球化进程中拥有一席之地。[②] 石油收入同样使沙特成为该地区最富有的现代化国家国家之一，持续的美沙关系对沙特的发展和成为地区大国不可或缺。当然，除美国外其他国家也愿意购买沙特的石油，但重要的是美国能够为沙特提供军事保护。从 1957 年的艾森豪威尔主义开始，美国就宣称对沙特油田的攻击就意味着对美国的攻击，美国承诺对沙特的这一军事保护是其他国家所不能提供的。[③] 可见，即使其他国家购买沙特的石油，只要沙特和美国保持盟友关系，仍然可

---

① US State Department, “Saudi Arabia: Current Issues and U. S. Relations. CRS Report for Congress,” IB93113, 2006.

② D. Champion, The Paradoxical Kingdom, New York, NY: Columbia University Press, 2003, pp. 169 – 171.

③ Nigel. Ashton, Eisenhower, Macmillan and The Problem of Nasser, New York: St. Martin’s Press Inc., 1996, pp. 103 – 113.

以获得美国的军事保护。

鉴于沙特和美国能源经济上的这种相互依存关系，一般情况下，沙特不愿失去美国这把保护伞。因此在“9·11”事件发生36小时后，当美国中情局（CIA）报告称幕后主谋本·拉登，以及19名劫机者中有15名是沙特人时，沙特官员意识到袭击事件对美沙关系造成了很大的负面影响。① 由于沙特担心美国反沙特情绪的高涨会威胁到自身的经济利益，于是立即雇佣博雅公关公司（Burson-Marsteller）进行公共外交。② 博雅公司迅速行动，通过20家美国主要报纸印制两幅广告，表达沙特对美国遇难者的哀悼。沙特使馆选择博雅这一特殊公司进行公共外交表明其认识到事态的严重性，因为只有发生重大危机时，世界各国才会雇佣博雅进行公共外交。

除了通过博雅公司进行公共外交外，沙特王子兼驻美大使苏丹·本·阿卜杜勒·阿齐兹（Bandar bin Sultan bin Abdul Aziz）接受采访时承认拉登的沙特国籍，但澄清其公民身份已被沙特取消，同时也表达了对美国“反恐战争”的支持。③ 他说，“沙特政府和人民拒绝和恐怖主义发生任何联系，沙特王国随时配合美国打击恐怖主义。”④ 尽管沙特这一公共外交对改

---

① PBS Frontline，“House of Saud，” February 8，2005，available at：http：//www.pbs.org/wgbh/pages/frontline/shows/saud/.

② 博雅公共关系有限公司成立于1953年，是全球领先的公共关系和传播咨询公司，总部位于美国纽约。博雅公关的全球网络由73家全资办事处及83家合资办事处构成，在遍布全球6大洲110个国家开展业务。博雅公关由夏博新（Harold Burson）和威廉姆·玛斯特勒尔（William Marsteller）于1953年创立，并自20世纪80年代起进入世界最大公共关系公司之列。

③ “The great escape，” Salon，December 11，2009，available at：http：//dir.salon.com/story/books/feature/2004/03/11/unger_1.

④ “Crown Prince Abdullah condoles American people，” The Royal Embassy of Saudi Arabia，November 15，2009，available at：http：//208.246.28.155/2001News/News/NewsDetail.asp? cIndex =3165.

变沙特的形象没有多大的帮助，美英两国媒体仍然对沙特进行口诛笔伐，但表明沙特对美沙经济关系的重视程度。正如沙特驻英国记者奥斯曼·阿尔诺瓦夫所说，“英国和美国媒体将沙特作为攻击对象，主要原因是要影响沙特的石油供应、价格和美国石油公司在沙特的投资。”① 奥斯曼·诺瓦夫建议，推出沙特的宣传活动可以抵消英美两国媒体的负面宣传。根据他的建议，沙特大使馆选择雇用其他公共关系和游说集团进行宣传活动，以促进沙特的商业利益。

第二节 美国和沙特的“反恐”合作领域

恐怖主义一直是美沙两国关系中的重要问题，美国2008年的战略文件称，沙特在支恐和“反恐”中都扮演重要的角色。美国政策制定者在20世纪70—80年代寻求沙特的支持，打击各种恐怖主义组织。1995—1996年，恐怖主义在沙特袭击美国的军事设施后，美沙之间新的“反恐”合作变得更为迫切。

目前的“反恐”问题主要包括美沙联合打击沙特的暴力极端主义和全球的恐怖主义，美国承认沙特打击国内恐怖主义所做的巨大贡献，鼓励沙特继续采取积极的措施打击国际恐怖主义。美国和沙特官员承认近年来两国紧密合作“反恐”的动力来自2003年后恐怖主义针对沙特、美国及其在沙特的设施发动一系列的恐怖袭击。一位观察家将2003年的恐怖袭击事件描绘为清醒剂，认为该事件使沙特领导人日益关注恐怖主义对本国的袭击。② “9·11”委员会的最终报告称，沙特如巴基

① Candace Ren Burnham, “Public Diplomacy Following 9/11: The Saudi Peace Initiative and ‘Allies’ Media Campaign,” The Saudi Peace Initiative, p. 75.

② Patrick E. Tyler, “Stability Itself Is the Enemy,” New York Times, November 10, 2003.

斯坦、印尼等国家一样，"反恐"态度因本国遭到袭击而发生改变①。

由于美国和沙特双方面临恐怖袭主义这一共同的敌人，同时又有能源上的相互依存关系，因而两国建立起合作伙伴关系，在金融、后勤、军事、情报等领域进行反恐合作。

一、打击恐怖主义的资金来源

（一）建立专门委员会和调查组

沙特政府认为，与美国紧密合作共同对付恐怖主义既是为本国政权服务，同时也有利于美国的中东"反恐"战略。因此"9·11"事件发生一个月后，沙特政府宣布拟执行联合国关于冻结恐怖主义资金的1373号决议。"沙特财政署"（The Saudi Arabian Monetary Agency）同时颁布了一系列白皮书，详细规定了沙特打击恐怖主义资金来源的行动计划，包括立法、执行规定和决议，以及与美国的"反恐"合作②。恐怖主义自2003年下半年开始大规模袭击沙特本土后，沙特更加意识到恐怖主义及其融资问题的严重性，开始建立打击恐怖主义资金来源的常设委员会（Permanent Committee on Combating the Financing of Terrorism），以协调其与美国的"反恐"财政政策。同时设立财政调查组，以服务于沙特的财政情报系统，该组织2005年9月开始运作。美国财政部官员对这一组织的建立表示欢迎，美国金融犯罪执法网络（The U. S. Financial Crimes Enforcement Network）对其给予经济赞助。

---

① Christopher M. Blanchard, "Saudi Arabia: Background and U. S. Relations," CRS Report for Congress, June 14, 2010, p. 26.

② Christopher M. Blanchard and Alfred B. Prados, "Saudi Arabia: Terrorist Financing Issues," CRS Report for Congress, September 14, 2007, p. 21.

（二）进行“反恐”立法和颁布监督措施

2003年以前，沙特法律没有将洗钱和恐怖主义融资列为犯罪。2003年5月沙特发生恐怖袭击事件后，当局迅速采取行动，颁布了许多法律法规，包括2003年8月通过的将洗钱和恐怖主义融资规定为犯罪的法律。沙特政府同月推行新的银行法规规定：在新规定尚未推行、无法确定资金是否流到恐怖主义之手以前，禁止私人慈善机构和救济组织将资金转移到海外。新的金融法规同样制定新的规定，慈善组织只能拥有单一的支付银行账户，并且须经指定官员签字授权，以便严格控制慈善账户和资金交易，“沙特财政署”继续担任沙特银行和金融机构的监管机构。

沙特建立“反恐”立法后，又建立了许多相应的监管机制，包括在清真寺筹集资金、管理保险业和资本市场的法规等，命令关闭无证经营的证券交易所。此外还对传统货币交易机制设置严密监管机制，避免其像过去那样将资金轻易转到国外。[①] 宗教领袖也仔细审查和监督教徒向教会捐赠的资金。据报道，2003年沙特政府勒令1000多名阿訇暂停职务，2004年2月又吊销900名宗教人士的职务，其理由根据是他们在管理资金方面玩忽职守。[②] 2007年9月，内政部长阿卜杜勒·阿齐兹呼吁市民遵守限制捐赠活动和收藏的指令。[③]

在建立打击恐怖主义资金来源的机制后，沙特政府在美国的协助下从2003年起针对恐怖主义的融资问题采取了一系列

---

① Patrick M. Jost and Harjit Singh Sandhu, “The Hawala Alternative Remittance System and its Role in Money Laundering,” Interpol General Secretariat, January 2000, available at: http://www.interpol.int/Public/ FinancialCrime/MoneyLaundering/hawala/default.asp.

② “Show of Force,” Middle East Economic Digest, 26 March－1 April 2004, p. 30.

③ “Saudi Interior Minister Bans Using Donation Boxes in Public Areas,” OSC Document－GMP20070904614006, September 3, 2007.

的实际行动，包括冻结许多个人和恐怖组织的涉嫌账户。根据沙特内政部官员2005年3月的报道，沙特安全部队自2003年至2007年通过突袭行动从恐怖主义者住所和身上缴获了450万美元，并冻结11家银行的650万美元。[①] 美国财政部也报道指出，沙特安全部队击毙了许多“基地”资金筹措人员。[②]

二、情报领域的合作

2003年5月，恐怖主义在利雅得制造恐怖袭击事件，同年8月，来自美国国家安全局、国务院、财政部、联邦调查局“反恐”官员高级代表团抵达沙特，敦促沙特阻止企业和慈善机构向恐怖主义提供资金支持。[③] 美国官员几天后再次造访沙特，美沙两国成立了联合情报专案组。这是一个拥有更广泛使命的双边机构，其主要任务主要包括两个部分：其一是两国分享与恐怖主义袭击有关的情报信息；其二是分享恐怖主义的融资的相关信息，尤其是在沙特调查恐怖主义的资金来源。联合情报专案组下设几个小组，包括联邦调查局、中情局、财政部国内税收局各处代表。来自美国联邦调查局和财政部国内税收局的代表与沙特官员一起组建另一中心小组，主要负责银行账户、电脑记录和其他的财政数据分析。另外，联邦调查局和财政部国内税收局为沙特政府开设了一项关于打击恐怖主义融资的培训计划，并且在利雅得和华盛顿之间举行讨论会。[④] 通过

① Christopher M. Blanchard and Alfred B. Prados, “Saudi Arabia: Terrorist Financing Issues,” CRS Report for Congress, September 14, 2007, p. 25.

② Christopher M. Blanchard and Alfred B. Prados, “Saudi Arabia: Terrorist Financing Issues,” CRS Report for Congress, September 14, 2007, p. 25.

③ Susan Schmidt, “U. S. Officials Press Saudis on Aiding Terror,” Washington Post, August 6, 2003, p. A12.

④ “Testimony of Mr. Thomas Harrington,” Federal News Service transcript, p. 7.

合作，美国能够随时接收有关潜在恐怖分子的实时信息，然后要求沙特予以跟踪。① 两国的情报合作取得了一定成效，根据媒体的报道，这是美国官员首次进驻沙特进行情报收集并对恐怖主义的资金来源进行调查。② 许多观察家将联合专案组作为检测沙特的反恐诚意，以及是否真正采取措施阻止资金从沙特个人流向恐怖主义。③ 2005 年 3 月，沙特内政部官员报道指出，美沙联合专案组“9·11”事件以来经过调查得知 1098 家沙特银行涉嫌暗中支持恐怖主义。④

三、军事领域的合作

（一）军事培训合作

两国长期的军事培训计划是美沙关系的重要支柱之一。20 世纪 40 年代，自美国首次对沙特的防务执行条件综合评估起，美国在沙特的军事发展、培训和作战能力等方面扮演着一个重要的角色，两国由此在军事上建立紧密合作的关系。沙特政府不断将获得美国的军事技术和军事培训作为其国家安全的保证，并根据军事协议引进美国军事技术和采购军事设施。1990 年伊拉克入侵科威特后，美沙联盟关系扩大了美国在沙特军事存在的基础，这种关系从 1990 年延续到 2003 年。伊拉克萨达姆政权被推翻后，美国几乎全部撤出 5000 名驻沙部队，只留

---

① “Hearing of the Subcommittee on the Middle East and Central Asia of the House Committee on International Relations on Saudi Arabia and the Fight Against Terrorism Financing,” Federal News Service transcript, March 24, 2004, pp. 9 – 10.

② Douglas Farah, “U. S. -Saudi Anti-Terror Operation Planned; Task Force Will Target Funding,” Washington Post, August 26, 2003.

③ Matthew Clark, “There's a New Task Force in Town,” The Christian Science Monitor, August 26, 2003.

④ Christopher M. Blanchard and Alfred B. Prados, “Saudi Arabia: Terrorist Financing Issues,” CRS Report for Congress, September 14, 2007, p. 23.

下200—300名军事人员执行培训计划。美国对沙特的培训费用主要由沙特的对外军售项目来进行支付。[①]

（二）军售合作

美国一直是沙特主要的武器供应商，从1950年到2006年，沙特通过“国外军售协定”（Foreign Military Sales，FMS）从美国购买价值627亿美元的武器、军事设施和相关配套设备，通过“国外军事建设服务”（Foreign Military Construction Services，FMCS）购买价值171亿美元的武器。这两项数字占沙特同期“对外军售”的19%，“国外军事建设服务”的85%。[②]

推翻萨达姆政权消除了沙特的主要军事威胁，沙特与伊朗相比拥有一些常规军事优势，但希望继续扩大这种优势，因此宣布其打算投入50亿—60亿美元来升级现有武器系统，提供指挥、控制系统，扩大培训规模和增加部队的作战能力。[③] 从2005年2月到2009年2月，布什政府和国会批准了对沙特的大量军售，总价值超过167亿美元。[④] 根据“美国国防安全合作署”（The Defence Security Cooperation Agent）的报告，美国与沙特从2005年到2008年签署价值112亿美元的对外军事服务协议后，美国向沙特出售了44亿美元的国防设施和服务。[⑤] 2009年2月，奥巴马知照国会，准备向沙特出售价值22亿美

---

① Joshua Teitelbaum, “A Family Affair: Civil – Military Relations in Saudi Arabia,” Florence, March 2003.

② Christopher M. Blanchard, “Saudi Arabia: Background and U. S. Relations,” CRS Report for Congress, June 14, 2010, p. 19.

③ Richard F. Grimmett, “Conventional Arms Transfers to Developing Nations,” CRS Report RL34723, 2000 – 2007.

④ “DSCA notification press releases,” available at: http: //www. dsca. mil/PressReleases/36 – b/36b_ index. htm.

⑤ Richard F. Grimmett, “U. S. Arms Sales: Agreements with and Deliveries to Major Clients,” CRS Rep R40959, 2001 – 2008.

元的军售。[①] 尽管美国不断向沙特提供军事装备和军事培训，一些安全分析家认为，沙特仍然依靠美国提供军事保证，以应对传统威胁和非传统威胁尤其是恐怖主义。从应对传统威胁来看，沙特军队从2009年底到2010年初成功地将也门叛乱分子赶出沙特领土，尽管沙特并未言明这一成功主要依靠美国的军事支持和咨询援助。但是媒体报道表明，美国出售给沙特的武器在平叛中充分发挥了作用。[②] 从非传统威胁来看，既有持续动荡的伊拉克的残余影响，也门和巴基斯坦的跨界恐怖主义，又有来自国内恐怖主义。因此，与美国合作反恐、情报合作和加强边界安全是应对非传统安全威胁的主要措施。美国也寻求改善沙特应对恐怖主义的威慑和防御能力，同时制衡伊朗。[③]

（三）后勤领域

尽管沙特反对美国武力攻打伊拉克，并拒绝向美军的初期战略提供支持，但随着形势的发展，沙特还是允许美军在沙特境内加油、执行监视和侦察任务。此外沙特国防部长阿卜杜勒·阿齐兹（Abd al-Aziz）允许美国飞机使用沙特北部机场。[④] 伊拉克进入战后重建后，沙特向美军和伊拉克提供免费和有补贴的石油、在巴格达修建战地医院，并提供10亿美元的捐赠和贷款。[⑤]

---

① Christopher M. Blanchard, “Saudi Arabia: Background and U. S. Relations,” CRS Report for Congress, June 14, 2010, p. 19.

② Christopher M. Blanchard, “Saudi Arabia: Background and U. S. Relations,” CRS Report for Congress, June 14, 2010, p. 19.

③ Christopher M. Blanchard and Richard F. Grimmett, “The Gulf Security Dialogue and Related Arms Sale Proposals,” CRS Report RL34322, United States Congressional Research Service, October 8, 2008.

④ US State Department, “Saudi Arabia: Current Issues and U. S. Relations,” CRS Report for Congress IB93113, 2006.

⑤ A. Cordesman, “Saudi Arabia: Friend or Foe in the War on Terror?” Middle East Policy, Vol. 13, No. 1, Spring 2006, pp. 28 –42.

（四）安全合作

内务部—安全力量合作计划（OPM MOI-FSF）是最新的美沙安全合作，该计划在美方由国务院和军方管理，旨在加强沙特关键设施的安全保护。该计划执行的技术合作协定经美沙政府签署后负责管理美国对沙特的援助项目，其领域包括关键基础设施、公共安全设施、边界安全设施、民用防御设施、海军装备和海上安全设施。2009 年初美国派遣军事顾问小组进驻沙特，开始对沙特拟建设的 3.5 万名安全部队进行评估，然后向美国内务部和中央指挥部提出政策建议。内务部—安全力量合作计划是一项浩大工程，正如美国前驻沙特大使福特·弗雷克尔于 2008 年 10 月所说，“该计划可能是美沙关系中耗资最大的一项举措，与该计划相关的合同价值可达数百亿美元。”①

（五）合作中的不确定因素——沙特对恐怖主义的“消极支持”

自冷战结束后，各国对恐怖主义积极和公开的支持大大减少。但任何时候只要执政当局不作为都会导致恐怖主义获得巨大的资助，如国家对边界的疏于管理、对恐怖主义筹集资金视而不见、甚至容忍恐怖主义招募成员等。这一切有助于恐怖主义建立起组织和发动恐怖袭击。

在恐怖主义面前，执政当局的不作为危害甚大，在执行“9·11”袭击之前，“基地”组织不受干预地在德国招募人员、在沙特筹措资金、在印尼策划恐怖袭击。事实上，这些国家都不是“基地”组织的积极支持者，有的还经常遭受恐怖袭击之苦，但是它们的不作为导致了恐怖主义阴谋得逞。尽管“消极支持”是一个重要问题，但由于学界对其缺乏一个综合

---

① Saudi－US Relations Information Service，“Managing the Marriage：A Conversation with Ambassador Ford Fraker-Part 3，” December 1，2008.

的理解，所以几乎所有关于支持恐怖主义的研究都集中于“积极支持”，并用解决“积极支持”的办法去应对“消极支持”的问题，有时导致问题雪上加霜。

国家对恐怖主义的积极支持通常是以提供武器、资金和庇护所的方式进行支持，但是消极支恐却是另外一种形式。当一个政府不是亲自向恐怖组织提供支持，而是有意让恐怖组织筹集资金、寻求庇护所和招募人员而不进行干预，那该政府可以被认为是“消极支持”恐怖主义。“消极支持”具有一些普遍的特征：相关国家本身不亲自支持恐怖主义，但却有意让国内其他行为体对恐怖主义进行支持；国家有能力阻止对恐怖主义的支持但又不采取行动；“消极支持”通常是通过与国家关系不密切的行为体对恐怖主义进行支持。① 这一概念不包括采取措施打击恐怖主义但成效不佳或者根本无力打击恐怖主义的国家，也不包括对本国支持恐怖主义的行为毫无知晓的国家，如“9·11”事件前的印尼。

沙特被美国部分人士认为是消极的“支恐国家”，原因是“9·11”事件后沙特政府虽然冻结了一些个人账户并将一些恐怖主义捐赠者赶出沙特领土，但一些赞助恐怖主义的名流在沙特并未受到起诉，继续逍遥法外。美国国务院发表声明说，沙特应该表现出打击恐怖主义的诚意，将资助恐怖主义的沙特名流绳之以法。2007 年 9 月 11 日，财政部副部长斯图尔特·利维（Stuart Levey）指出，“当有确凿证据表明一些沙特名流故意向恐怖主义组织提供资金支持时，他们应被视为真正的恐怖

---

① Daniel Byman, “Passive Sponsors of Terrorism,” Survial, Vol. 47, No. 4, Winter 2005, p. 118.

主义并受到惩罚。”[1] 基于美沙合作中这些不和谐声音，两国在今后的合作中还需克服分歧，加强双边合作。

从以上的合作可以看出，美国现在与中东的关系比历史上任何时候都重要，沙特历史上是美国在政治上和经济上的伙伴，因而是美国借此加强在中东存在的最理想候选国。两国加强伙伴关系不仅可以增强美国“反恐”的能力，而且这一问题的解决对其他问题具有“溢出效应”，包括保证美国稳定的石油供应和促进阿以问题的解决。

虽然美国部分人士批评美沙关系，但由于石油供应的有限性使得美国将美沙结盟看作一个重要的议程。为了保证美国工业的发展，保证在国际社会的经济和军事支配地位，美国需要沙特的石油。因此，日益加强的美沙盟友关系是美国重要的战略选择之一，美沙交恶会让沙特单独应对国内的恐怖主义，美国对沙特人权状况的批评也不会有任何效果。但如果美国和沙特结成“反恐”盟友，不但可以保证美国的石油利益，而且可以影响甚至帮助沙特推进民主，减少与恐怖主义的联系。

由于美沙两国从不同的视角看待穆斯林世界，因此加强两国盟友关系是一个漫长的探讨过程。安瓦尔·萨达特于 2001 年所做的一项调查显示，很多沙特人都不赞成美国政策而非美国价值。[2] 因此必须找到两国之间的共同点，现在有证据表明沙特在国内改革、制定措施打击恐怖主义组织和资金来源方面已取得很大进步，并继续支持美国打击恐怖主义。

同样，美国与沙特结盟也必须把握火候，在维持中东力量

---

① Brian Ross, “U. S. · Saudis Still Filling Al Qaeda's Coffers,” ABC News, September 11, 2007.

② Monshipouri, Mahmood, “The Paradoxes of U. S. Policy in the Middle East,” Middle East Policy, Vol. 9, No. 3, 2002, pp. 65 – 84.

平衡方面既要确保利用沙特制衡伊朗，又不能激怒伊朗。此外，沙特是一个寻求保护穆斯林信仰的国家，美国不能将其当作傀儡一样对待，否则，沙特不但冒国内反对的风险，也会遭致穆斯林世界的反对，使美国失去一个可靠的盟友。总之，强化美沙联盟毫无疑问是一个长期的、艰巨的、有时是矛盾的过程，但它是打击恐怖主义、维护地区和平的重要措施。

第三节 沙特“柔性反恐”措施：去极端化（PRAC）

2003 年遭受恐怖袭击后，沙特政府发动了一系列的“反恐战争”，其中最重要的是采取柔性措施来降低民众对暴力极端主义的意识形态支持。这一战略的主要目标是扩大社会参与、纠正对伊斯兰教的曲解，“柔性反恐”措施的动力主要来自对“刚性反恐”观念的纠正，即暴力极端主义不能靠传统方法来根除。“去极端化”包括三个相互关联的程序：预防、康复和善后安抚，其目的在于阻止个人成为恐怖主义，促进卷入恐怖活动的个人和恐怖主义者的康复，提供善后安抚计划以便于被释放者重返社会。

一、预防

据阿卜杜拉赫曼·哈德拉克（Abdulrahman al-Hadlaq）介绍，沙特政府有数百项预防恐怖主义的管理计划，这些计划包括针对极端伊斯兰的教育活动，也有预防伊斯兰极端化的计划。许多计划通过公认的学者和权威人士对宗教教义进行正确的解释和宣传，以便减少产生恐怖主义的土壤。这些教育活动的受体不是极端主义者本身，而是同情和至少不反对恐怖主义意识形态的普罗大众。[①]

（一）日常生活的“去极端化”活动

为防止伊斯兰极端化和年轻人加入恐怖主义，政府举办一系列活动让普通民众有事可做和远离极端主义者，以防止出现“近墨者黑”的不良影响。卡内基基金会的调查研究发现，许多年轻人在无约束的闲暇时间如课后和假期最容易加入极端主义团伙。[②] 这种感染主要是年轻人缺乏社交网络所致，因此政府针对“无事生非”的现象提供了一系列活动如体育赛事和沙漠旅行活动等，并让这些参与者与极端组织举办的可疑宗教静修（religious retreats）活动形成竞争，以稀释极端主义者借此宣传的意识形态。体育活动在阻碍极端主义者招募成员方面发挥着特别重要的作用。此外，为了防止极端主义对伊斯兰教“离经叛道”的诠释与传播，沙特教育部于2007年7月下令禁止持有可疑证书的国外志愿者领导人退出夏令营活动。[③]

在其他的预防项目中，“沙特文化新闻部”（the Ministry of Culture and Information）邀请专家到学校和清真寺讲解极端主义的危害性，并通过电视、报纸和其他媒体进行宣传。“伊斯兰事务部”（the Ministry of Islamic Affairs）也邀请研究极端主义的专家在全国清真寺举行一系列的讲座、开设课程并分发“去极端化”的材料。

---

① Christopher Boucek, “Saudi Arabia's ‘Soft’ Counterterrorism Strategy: Prevention, Rehabilitation, and Aftercare,” Middle East Program of Carnegie Endowment for International Peace, Number 97, September of 2008, p. 8.

② Christopher Boucek, “Saudi Arabia's ‘Soft’ Counterterrorism Strategy: Prevention, Rehabilitation, and Aftercare,” Middle East Program of Carnegie Endowment for International Peace, Number 97, September of 2008, p. 8.

③ Christopher Boucek, “Saudi Arabia's ‘Soft’ Counterterrorism Strategy: Prevention, Rehabilitation, and Aftercare,” Middle East Program of Carnegie Endowment for International Peace, Number 97, September of 2008, p. 8.

（二）学校的“去极端化”项目

学校是一块争夺意识形态的重要阵地，因此沙特对学校教育计划非常重视，政府委任教育部管理教育计划。教育部通过书籍、小册子和其他宣传材料来启发学生的父母和家庭。根据内政部的报道，每个家庭平均有五人阅读学生所带回家的印刷资料。[①] 学校除管理印刷刷品外，还积极鼓励学生参与写作比赛和艺术竞赛，在这些活动中，学生可以选取不同的话题，如恐怖主义对大众的影响，或者公众在保护国家免遭恐怖袭击中的职责等。通常情况下，学校在每周开头公布话题，在周末对最好的作文和绘画进行评价和奖励。沙特的这些“反恐”教育与美国的戒毒教育相似，这些活动围绕教学大纲在全国逐省推行，旨在警示学生关于恐怖主义的危害性和提高民族主义。内政部也对中学和大学里举行的辩论和演讲进行支持，有的演讲和辩论涉及就业信息，并鼓励年轻人积极加入安全服务、服务国家和保护公众免遭恐怖主义的袭击。沙特学校每个月都开展这些活动，根据政府的评估，沙特几千所学校中平均每天进行七项不同的“反恐”宣传活动。[②]

政府也采取措施打击极端主义在校内的招募活动。沙特官员称，极端主义的主要源头主要来自“越轨教师”（deviant teachers），他们通过和学生一起讨论课外话题和宣传恐怖主义而滥用自己的教学权威。为了避免这种现象发生，政府指派专门的监督教师对越轨教师进行监督，越轨教师通常被送往“法

---

① Christopher Boucek, “Saudi Arabia's ‘Soft’ Counterterrorism Strategy: Prevention, Rehabilitation, and Aftercare,” Middle East Program of Carnegie Endowment for International Peace, Number 97, September of 2008, p. 9.

② Christopher Boucek, “Saudi Arabia's ‘Soft’ Counterterrorism Strategy: Prevention, Rehabilitation, and Aftercare,” Middle East Program of Carnegie Endowment for International Peace, Number 97, September of 2008, p. 9.

赫德国王安全大学”进行再培训，经过再培训后的教师如再不合格将被解职。学校课程也接受严格的检查，宣传暴力的内容一旦被发现将被删除或修改。各省和地区政府也积极参与这一广泛的活动，在阿西尔（Asir）省，省长配合教育文化新闻部与地方媒体一道出版书籍，批判极端主义和极端化的危害性。

此外，政府一直介入许多“柔性反恐”措施，旨在消除极端主义的意识形态。这些“柔性反恐”措施包括教育改革、减贫计划和加强政府机构的措施，也包括司法改革和监狱体制改革，监狱体制改革旨在为极端主义者的康复和重返社会提供便利。

（三）公共信息和交流活动

预防方案的另一重要内容是大范围的信息和宣传活动，这些活动的目标是促进国家和公众间的合作、提醒恐怖主义和极端主义所造成的损害、结束公众对极端主义信仰的支持和容忍。

2003 年“基地”组织袭击利雅得后扬言将对沙特其他地方进行袭击，沙特政府到处树立标语和广告牌来警示恐怖主义的邪恶本性，对其野蛮行径进行口诛笔伐。最典型的标语上写着：“我们的伊斯兰教拒绝恐怖主义”，“我们所有的人要对恐怖主义说‘不’”。有的图片显示安全人员与恐怖主义进行枪战，在袭击场景中救死扶伤、营救老弱妇幼，也有营救朝圣者的场面；有的图画描绘汽车炸弹后的惨景并提出责问：“难道穆斯林兄弟就是这样表现的吗?”[①] 其他的标语喻指警察和公众间要加强合作。其中的一幅画中有两只手，一只穿着传统的长袍，另一只穿着制服。这些画旨在促使公众和安全人员间的合

---

① Roel Meijer, “Saudi Arabia’s War on Terrorism: Combating Passions, Ignorance, and Dividation,” Contextualising Jihadi Thought, May31, 2009, pp. 165 – 190.

作，并表明政府和人民一起行动以维护公共安全，也传达政府保护穆斯林公民的安全、努力推进人民福祉的信息。而极端主义及其支持者被描绘成不按民众利益行事，而是施加恐惧心理的外来者。这一活动同样表彰安全人员所做的牺牲，一张海报显示安全人员和警察在反恐中牺牲的场面并附上文字：“警察为保护无辜而牺牲。”[①] 类似的广告在沙特的公共场合到处张贴。

二、康复计划

沙特阿拉伯康复项目的核心是辅导计划，这是一项综合性的计划，通过密集的宗教辩论和心理辅导来康复和再教育暴力极端主义及其同情者。这一计划的目标是“去极端化”和康复个人，以鼓励极端主义者放弃极端的意识形态，尤其是“塔克菲”教义[②]。不管罪行如何严重，被拘押的罪犯也被邀请参加康复过程，一旦康复过程结束，决定放弃极端念头的罪犯有权获得释放。当然也有例外，即使完成康复过程的杀人犯还是不能提前释放。

辅导计划不是惩罚，而是通过道德感化来治病救人。辅导计划是基于这样的假设，即嫌犯是被误导或欺骗从而背离真实的伊斯兰教义。沙特官员声称，极端主义者通常将目标指向那些想知道自己信仰者，包括那些想成为更加虔诚者，然后用极端暴力的意识形态来对之进行精神污染。沙特政府经常告诉囚

---

① Roel Meijer, “Saudi Arabia's War on Terrorism: Combating Passions, Ignorance, and Dividation,” Contextualising Jihadi Thought, May31, 2009, pp. 165 – 190.
Christopher Boucek, “Saudi Arabia's ‘Soft’ Counterterrorism Strategy: Prevention, Rehabilitation, and Aftercare,” Middle East Program of Carnegie Endowment for International Peace, Number 97, September of 2008, p. 11.

② 宣布某些穆斯林为异教徒称“塔克菲”。

犯及其家庭，辅导计划是要帮助犯人迷途知返，而不是要惩罚他们。

（一）康复计划组织

辅导计划由咨询委员会（Advisory Committee）管理，隶属于王子穆罕默德·本·纳耶夫（Prince Muhammad bin Nayef）管理的内政部之下，总部设在利雅得，在七个主要城市有常驻代表。咨询委员会有四个小组委员会：宗教小组委员会、心理和社会小组委员会、安全小组委员会和媒体小组委员会。

宗教小组委员会是人数最多的一个，由约150宗教人士、学者和大学教授组成。该委员会直接与囚犯对话、组织宗教辩论和提供指导。挑选宗教小组委员会与囚犯交流的方式很重要，宗教人士与囚犯交流时不能颐指气使，而是以交谈的方式进行。评价辅导成效的标准之一是看学者在交谈时是否把犯人像自己兄弟一样看待、是否带着爱心和激情去帮助囚犯。一些宗教小组委员会成员在被发现不适合与囚犯对话后不再被邀请到小组工作。此外，如果宗教小组成员不能成功地与囚犯进行对话，小组委员会将邀请其他宗教人士与囚犯对话。

沙特有着数量众多的宗教人士和学者，宗教小组委员会可以充分利用潜在的参与者。一些小组成员选择公开对话和采访，但大多数选择秘密工作。一些成员刻意避开媒体，因为他们认为自己是顺应安拉的旨意进行工作，如果他们不追名逐利的话将会得到上帝的丰厚回报；一些选择秘密工作的原因是害怕其与辅导项目的联系暴露后会遭到报复，或者他们不想被极端分子看作替政府卖力。一些专家和学者希望参加该计划来提高自己的声誉，但没有受到小组委员会的邀请。

心理和社会小组由大约50名心理学家、精神病医生、社会科学家和研究人员组成。他们负责评估囚犯的社会地位、诊断心理问题、评估囚犯的行为。这一小组的成员也参与对话和辅导，尤其是在经过长时段研究后，社会学家和精神病医生通过不断地与囚犯进行互动后，对项目取得的进步进行评估。这一小组通过评估囚犯的参与度来判断康复计划成功与否，因为许多辅导员与囚犯接触较多，对其比较了解。心理社会小组还负责确定囚犯在押期间和释放后及其家庭需要何种帮助，以便抵消因监禁造成的物质和心理压力，从而降低其他家庭走向极端化的几率。

政府也通过此表明该计划不是惩罚囚犯和家庭，政府的这种态度强化了该计划的“慈善性”，被认为是成功的关键因素。为了维持康复计划的这种模式，政府在就如何与囚犯家庭接触时格外小心谨慎。在穆罕默德王子看来，需要让家庭感到政府为他们及其亲人给予了力所能及的帮助，因此参加康复计划过程的人越多，他们越可能参与。[①] 政府通过一系列的计划努力让每一家庭明白，极端主义仅仅是要误导年轻人，从而推进恐怖主义的议程，对其生活并无任何关照；相反，政府却尽其所能地关心所有民众的疾苦。这是项目的关键之所在，政府将其列为“意识形态战争”的重点。

安全小组委员会的一些职能并不为所有的公众知晓，该委员会与宗教委员会和心理社会小组委员会一道评估释放囚犯的安全风险，同时向即将被释放的囚犯出狱后的生活提供一些建议。安全小组委员会的重点工作是监督拘押释放犯，囚犯出狱后很快被告知其行为将受到秘密和公开的监视、定期接受安全委员会的检查，且他们的后续自由取决于其是否远离旧同伙和

---

① Christopher Boucek, “Saudi Arabia’s ‘Soft’ Counterterrorism Strategy: Prevention, Rehabilitation, and Aftercare,” Middle East Program of Carnegie Endowment for International Peace, Number 97, September of 2008, p. 13.

旧习惯。

媒体小组委员会的重点工作集中于教育和宣传领域，为学校和清真寺出版书籍和其他教育资料。该小组委员会就网络、无线电视、有线电视、报纸书刊进行广泛研究后发现，接触容易走向极端化的年轻人的方式是通过“聚礼”（Jumu'ah）祈祷者。① 因此，该委员会的许多工作主要通过在清真寺的演讲和学术活动向公众进行宣传。该委员会通过宣传资料让公众知晓，极端主义者通过招募活动来推进其阴谋，而沦为武装分子的人实际上曲解了伊斯兰教的基本教义。最典型的例子是一套电视节目描绘了一位被招募为恐怖袭击分子的沙特年轻人，当他得知这是一起肉弹袭击后拒绝执行，但极端主义者欺骗他并在远处引爆其身上的炸药。虽然这位年轻人得以幸存下来，但却终身残废。这一节目传递的信息很清楚：卷入恐怖事件将给你和家庭带来灾难性的后果，2008 年初该委员会报道了许多类似的事件。②

媒体小组委员会也为康复计划出版了书籍、小册子和其他资料。在与伊斯兰事务部和教育部合作的过程中，媒体小组委员会帮助协调学校和清真寺的教师和演讲者。通过这些努力，辅导委员会能够在清真寺、学校、夏令营和俱乐部向广泛受众积极宣传教育活动。

（二）康复计划参与者

根据辅导委员会所作的重要研究报告，参加康复计划的大多数囚犯孩提时代没有受到良好的宗教教育。研究调查了 693

---

① 在清真寺举行大规模宗教仪式，这个仪式或活动音译为“主麻”（Jumu'ah），意译为“聚礼”。

② Christopher Boucek, “Saudi Arabia's ‘Soft’ Counterterrorism Strategy: Prevention, Rehabilitation, and Aftercare,” Middle East Program of Carnegie Endowment for International Peace, Number 97, September of 2008, p. 13.

名康复计划参与者的成长环境，尽管被调查者中无一人2004年前参与国内的恐怖活动，但都是极端活跃分子。根据调查，囚犯通常都很年轻，一般为20岁左右，且来自低收入或者中等收入的大家庭（7—15个孩子），他们父母文化水平低，只有少数来自富裕家庭。调查还发现只有少数有过出国经历，但主要是前往阿富汗、索马里、车臣等地进行“圣战”。大多数项目参与者对伊斯兰教只有片言只语的理解，多数人没有接受过正规的教育或者正规的伊斯兰教教育。大多数罪犯被极端化的渠道主要是通过极端分子的书籍、磁带、光碟和英特网。此外，调查还发现另外几个事实：首先，项目参与者有过作案记录，其中一半因吸毒受到过逮捕；其次，多数项目参与者对伊斯兰教毫无所知，正是迫切想了解伊斯兰教的冲动驱使其与极端主义者接触，于是极端主义者趁机宣传被扭曲的“伊斯兰教”。

咨询委员会的成员认为，由于普罗大众不能正确地学习伊斯兰教的最初信条，因而容易受到极端主义的侵蚀。因此，辅导计划旨在纠正被误读的伊斯兰教，重新引入和加强伊斯兰教的正规版本。这一任务主要通过宗教对话与指导、心理咨询，以及广泛的社会支持等复杂过程来完成。

（三）康复计划的辅导过程

辅导咨询计划在监狱内外进行，但整个康复计划始于监狱内，然后受体被转移到外部的康复中心。辅导咨询委员会的成员最初与囚犯见面时强调自己不是受雇于内政部，与安全部也无关联，而是独立公正的学者。辅导咨询开始时，咨询师与囚犯间的初次对话进展得并不顺利。一些囚犯拒绝与咨询师交谈并指控他们为异教徒（Infidels）和政府的间谍、指控政府使用阴谋诡计欺骗弱势群体和虔诚者，并将对话看作是一种审讯。

随着时间的推移，囚犯对项目的了解增加，敌意减少，接触变得较为容易。双方开始交谈后，辅导咨询员首先聆听囚犯的心声，只是简单地提出一些问题，如犯了什么罪以及为何去犯等。待双方就信仰进行讨论后，咨询师努力让囚犯相信他们犯罪的口实是基于对错误伊斯兰教的理解，是站不住脚的，然后咨询师再向其传授正确的伊斯兰国教。

最初的对话是一对一进行，方式可以是正式的也可是非正式的，许多内容涉及到到囚犯的兴趣和爱好。当囚犯被转移到护理康复中心（Care Rehabilitation）后，双方围绕每天的事务进行微妙的谈判和对话。

康复计划分两个阶段：第一阶段通常进行两小时，称短期学习阶段。囚犯尽管公开承认自己信仰出了问题，但他们仍然要接受其他康复计划——长期学习阶段。约六周的长期学习阶段由两名宗教人士和一名社会学家辅导约 20 名“学生”。十门功课的内容涉及到“塔克菲”、信仰、忠诚、背叛、煽动叛乱、意识形态安全、恐怖主义、合法的“圣战”和关于自尊的心理学课程等。教学内容也涉及到宗教领袖、暴力的使用、法理学、权威的重要性、认识合法知识的重要性，以及如何避免“误导性”和“腐朽”书籍的影响。课程结束后进行考试，考试合格者进入释放阶段。

三、善后安抚项目

善后安抚项目隶属于内政部，包括几项计划：帮助国内囚犯和关塔那摩基地的囚犯重返社会，预防释放犯再犯。所有的计划都充分利用个人家庭网络的合作来帮助释放犯走上正确的人生轨道。

为重返社会做准备，囚犯在成功完成康复计划后被转移到监狱外的善后安抚康复中心。安抚康复中心设施齐全，囚犯可以参加许多休闲活动；气氛和谐，卫兵和囚犯经常打成一片，包括一起踢足球和打篮球。这些活动对“去极端化”至关重要，因为囚犯不但可以建立合作精神，还可以鼓励相互接受和包容精神。

在安抚康复中心的囚犯分为三个群体：国内刑事犯、试图去伊拉克施暴或者从伊拉克回来者、从关塔那摩归来者。三个群体相互分开，居住在不同房间，接受稍许不同的安抚康复计划。比如从关塔那摩返回者主要接受重返社会的安抚康复教育，而另外两个群体主要接受对话、咨询和教育。

当囚犯获得释放后，政府通过家庭、社交网络和监督管理机构帮助释放犯悔过自新，重新参与社会。对于某些特别困难的家庭和个人，政府还给予其特殊的帮助，如提供资金资助、安排就业、鼓励教育深造，甚至提供住房和帮助其寻找配偶等。[①]

沙特至2003年起实施“去极端化反恐”措施起，到2008年9月为止，大约有3000名囚犯参与了咨询计划，其中的1400名放弃伊斯兰极端念头后被释放，大约1000名仍在监禁中，这1000人中有的已完成康复计划，有的仍在服刑。[②] 有的仍在服刑者顽固地反对“去极端化”计划，尤其是那些认为自己不能获得自由，因而认为自己可以做的最好事情就是阻碍咨询计划。

该计划取得了可喜的成果。沙特官员称其成功率为80%—

---

① Jessica Stern, “Mind over Martyr,” Foreign Affairs, Vol. 89, No. 1, Januanry/February 2010, p. 105.

② Christopher Boucek, “Saudi Arabia's ‘Soft’ Counterterrorism Strategy: Prevention, Rehabilitation, and Aftercare,” Middle East Program of Carnegie Endowment for International Peace, Number 97, September of 2008, p. 21.

90%，只有10%—20%拒绝参与或者未成功完成“去极端化”计划。另一数据显示，从2003年到2007年10月1日，只有35名释放犯再次犯罪（非恐怖罪），相当于1%—2%的累犯率。① 值得注意的是，到2008年为止没有任何经受过咨询计划的释放犯再次制造恐怖暴力事件。即使他们中有人再次犯罪，所犯罪行对社会危害也比较小。

辅导咨询计划和其他“去极端化”战略有几个值得强调的成功因素：让囚犯家人参与计划、善待其家人和扩大社交网络等因素。调查表明在对话期间，囚犯与宗教人士和学者建立了紧密的联系并受其道德感化，在被释放时成为虔诚和守法的穆斯林。这符合他们最初接触极端分子的初衷——了解穆斯林并成为虔诚的教徒。

在当今复杂的环境中，沙特的“去极端化”战略取得一定的成效后，越来越多的国家试图借鉴沙特模式，政府对辅导咨询的兴趣肯定会得到加强。尽管沙特在2004年才开始起步，沙特的“去极端化”战略却是发展最快、投入资金最多和最具持续性的“反恐”项目。

沙特的“柔性反恐”战略在短短几年中取得的积极成果为许多国家所效仿，当新加坡实施“反恐”项目时，其方法在一定程度上是基于沙特的成功经验。在整个中东、欧洲和亚洲，类似的项目开始浮现。其他国家模仿沙特模式主要是基于这一判断：“反恐”不能单纯依靠刚性安全措施，而是需要刚柔相济、恩威并施，做到能攻心、善攻心。

---

① Christopher Boucek, "Saudi Arabia's 'Soft' Counterterrorism Strategy: Prevention, Rehabilitation, and Aftercare," Middle East Program of Carnegie Endowment for International Peace, Number 97, September of 2008, p. 21.

第四节 沙特的"柔性反恐"特征及美国的反应

一、沙特"反恐"与巴基斯坦、印尼"反恐"的区别

前面已经阐明由于巴基斯坦具有特殊的地缘位置和恐怖主义组织特殊的历史渊源，又是穆斯林世界的有核国家，故美国将其作为反恐盟友的前线国家；印尼是最大的穆斯林人口国，且恐怖主义在印尼有强大的网络，因此，美国选择印尼作为第二前线的重要国家可以撇清美国"反恐"是针对穆斯林世界的指控；沙特阿拉伯是逊尼派穆斯林世界的领导，石油供应链条之稳定器，是中东和平路线图的倡导者，且沙特的富豪和慈善组织是恐怖主义组织的主要资金捐赠者。尽管沙特政府未支持恐怖主义，但在西方学者看来，沙特政府未能阻止其个人和非国家行为体资助恐怖主义这一事实本身就是"消极支持"。因此美国要切断恐怖主义的资金来源，沙特是不可或缺的"反恐"盟友。有鉴于此，美国在南亚、东南亚和中东地区分别选择巴基斯坦、印度尼西亚和沙特阿拉伯作为重要的"反恐"盟友进行合作"反恐"。但是由于三国有着各自特殊的国家利益和国情，因而"刚性反恐"和"柔性反恐"措施又有所不同，主要表现在以下几个方面。

（一）"反恐"态度不同

巴基斯坦与美国的合作是被动的，而印尼和沙特阿拉伯与美国的"反恐"合作是主动的。巴基斯坦在支持美国"反恐战争"之前很少受到恐怖主义的攻击，但由于美国"反恐"的主战场在南亚，面对美国要将"巴基斯坦炸回旧石器时代"

的威胁，巴基斯坦别无选择，只能选择与美国合作，因而合作是被动型的。巴基斯坦选择与美国合作，尤其是2007年“红色清真寺”事件后，遭到恐怖袭击的次数和暴力程度明显上升，成为恐怖主义袭击美国的替代者和挡箭牌。印尼和沙特阿拉伯远离美国“反恐战争”的主战场，两国都是在遭到恐怖主义的大规模袭击之后才加入美国的“反恐”联盟，其“反恐”是基于国家安全和经济利益，因而合作是主动型的。

（二）合作方式不同

巴基斯坦在合作中不但向美国主导的“反恐”联盟提供后勤、情报和军事支持，还投入大量的安全部队，巴基斯坦仅在阿巴边境部署的部队就达9万人，而北约部队总共不足7万人。此外，美国还使用无人机在巴基斯坦领土上打击恐怖主义者。系统的研究表明，无人战机在巴基斯坦成功地打击恐怖主义的同时，也激起穆斯林世界的愤怒，导致恐怖主义采取更致命的袭击方式，而处在前线国家的巴基斯坦更是深受其害。① 相比之下，印尼和沙特虽然也与美国进行军事培训、军售和情报合作，但主要还是以“柔性反恐”为主。

（三）“柔性反恐”措施的区别

到目前为止，巴基斯坦没有特别成功的“去极端化”措施②，因此巴基斯坦面临社会极端化的挑战。如2012年塔利班试图杀害倡导女性教育权力的女孩马拉拉·优萨福扎伊（Malala Yousafzai），暗杀巴基斯坦世俗民主党（Pakistan's secular Awami National Party，ANP）领袖巴希尔比洛尔（Bashir Ahmad

---

① Patrick B. Johnston and Anoop K. Sarbahi, “The Impact of US Drone Strikes on Terrorism in Pakistan and Afghanistan,” Annual Meetings of the American Political Science Association, July 14, 2013, pp. 1 –35.

② Muhammad Nawaz Khan & Beenish Altaf, De – radicalization and Disengagement from Unconventional Threat: A Soft Power Strategy for Pakistan, July12, 2012, p. 1.

Bilour)，原因是其反对塔利班；2011年和2013年，少数民族事务部长沙赫巴兹·巴蒂（Shahbaz Bhatti）、巴旁遮普省长塔希尔（Governor Salman Taseer）因主张世俗主义和宗教平等遭到暗杀，更糟糕的是，刺杀塔希尔的行为得到社会的广泛支持。[①] 尽管巴基斯坦采取了一些去极端化措施，但却收效甚微。一项调查显示巴基斯坦在开伯尔-普赫图赫瓦省建立了100个左右去极端化的非政府组织。但有三个已经瘫痪，其他的也不容乐观。[②] 印尼和沙特阿拉伯两国的"柔性反恐"措施执行得比较成功，但由于两国的国情不同，也表现出不同的特色，主要区别如下。

1. 实施的手段不同

印尼"柔性反恐"措施强调劝说方法的重要性，因此选用劝说疗法来规劝囚犯改变极端思想。沙特的"去极端化"主要强调预防、康复和善后照顾计划。为了采用劝说方法，印尼警方采用非传统的说服方法，包括允许囚犯与家人见面、向囚犯家庭提供经济援助、在警方和囚犯间建立密切的接触如一起用餐等。这些方法能达到三个目标：劝说囚犯放弃极端念头可使其远离之前的社会环境并实现"去极端化"；鼓励囚犯提供恐怖主义和恐怖活动的情报；利用皈依者（converts）作为中介人来劝说其他囚犯和武装分子与当局合作。根据国际危机组（International Crisis Group，ICG）的评估，这一方法对劝说囚犯脱离恐怖主义和与当局合作方面非常有效。[③] 需要特别强调

---

① Shehzad H. Qazi, "A War Without Bombs: Civil Society Initiatives Against Radidcalization in Pakistan," Institute for Social Policy and Understanding, February 2013, p. 1.

② Shehzad H. Qazi, "A War Without Bombs: Civil Society Initiatives Against Radidcalization in Pakistan," Institute for Social Policy and Understanding, February 2013, p. 1.

③ International Crisis Group, "Deradicalization and Indonesian Prisons," ICG Asia Report, No. 142, 19 November 2007, pp. 3 - 5.

的是，警方在劝说囚犯时也不是毫无重点，而是选取较有影响的恐怖主义头目来进行劝说，使其与警方合作和放弃极端念头，然后再通过皈依者的著书立说和媒体宣传来影响其他极端主义者，达到现身说法的效果。最典型的要数纳西尔·阿巴斯（Nasir Abbas）案例。阿巴斯是“伊斯兰祈祷团”在马来西亚南部、加里曼丹和苏拉威西岛的前指挥官，他在调查过程中和警官建立起友谊和个人联系，并在脱离极端化后向警方提供许多关于“伊斯兰祈祷团”的情报。这些大量的情报有利于警方抓获其他恐怖主义者、缴获枪支弹药等。① 另一代表是第一次巴厘袭击事件的执行者之一伊姆隆（Imron），他向警方提供“伊斯兰祈祷团”袭击巴厘岛的重要信息，并揭发其兄参与策划袭击事件。② 更重要的是阿巴斯通过发表著作来反对极端主义，在其题为《伊斯兰祈祷团的发现：前祈祷团成员的证词》（*Membongkar Jamaah Islamiyah: Pengakuan Mantan Anggota JI*）的著作中，阿巴斯讲述了“伊斯兰祈祷团”的历史、意识形态和网络结构，并探究本·拉登通过狂热意识形态迫使每个穆斯林针对国内异教徒、美国及其盟国进行“圣战”的原因。此外，他在书中对“圣战”进行了正本清源，他认为制造恐怖事件不是“伊斯兰祈祷团”的本来面目，而是对《古兰经》中“圣战”的曲解。他认为“圣战”只有在一定的条件下才具有合法性，其中之一是只有出于自卫的目的才能进行“圣战”。③ 另外一名武装分子领导人阿布·哈姆扎·优素福（Abu Hamzah

---

① Noorhaidi Hasan, Bertus Hendriks, “Counter-Terrorism Strategies in Indonesia, Algeria and Saudi Arabia,” Netherlands Institute of International Relations “Clingendael”, p. 29.

② Purwanto, “Terorisme Undercover: memberantas terorisme hingga ke akar-akarnya, mungkinkah?” Cipta Mandiri Bangsa Press, 2007, pp. 84 – 100.

③ Noorhaidi Hasan, Bertus Hendriks, “Counterterrorism Strategies in Indonesia, Algeria and Saudi Arabia,” Netherlands Institute of International Relations Clingendael, p. 30.

Yusuf）在其小册子《发现恐怖头目的思想》（*Membongkar Pemikiran Sang Begawan Teroris*）中谴责伊玛目・萨穆德拉[①]扭曲伊斯兰法典和盲目崇拜本・拉登等恐怖大亨。另外一名恐怖主义头目批评得更猛烈，他在题为《他们是真正的恐怖主义》中谴责拉登通过散布“塔克菲”之类的歪理邪说，灌输恐怖思想来摧毁真正伊斯兰教义。他认为本・拉登不但播下了对穆斯林和非穆斯林的仇恨，而且以“圣战”的名义宣传暴力。[②] 这些著作发表后，其他武装分子头目纷纷谴责本・拉登、“伊斯兰祈祷团”和其他恐怖主义组织扭曲伊斯兰教的行为。他们称本・拉登不是合格的伊斯兰教领袖，其主张应被抛弃。[③]

与印尼相比，沙特没有使用印尼现身说法的方法，在康复计划中做到面面俱到。专家、学者、教授和宗教人士针对每一个囚犯进行教育感化，直到考试合格为止。

2. 执行去极端化的专业人员不同

沙特是一个神权国家，有着数量众多的宗教人士和学者，因此在执行康复计划中的教育者是宗教人士、专家和大学教授。沙特康复计划下设四个小组委员会，人数最多的是宗教小组委员会，主要成员是宗教人士，即使是大学教授和其他领域的专家学者也都精于宗教研究。而印尼具有军人当政的传统，苏哈托政府倒台后，“反恐”使命由军方转交给警察，所以印尼“去极端化”中的劝说工作主要由警察执行。社区的警务计划也是印尼“柔性反恐”的重要支柱之一，该计划要求每个社区的警察与当地社区紧密接触，以便于警察与草根阶层间能够

---

① 伊玛目・萨穆德拉是巴厘岛恐怖袭击三名主谋之一，已于2008年被处以死刑。

② Noorhaidi Hasan, Bertus Hendriks, “Counter-Terrorism Strategies in Indonesia, Algeria and Saudi Arabia,” Netherlands Institute of International Relations “Clingendael”, p. 30.

③ Noorhaidi Hasan, Bertus Hendriks, “Counter-Terrorism Strategies in Indonesia, Algeria and Saudi Arabia,” Netherlands Institute of International Relations “Clingendael”, p. 30.

相互理解和相互信任。地方社区在建立互信后能够积极参与维护本地安全秩序。

3. 公民社会的功能不同

印尼自苏哈托政府垮台后转变成一个民主国家，公民社会比较发达并在“去极端化”过程中发挥积极的作用；而沙特是一个君主专制国家，公民社会不发达，“去极端化”的许多“反恐”机制隶属于内政部，并且有许多委员会直接由王子领导。

印尼通过刚性和柔性的“反恐”措施在查明恐怖主义庇护所、挫败恐怖阴谋和逮捕恐怖主义分子方面取得了显著的成果。这一方面是基于与美国的“反恐”合作，另一方面是民间社会组织积极参与“反恐战争”的结果。由于基层社会是滋生恐怖主义的土壤，因此民间社会组织参与“反恐”至关重要，既可以遏制恐怖主义，也可以促进民主。沙特的政体决定其对公民社会和民主化讳莫如深。

另外稍许不同的是印尼在普及主流宗教时很注重大众文化的教化作用，主要是挑选大众喜闻乐见的艺术家，通过其传播理性的声音，使受众变得温和与理性；而沙特的“瓦哈比主义”有一定的市场，他们主张过清苦的生活，主张伊斯兰本来面目的原教旨主义，因而对现代大众文化如艺术等怀拒斥心理；与外国合作方式上，沙特主要以与美国的双边合作为主，印尼除与美国的双边合作外，还以东盟为平台开展多边合作。

当然，印尼和沙特的“柔性反恐”有着很多相似的地方，尤其是在教育和宣传方面，两国都都高度重视学校领域内的意识形态之争，在学校教育中组织关于各种宗教的辩论和讨论，加强各种宗教间的对话，促进对主流宗教的教育和宣传，批判极端主义对伊斯兰教的曲解等。

两国都对囚犯及其家庭给予必要的帮助，包括学费、住房补贴和医疗救济等。沙特对特别困难的释放犯还提供汽车，并帮助其介绍配偶等。

通过巴基斯坦、印尼和沙特的“反恐”策略进行比较，可以看出巴基斯坦的“反恐”主要以“刚性反恐”为主，印尼和沙特除了“刚性反恐”以外，两国都执行较为成功的“柔性反恐”措施，但两国的实施手段有所不同。就目前来看，印尼和沙特的“去极端化反恐”措施可算是成功的典范，值得世界各国借鉴。

二、美国对沙特“柔性反恐”的反应

沙特阿拉伯实施“柔性反恐”措施后，美国部分媒体给予了积极的评价，其中罗伯·L. 威格纳在《伊斯兰日报》上报道说，在经过康复计划重返社会的群体中，累犯率只有10%，而美国和英国的累犯率是60%—70%，从两者间的比较来看，沙特的康复计划及与之相关的“柔性反恐”措施可谓相当成功。[①] 他进一步评价说，沙特的“柔性反恐”措施能够让伊斯兰极端主义者回归到正确的轨道上。从2003年起到2010年的十年中，随着3000名妇女成功地通过康复计划，“基地”组织将政府实施的“柔性反恐”措施看作自己招募新成员的一种威胁，因为其不可能再像以前一样“俘获”年轻人的人心。[②] 阿

---

① Robert Lacey, “Saudi – US Relations- ‘Rehab the Terrorists, With Love’,” 4July2010, available at: http://www.saudi – us – relations.org/articles/2009/ioi/090522 – lacey – rehab.html.

② Rob Wagner, “Rehabilitation and Deradicalization: Saudi Arabia’s Counterterrorism Successes and Failures,” July 31, 2010, available at: http://connection.ebscohost.com/c/articles/52885519/rehabilitation – deradicalization – saudi – arabias – counterterrorism – successes – failures.

卜杜拉·F. 安沙里认为，沙特是成功地打击恐怖主义和极端主义的少数国家之一。沙特“反恐”的成功不仅在于武力“反恐”，而是其“柔性反恐”措施改变了部分极端意识形态。[①] 他将“刚性反恐”和“柔性反恐”措施进行对比时指出，“9·11”事件后沙特政府采取了一系列的“刚性反恐”措施，包括逮捕和审讯嫌疑犯、捣毁恐怖组织和收缴武器、击毙恐怖头目、引渡嫌疑犯，以及与“反恐”盟友建立联合“反恐”部队等。但 2003 年 5 月利雅得还是发生了惨烈的恐怖袭击事件。[②] 之后沙特政府意识到光靠武力“反恐”不足以解决问题，因为极端主义的意识形态仍然鼓励恐怖主义进行犯罪并为其恐怖行为辩护。于是沙特政府重新制定反恐战略，采取“柔性反恐”措施来打击支撑恐怖行为的极端意识形态。阿卜杜拉·F. 安沙里赞扬沙特阿拉伯在消除极端主义的暴力心态方面表现出很大的决心，在阿拉伯世界发挥了真正的领导作用[③]。

《华盛顿邮报》2008 年 9 月 22 日撰文称，沙特的“柔性反恐”措施取得了显著的成效，为美国和其他国家的“反恐”提供了成功的范例。作者克里斯托弗·布塞克指出，沙特的“柔性反恐”措施产生了积极效果，这一示范效应使得美国等国家在伊拉克采取相似的办法来进行“反恐”。他认为美国了解沙特“去极端化”措施的内容（预防、康复和善后照顾）

---

① Abdullah F. Ansary, “Combating Extremism: A Brief Overview of Saudi Arabia's Approach,” Middle East Policy Council, Summer 2008, Volume XV, Number 2.

② Royal Embassy of Saudi Arabia, “Initiatives and Actions Taken by the Kingdom of Saudi Arabia to Combat Terrorism,” December 2006, available at: http://www.saudiembassy.net/ReportLink/ KSA%20WOT%20Report%20Dec06.pdf.

③ Turki Al-Faisal, “Land Forces Symposium, Public Statement,” February 28, 2006, available at: http://www.saudiembassy.net/ReportLink/Extremism-Report-Mar.2006.pdf.

对打击宗教极端主义意义重大。[①] 2014 年 4 月 9 日《世界邮报》报道，沙特的“去极端化”计划取得了积极、令人惊异的效果。据 2003 年到 2007 年的统计数据显示，经过“去极端化”项目教育后的受体，其累犯率只有 1%—2%。[②]

除了媒体方面的积极报道了，美国为了鼓励沙特促进主流宗教的教育，与沙特开展了一些教育合作计划，增加了沙特在美国学习人员的名额。到 2014 年 3 月 28 日为止，沙特在美学习人员为 8 万人，这些留学人员主要学习政治、商业和社会学等方面的知识。美国希望通过其教育来影响沙特将来的社会，鼓励沙特成为一个宽容和接纳各种观点的国家。[③]

---

① Washington News, September 22, 2008.

② Ales Thurston, “Rehabilitating Al Qaeda: Saudi Arabia, Mauritania, and Yemen,” The World Post, April 9, 2014.

③ “United States - Saudi Arabia Bilateral Relationship,” Imperial Valley News, 28 March 2014.

第七章 大国合作与美国“反恐”前景

美国主导的全球反恐战争到目前已愈十年，取得了一定的阶段性成果，但“反恐”任务仍然任重道远。十余年的反恐经验表明，美国通过合作“反恐”的成效大于孤军奋战。“反恐”合作意味着其他国家在美国力所不逮的地区能够帮助其分担部分责任，因此美国奥巴马政府需要与传统盟友和非传统盟友合作来增加情报交换，通过广泛的国际合作来维护美国和世界的安全。多边参与不仅为促进和恢复多边关系提供机遇，而且增加国际社会对威胁的共识。在恐怖主义面前，美国的安全与其他国家的安全息息相关。因此美国需要与各国通力合作，共同应对世界每一角落的恐怖主义。尤其是与关键国家如印度、俄罗斯、欧盟国家等一起合作共同应对恐怖主义。

第一节　美国—印度“反恐”合作

从本土安全和“反恐”实践角度来看，美印两国有着相似的历史，“9·11”袭击事件和孟买恐怖袭击事件击唤起了之前两国未受高度重视的本土安全问题，并使两国重新调整国家战略意识。正如美国一样，日益猖獗的恐怖威胁要求印度改革国内安全机构。

从地缘上看，印度是美国在不稳定的南亚地区的关键民主同盟，该地区充斥的极端主义不仅限于克什米尔地区活动的“圣战”主义者和伊斯兰分裂主义者，而且还有锡克派恐怖主义等。这些恐怖主义组织既袭击印度，又袭击美国。因此，美国和印度在应对恐怖袭击方面有着共同的利益契合点。为了应对这些威胁，美印两国进行了“反恐”合作。2000 年，美印建立“联合反恐工作组”、2001 年建立印美防务政策组、2004 年两国建立战略伙伴关系、2005 年签署印美防务框架协议，这一新举措搭建了两国持续交流的平台。新倡议要求扩大合作领域，包括打击恐怖主义资金来源、法医学、公共交通安全和网络安全等领域，其目的在于加强“反恐”合作的能力。2010 年 11 月，奥巴马总统和辛格总理宣布美印国土安全对话机制，印度奇丹巴拉姆（P. Chidambaram）和美国国土安全部长珍妮特·纳波利塔诺（Janet Napolitano）2011 年 5 月在此框架下进行对话，讨论印美增加交流的方式，分享有关摧毁恐怖主义庇护所和基础设施的实践经验，并就这些领域的进展每半年评估一次。①

尽管两国反恐合作取得了很大的进步，但两国间在一定程度上缺乏相互信任。② 此外，印度安全结构中阻碍两国合作的因素之一是，印度各级执法机构中的严重腐败问题妨碍前线官员有效地执行反恐任务。美印两国合作的另一障碍是美国情报

① Frank J. Cilluffo, “U. S. – India Counterterrorism Cooperation: Deepening The Partnership,” Homeland Security Policy Institute, September 14, 2011, pp. 1 – 7.

② Lisa Curtis, “After Mumbai: Time to Strengthen U. S. – India Counterterrorism Cooperation,” Backgrounder, No. 2217, 2008, The Heritage Foundation, pp. 1 – 8.

界普遍认为印度和俄罗斯情报间的关系过于紧密。[①]

尽管两国合作中存在一些障碍，但两国仍有许多合作的发展空间，包括“反恐”情报分享、执法合作、打击暴力极端伊斯兰主义、“去极端化”、关键基础设施的保护等。打击暴力伊斯兰极端主义、本土“去极端化”和保护关键基础设施符合美印两国双边利益，尤其是在阿富汗，美国主导的“反恐”联盟和印度均受恐怖组织的威胁。如果两国希望免于塔利班和“基地”组织的进一步袭击的话，美印情报合作至关重要。美国参议院外交关系委员会的报告指出，尽管高级官员间的对话至关重要，但只有中等级别间官员的对话交流才能增加两国间的互信。美国与其他关键盟友的成功合作表明这种对话方式可行性。因此，促进美印更全面、更坦诚的对话方式是就各自的安全和信息服务达成中等级别官员间的长效对话机制。[②]

弗兰克·J. 西卢福（Frank J. Cilluffo）认为，为了确定美印联合“反恐”的未来方向，双方有必要观察和吸取其他国家的经验，并采纳成功的实践。当涉及到“反恐”战略时，可以借鉴已有的经验，并让双方明白安全方面的漏洞和缺口。通过共享和采纳各自获得的经验，印美两国能建立起互信并确保合作的成效大于单干。扩大情报共享和经验交流不仅要通过联邦层面的公开和常规对话，而且要通过美印执法部门间的对话。这样可以促进双方的警察对“反恐”策略、技术和程序的理解。[③] 如孟买爆炸事件发生后，美国洛杉矶和拉斯维加斯警察

---

① Frank J. Cilluffo, “U. S. – India Counterterrorism Cooperation: Deepening The Partnership,” Homeland Security Policy Institute, September 14, 2011, p. 8.

② Frank J. Cilluffo, “U. S. – India Counterterrorism Cooperation: Deepening the Partnership,” The U. S. House of Representatives Committee on Foreign Affairs, September 14, 2011.

③ Frank J. Cilluffo, “U. S. – India Counterterrorism Cooperation: Deepening the Partnership,” The U. S. House of Representatives Committee on Foreign Affairs, September 14, 2011.

局派出专家组前往孟买，向印度执法警官了解当地对袭击事件的反应，深究印度“反恐”实施策略中所存在的漏洞。这加深了美国警察对反恐策略、技术和程序的了解，并在美国未来“反恐”措施中扬长避短，对症下药，对美国执法前景无不有所裨益。通过孟买袭击事件的交流，印方警察也了解自身装备不足、策略欠佳，甚至不知道泰姬陵酒店出口的荒唐事件。从而使其意识到有必要让执法机构现代化和专业、坚决打击恣意横行的腐败，并通过各级政府垂直和水平地加强标准化信息共享进程。因为印度国家警察严格按照三级执法体系（地方、州和联邦），这种体系不利于地方警察快速做出反应。孟买袭击事件也揭示了印度“公共安全属于警察的事情而像酒店之类的私营部门不必参与”这种心态必须加以克服。简言之，目前的安全气候要求政府部门和私营部门领导一起共同维护公共安全。

弗兰克·J. 西卢福进一步指出，美国今后的努力方向应该是帮助印度逐渐走出传统上以警务活动为重点的模式，美国大都市的执法机构正着手实施以情报为主导的社区警务战略，这一战略得到美国国土安全部政策研究院的重视。[①] 国土安全政策研究院认为“反恐”是地方警察和国家警察的共同任务，基于这一认识美国建立了以情报为主导的社区警务战略，并由于威胁的凸显而增加情报共享。由于印度人口众多且警察比例（142∶100000）远低于美国（315∶100000），这可以断定印度大都市容易成为恐怖主义攻击的目标。[②] 因此情报主导的警务体系与社区主导的警务体系相结合是两国打击恐怖主义的最好方法。

---

① Frank J Cilluffo, “Counterterrorism Intelligence: Law Enforcement Perspectives,” Research Brief, Vol. 1, No. 1. 2011.

② Sunil Dasgupta, “Why Mumbai Needs A Mayor,” Foreign Affairs. August 1, 2011, p. 1.

第二节　美国—俄罗斯“反恐”合作

美俄反恐合作始于冷战最后十年期间，当时这对传统的夙敌开始意识到在“反恐”领域即使是有限的合作也可以改善两国关系，并对遏制日益凸显的恐怖威胁做出贡献。但直到“9·11”事件后，两国政府才充分认识到恐怖主义对国家、地区和国际安全威胁的严重后果。更准确地说，美国针对“基地”组织的全球“反恐战争”与俄罗斯针对车臣和其他地方暴力事件的战争促使两国领导人建立永久双边战略框架来应对非传统威胁。

俄罗斯与恐怖主义间冲突的历史可以追溯到冷战期间。20世纪末期，苏联在地缘政治利益的驱使下，于1979年入侵阿富汗。① 美国为了帮助阿富汗击败苏联和遏制苏联的扩张，通过巴基斯坦三军情报局间接向阿富汗提供资金和武器。② 在此期间，伊斯兰“圣战者组织”的作战能力得到提高，并在中央情报局资助的训练营建立自己的军队。一些受极端伊斯兰主义影响的“圣战者”进入高加索地区，并将恐怖袭击作为谋求车臣独立的战斗方式。车臣穆斯林是俄罗斯的少数民族，一直为争取脱离于俄罗斯的统治而进行暴力活动，因此俄罗斯的主要恐怖主义者主要来自车臣。车臣是俄罗斯分裂主义、种族冲突和国际恐怖主义的据点，也是内外势力制造混乱之所，因而是俄罗斯国家安全的“毒瘤”。正如俄罗斯副外长阿纳托利·萨

---

① Institute for the Study of War, “Russia and Afghanistan,” available at: http://www.understandingwar.org/russia-and-afghanistan.

② Michel Chossudovsky, “Who Is Osama Bin Laden?” Global Research: Center for Research and Globalization, 2001, available at: http://www.globalresearch.ca/the-truth-behind-9-11-who-is-osama-bin-laden/3198.

福诺夫（Anatoly Safonov）2004 年接受意大利报纸采访时说，车臣恐怖主义的野心是力图建立横跨黑海和里海的哈里发国家。[①] 为了达到这一目的，车臣从 1991 年开始发动叛乱，俄罗斯为平息叛乱与车臣签署和平协议，一些车臣人因对该协议不满而发动一系列恐怖袭击事件。在现代媒体的宣传下，这种恐怖效应扩散到俄罗斯的其他地区，这些恐怖分子采用的主要方式是绑架。1998 年 5 月，叶利钦的私人代表遭到绑架后被扣留六个月，接着来自英国和新西兰的四名工程师遭绑架后被杀害。1999 年 5 月，俄罗斯派往车臣的高级代表根纳季·斯皮纲（Gennadiy Shpigun）在遭绑架后被杀害。[②] 除劫持手段外，肉弹袭击是车臣恐怖主义的另一袭击方式。

1995 年，车臣在叛乱头目巴萨耶夫和哈塔卜（Basayev and Khattab）带领下发动第二次叛乱，巴萨耶夫占领一家医院并劫持 1600 人后迫使俄当局与叛军谈判，哈塔卜则于 1996 年伏击和屠杀俄装甲团。[③] 恐怖主义的残酷性使俄罗斯决定对其给予坚决的打击，普京在第二次车臣战争时说："俄联邦将找出所有的恐怖分子并将其歼灭。"[④] 恐怖主义制造的炸弹袭击在第二次车臣战争后有所收敛，但 2002 年约 50 名车臣恐怖分子占领剧院并劫持了 800 名无辜平民，并杀害其中的 120 人。[⑤] 此后炸弹袭击事件开始死灰复燃，造成大量人员伤亡。尤其是在被

---

① Maja Bedak, "The U.S. – Russian Bi lateral Counterterroism Efforts," A Thesis Submitted in Partial Fulfillment of the Requirements for a Degree with Honors, May 2013, p. 23.

② Paul J. Bolt, et al., "United States, Russia and China: Building CooperativeApproaches: The United States, Russia, and China Confronting Global Terrorism and Security Challenges in the 21st Century," Westport: Praeger Security International, 2008, pp. 1 – 30.

③ Derluguian, "Che Guevara's in Turbans: The Twisted Lineage of Islamic Fundamentalism in Chechnya and Dagestan," October 1999, p. 15.

④ Islamyev, "Thousands Fless Grozny as Bombs Fall," Moscow Times, September 25, 1999.

⑤ Bolt, "United States, Russia and China: Building Cooperative Approaches," p. 15.

称为俄罗斯“9·11”事件的别斯兰人质事件中，据称与“基地”组织有瓜葛的车臣叛乱分子劫持了1100名人质。为期三天的劫持事件造成350人死亡，近800人严重受伤，据称巴萨耶夫是幕后操纵者。[①] 普京在就该悲剧事件向全国发表的讲话中说，“俄罗斯面对的不仅是威胁性的分裂行为，而是大范围、残酷的国际恐怖主义。”[②] 面对恐怖主义的袭击，俄罗斯采取很多措施与国际社会一道合作“反恐”，当然也改善了与美国的合作关系。在俄罗斯看来，恐怖主义是一个全球问题，应对此问题必须采取国际合作，而与美国的合作尤为重要。因此在美国的推动下，俄罗斯基于自身利益的综合考虑后，一改冷战时期将恐怖主义视为对付西方秘密武器的立场，在“9·11”事件后很快加入美国主导的“反恐战争”。俄罗斯政策这一积极的变化反映了国际社会的三个基本现实：第一个老生常谈的现实是“没有永远的朋友，也没有永远的敌人，只有利益是永恒的”；其次，共同的安全威胁如恐怖主义等使得国家间形成联合防御战略和结盟政策；最后，为了确保美俄未来的安全，两国需要继续“反恐”合作。[③] 基于以上共同安全的考虑，美俄两国在以下领域开展“反恐”合作。

一、在阿富汗的合作

苏联在阿富汗的经验对美俄合作“反恐”是一份价值颇丰的资产。关于这一点，2009年一些苏联的外交官和将军在美俄

---

① Maja Bedak, “The U.S. – Russian Bi lateral Counterterroism Efforts,” A Thesis Submitted in Partial Fulfillment of the Requirements for a Degree with Honors, May 2013, p. 26.

② Janusz Bugajski, “A Look into Putin’s Soul,” Wall Street Journal, October 13, 2004.

③ Yonah Alexander, Richard Weitz, “American – Russian Counterterrorism Partnership,” Middle East Times, July 22, 2009, p. 3.

双边会议时警告说，忽略十年的经验将会是一个错误。格拉乔夫未将阿富汗视为一个中央集权国家，而是一个不同部族法规统管不同部族的特殊之地，因此武力在该地不能带来和平。[①]格拉乔夫也意识到许多苏联当年面临的挑战现在正困扰美国，这些问题包括血腥的部族争斗、软弱的中央政府、极端伊斯兰主义、贪恋权力的军阀、腐败无能的地方军事指挥官、落后的基础设施、复杂的游击战等使得在该地区推广民主徒劳无益。相反，美国和俄罗斯应多注重基础设施的建设如修建医院和学校、灌溉系统和道路等，而不是增加与当地武装分子作战的部队。正如退休将军格拉乔夫评论说，关键的问题是要知道阿富汗的经济发展水平低于中世纪的水平，阿富汗除了种植罂粟外没有其他产业。[②] 因此美俄在阿富汗的大部分工作主要集中于削弱毒品交易、修建基础设施和向阿富汗军队提供培训技术等。

（一）反毒品

今天的阿富汗生产全球90%的鸦片，也是海洛因的批量生产之地，大约有300—500个实验室，每年生产380—400吨海洛因，其中的大部分在欧洲和俄罗斯销售。[③] 恐怖主义和毒品是相互依存的两个因素，且阿富汗人的生活也严重受到这两个因素的影响。20世纪80年代在阿富汗活动的“圣战”运动靠种植和销售鸦片来购买一部分武器，并用于抵抗苏联的侵略。1989年苏联撤出阿富汗以后，美国停止对“圣战者组织”的

---

① Tom Lesseter, “Russian Advice: More Troops Won't Help In Afghanistan,” McClatchy Newspapers, March 9, 2009.

② Maja Bedak, “The U.S. – Russian Bi lateral Counterterroism Efforts,” A Thesis Submitted in Partial Fulfillment of the Requirements for a Degree with Honors, May 2013, p. 35.

③ United Nations Office on Drugs and Crime, “Country Programme for Afghanistan: 2012 – 2014,” UNODC, 2012, p. 16.

资助，因此鸦片成为极端组织更为重要的经济来源。美国前国家安全顾问胡安·卡洛斯（Juan Carlos）认为，“毒品美元即使不是塔利班的唯一财源，也是其今天的主要财源。”根据美国军事学院反恐专家的估计，毒品美元占塔利班85%—90%的财政收入（相当于8000万到1亿美元）。[①] 塔利班在整个阿富汗向毒品生产商收取费用，包括勒索、常规税和天课。恐怖主义组织和其他犯罪团伙使用国际上称之为“哈瓦拉”汇款体系进行地下洗钱。“9·11”事件后，本·拉登最大的资金来源被终止，但是“基地”组织依靠塔利班的非法毒品利润，利用“哈瓦拉”体系重建资金链条。

阿富汗政府的主要问题在于国民生产总值的一部分来自毒品贸易（2012年为15%），多数人口生活在贫困线以下，因而政府无法在财政上与塔利班竞争。塔利班好战分子人均每月为100美元，比警察高出20美元。[②] 联合国打击毒品和犯罪办公室在2008年鸦片调查报告中说，阿富汗的鸦片种植与塔利班有着千丝万缕的联系。[③] 因此消除阿富汗毒品生产和贸易是美俄合作反恐的优先选择之一。两国做出各种努力来根除鸦片问题，其中的一项措施是通过禁毒宣传活动来教育普通大众和罂粟种植者。

自1995年后，由于有利的天气条件，阿富汗毒品生产一直处于上升的趋势，到2007年达到峰值，占世界毒品总生产量的93%。但2008年的种植量同比减少了19%，2011—2012

---

① Kathy Gannon, "Funding for Terrorists Al - Qaida Makes Comeback on Illicit Business: Donations Taliban Gains from Drugs and Crime," South Florida Sun - Sentinel, June 21, 2009.

② Kathy Gannon, "Funding for Terrorists Al - Qaida Makes Comeback on Illicit Business: Donations Taliban Gains from Drugs and Crime," South Florida Sun-Sentinel, June 21, 2009.

③ Maja Bedak, "The U.S. - Russian Bi lateral Counterterroism Efforts," A Thesis Submitted in Partial Fulfillment of the Requirements for a Degree with Honors, May 2013, p. 38.

年的种植量虽有所回升，但总体上比2005—2008年大大减少。这主要有两个原因：其一是天气干旱，其二是美俄反毒品工作组（U. S. -Russia Counternarcotics Working Group）所做出的贡献。阿富汗各省领导和宗教领袖在美俄的支持下发动反毒品宣传活动，鼓励农民种植其他替代农作物。①

（二）修建基础设施

尽管努力打击阿富汗的毒品生产和贸易是俄罗斯的优先选择，但俄认为此举对打击恐怖主义远远不够，通过借鉴苏联20世纪80年代在阿富汗的经验，美俄政府决定帮助改善阿富汗的基础设施。阿富汗北部富含天然气和矿产，因此帮助阿富汗改善基础设施不仅惠及阿富汗本身，也惠及积极投资于能源项目的俄能源公司。早在20世纪90年代中期，土库曼斯坦—阿富汗—巴基斯坦—印度四国（TAPI）油管计划提出后受挫，直到2011年才重新恢复谈判。欧洲和美国对四国输油管的兴趣引起了俄罗斯的积极回应，因为TAPI计划可以增加阿富汗的国民生产总值，这反过来有助于俄“反恐”和缉毒，于是美俄在阿富汗共同投资75亿美元建立油管合资企业。②

除了投资于新的基础设施外，俄罗斯也正努力升级一些苏联时期的设施，其中之一是计划提供5亿美元用于建设几座水电厂。③ 俄罗斯打算投资的多个项目中包括在阿富汗农村开凿水

① United Nations Office of Drug and Crime, “Afghanistan Opium Survey 2008: Executive Summary,” Government of Afghanistan Ministry of Counter Narcotics, 2008.

② Maqbool Malik, “Russia Interest in TAPI Pipeline Project Irks US,” The Nation, February 15, 2012.

③ Simon Shuster, “Russia Returns to Afghanistan for a Drug Raid,” Moscow, Saturday, Oct. 30, 2010, available at: http://content.time.com/time/world/article/0, 8599, 2028329, 00.html.

井和兴修水利灌溉系统，并一直参与农村房屋建设和道路改造。① 当然，正如《时代周刊》的记者报道，俄罗斯的外交完全是按现实主义行事，其野心主要寻求获得阿富汗的自然资源。②

同样，美国奥巴马政府通过将战略重点从根除毒品到制度建设，以及为罂粟寻找替代农产品，从而重塑美国的“反恐”战略，莫斯科对美国奥巴马新战略给予支持。奥巴马新战略需要阿富汗地方社会的支持才能有所进展，同时美国在撤出阿富汗之前需要向其提供适当的医疗保健、教育、水电等，这些重建计划可以鼓励阿富汗草根阶层对中央政府的支持，从而增加该地区长期和平和稳定的可能性。

迄今为止，美俄提高阿富汗教育的愿望收到了一定的成效，比如教育普及率达到了前所未有的水平，18 岁以下的入学率已跃居世界前列。女孩在塔利班统治时期的入学率是零，这一比例到 2013 年 5 月前已增加到 40%。此外，从 2002 年到 2013 年 5 月，美俄修建了 4000 多所学校、培训 20 万名教学人员。2002 年学校只招收 90 万名学生，到 2013 年 5 月已有约 800 万孩子接受过教育。③ 但是，如果阿富汗教育真正要有所改变，阿富汗经济发展和就业形式必须与这一数据协调一致。

二、在其他领域的合作

（一）建立“反恐合作工作组”

美俄为了便于两国“反恐”领导人共同讨论国家和国际安

① Lyuba Lulko “Russia to Return to Afghanistan After US Occupation,” Pravda, November 20, 2011.

② Simon Shuster, “Russia Returns to Afghanistan for a Drug Raid,” Moscow, Saturday, Oct. 30, 2010, available at: http://content.time.com/time/world/article/0, 8599, 2028329, 00.html.

③ “The Development of Education: National Report,” Islamic Republic of Afghanistan Ministry of Education, October 15, 2008.

全的威胁、就相关的执法问题加强对话与合作、确保交通安全、鼓励信息和情报交换，于是在双边总统委员会的框架的指导下，于2002年10月12日建立了“美俄反恐工作组”(Counterterrorism Working Group)[①]。根据该工作组的指导原则，俄罗斯情报部门向美国在阿富汗的“反恐”提供相关的情报支持。这一联合努力在阿富汗及其周边地区取得了不小的成效，包括阻扰恐怖主义的洗钱活动、冻结恐怖主义的资产和切断其来源。[②] 国家安全是该工作组的重点工作之一，通过整合美国交通局和俄罗斯交通部，两国的情报交换得到进一步较强。两国还举行联合行动培训，经常举行防爆装置训练。美国还仔细地检查和视察了俄罗斯机场，在借鉴经验的同时也提出了改善意见。尽管美俄合作工作组取得了不小的成效，如破坏恐怖主义洗钱活动、冻结恐怖主义资产、没收恐怖主义拟购买大规模杀伤性武器的资金、成功拦截包括海洛因在内的毒品走私、提高美俄相互的交通安全等。两国的航空环境和地上交通系统的脆弱性得到一定的改善等。但两国合作仍存在很大的改善空间，主要表现为在“反恐”合作经常跌宕起伏，美经常指责俄方侵犯人权，而俄方指责美国言行迥异。[③]

（二）消除核恐怖主义的威胁

美国和俄罗斯共同持有全世界核武器的95%，因此两国的合作对预防和减少核恐怖主义的危险极其重要。[④] 两国在冷战

---

① “U. S. -Russia Bilateral Presidential Commission Joint Report 2012,” available at：http：//www. state. gov/documents/organization/187041. pdf.

② Yonah Alexander, “American-Russian Counterterrorism Partnership,” Middle East Times, July 22 2009.

③ Maja Bedak, “The U . S . – Russian Bi lateral Counterterroism Efforts,” A Thesis Submitted in Partial Fulfillment of the Requirements for a Degree with Honors, May 2013, p. 58.

④ Clifford J. Levy and Peter Baker, “U. S. – Russia Nuclear Agreement Is First Step in Broad Effort,” The New York Times, July 6, 2009.

结束后经过20多年的努力，美国通过提供资金和技术帮助俄罗斯销毁了7600件核武器、2300枚导弹和加固24处核武器库。同时消除哈萨克斯坦、白俄罗斯和乌克兰所有的核材料和核武器。[①] 之后两国在消除核恐怖主义的威胁方面的合作鲜有进展，直到2011年两国联合发表关于核恐怖主义的威胁评估报告时，两国合作才有新的进展。该报告对当今全球化时代核威胁的严重性进行评估，并提出综合性的合作战略。[②] 评估报告阐述了恐怖主义可能获得核武器的几种可能：窃取现存核武器、从偷取的武器中提取核材料、破坏核设施以制造袭击。但评估报告认为减少核恐怖主义威胁的最好方法是减少两国多余的大规模杀伤性武器和制造材料。两国为确保安全已付出很大的努力，并执行一系列的双边协议如美俄高度浓缩铀购买协议等。

除了执行双边协议外，美俄还积极推动打击核恐怖主义的多边协议，两国于2006年创设的“打击核恐怖主义的全球倡议组织”（The Global Initiative to Combat Nuclear Terrorism）被证明是成功合作范例之一。该组织目前包括85个国家，是国家与国际组织间的自愿合作关系，其目的是加强国际合作，共同预防、侦查和应对核恐怖主义。该组织与主权国家签订了一系列的公约和决议：《关于核材料的保护公约》、《关于制止核恐怖主义行为公约》、联合国安理会1373号和1540号公约等。此外，“美俄关于核武器和核能的联合工作组”还与“国际原

---

① American Security Project, “The Nunn – Lugar Cooperative Threat Reduction Program: Securing and Safeguarding Weapons of Mass Destruction,” available at: http: //americansecurityproject. org/ASP% 20Reports/Ref% 200068% 20 – % 20The% 20Nunn – Lugar% 20Cooperat ve% 0Threat% 20Reduction% 20Program. pdf.

② Simon. Saradzhyan, “The U. S. -Russia Initiative to Prevent Nuclear Terrorism,” Belfer Center for Science and International Affairs, December2013 – February 2014.

子能机构”一道紧密合作，致力于打击核恐怖主义。

作为世界上拥有最多核武器的国家，美俄有责任减少世界上的核武器数量，并扭转冷战期间强烈的军备竞赛。如今，这两个国家都通过消除全球各地的核材料数量来保证其他国家的安全。这虽然只是一个外交辞令，但却值得鼓励。尽管两国通过各种双边和多边条约、协定以及机制创设削减了大量的核武器，但打击核恐怖主义的道路仍然漫长。今天的恐怖威胁难以预测，且俄罗斯大量的核材料库靠近不稳定地区，如巴基斯坦和阿富汗，加之车臣和乌兹别克斯坦极端穆斯林主义的兴起，这一切加深了美俄对核恐怖主义的关切。因此美俄比历史上任何时刻都需要搁置分歧，共同采取防御措施来遏制核恐怖主义的威胁。

在抵抗苏联入侵阿富汗期间，受到美国资助而崛起的恐怖主义不仅支持车臣反对俄罗斯，而且也反对西方尤其是美国。国际恐怖主义既威胁美国安全又威胁俄罗斯安全的事实创造了两国根除恐怖威胁的共同基础。阿富汗是培育恐怖主义的基地，且恐怖主义可以蔓延到车臣甚而到俄罗斯，这就不难理解为何美俄在阿富汗携手切断恐怖主义的资金来源和消除恐怖主义意识形态的影响。由于阿富汗毒品对俄罗斯人的生活产生了一定的影响，因此导致美国介入在阿富汗的“反恐”事务。美国认为“反毒品”与“反恐”息息相关，因此美俄利益在阿富汗相互重叠，这就决定两国共同合作打击恐怖主义和毒品走私。美国在阿富汗的存在即使不受莫斯科欢迎，也有利于帮助俄罗斯消除毒品和极端主义的影响。基于各自国家利益的考虑，美俄在“9·11”事件后进行了多领域的“反恐”合作，并取得了一定的成效。但是，由于美俄在一定程度上对恐怖主义的界定存在一些分歧，如在车臣为题上，美国将其看作种族冲突，而俄罗斯认为是国际恐怖主义，因而两国有时难免相互指责。

第三节　美国—欧盟“反恐”合作

美国发生“9·11”袭击事件后，随之而来的调查发现“基地”组织在欧洲的分支机构这一事实让欧盟决定打击恐怖主义，改善成员国间的警务、司法和情报合作。2004 年西班牙马德里爆炸事件、2005 年伦敦地铁恐怖袭击事件使欧盟迫切感到有必要加强欧盟“反恐”能力和减少成员国间的执法壁垒，以便于成员国能共享情报和迅速逮捕嫌疑分子。为了提高反恐能力，欧盟认为与美国的情报合作是一个优先选择。美国认为欧盟的合作有助于清除恐怖主义在欧洲和其他地方的分支机构、阻止恐怖主义将来可能对美国及其国外利益的袭击，因而对欧盟的合作乐见其成。通过加强有关执法和国土安全的对话，美欧反恐合作为美欧关系注入了新的活力。2001 年以来，美欧官员就警务、司法、边界控制政策等问题的接触和磋商机会大量增加，双方签订若干协议，包括情报合作、警务和司法合作、引渡条约、航空客运数据等。此外，双方还共同限制恐怖主义的资金来源和加强交通安全。但是美欧间的“反恐”合作也面临一些挑战，其中最显著和持久的是资料隐私和资料保护问题。欧洲将个人隐私看作一项基本的权利，且欧盟法规努力使个人隐私不受法律侵犯，因此双方自启动“反恐”合作后一直围绕这一问题进行谈判。但无论如何，美欧还是进行富有成效地进行“反恐”合作，其合作领域包括情报共享、执法、跟踪和打击恐怖主义资金来源等。

第一，执法和情报合作。

美欧为打击恐怖主义签订了一系列协定，以提高双方的警务和司法合作。2001年和2002年，双方草签两个协议，规定美国执法机关和欧盟共享战略资料（犯罪种类和风险评估等）与个人资料（姓名、地址和犯罪记录等）的相关内容。2010年，在经美国议会和欧洲成员国同意后，双方签订了《引渡条约》和《相互法律援助条约》，《相互法律援助条约》规定美国在刑事调查中可以查询欧洲银行的账户和财政资料。[①] 华盛顿和布鲁塞尔希望这两个条约不仅有助于打击恐怖主义，而且也有利于打击其他犯罪活动，如洗钱、毒品贸易和贩卖人口等。当然双方都有部分人士对这两个条约提出批评，美国认为欧盟缺乏执法能力，其评估和分析恐怖威胁与其他犯罪活动的能力主要取决于成员国是否愿意提供资料；欧盟则抱怨美国只想获得欧盟资料，而不准备让别人分享美国的情报；其他的分析人士认为欧盟反对死刑，因此拒绝引渡欧洲公民可能会影响及时的法律援助，并在某些情况下影响对恐怖分子的引渡。[②]

第二，界定恐怖分子和恐怖组织。

2001年后，美国和欧盟官员在对恐怖主义者和恐怖组织的界定上逐步统一认识，这一弥合有助于限制恐怖主义资金来源。因为被欧盟列入黑名单的恐怖主义个人和组织既有驻足欧盟内的，也有欧盟外的，黑名单的添加或删除必须在欧盟成员国内达成共识。到2013年9月为止，美国和其他国家成功地说服欧盟承认数个恐怖主义组织：土耳其库尔德工人党（Turkish-based Kurdistan Worker's Party，PKK）、哥伦比亚革命武装力量（the Revolutionary Armed Forces of Colombia，FARC）等，美国也

① U. S. Department of Justice Press Release, “U. S. /EU Agreements on Mutual Legal Assistance and Extradition Enter into Force,” February 1, 2010.

② Kristin Archick, “U. S. – EU Cooperation Against Terrorism,” Congressional Research Service, September 4, 2013, p. 4.

听取欧盟的建议，将巴斯克分离主义组织埃塔（Basque separatist group, ETA）列为恐怖主义组织。[①] 但是美欧间对恐怖主义的界定还是存在稍许的区别，例如，欧盟不愿将与“哈马斯”有关的慈善机构列入恐怖组织，因为一些欧盟成员国已将其看作参与政治和社会工作的独立实体。再如黎巴嫩真主党，英国和荷兰早就将其列入恐怖主义组织，但法国和其他一些欧盟成员国却拒绝将其界定为恐怖组织，原因之一是黎巴嫩真主党在黎最贫困地区提供必要的社会服务。但是真主党制造的多次恐怖事件，尤其是保加利亚布尔加斯机场爆炸事件引起了欧盟成员国间激烈的讨论，欧盟遂于2013年3月将真主党武装分子列入恐怖主义黑名单，但不包括整个真主党组织。奥巴马政府和许多国会议员对欧盟这一决定表示欢迎。

第三，跟踪和打击恐怖主义资金来源。

美国和欧盟“9·11”事件后积极地进行“反恐”合作，致力于跟踪和限制恐怖主义资金来源。双方通过联合国和“政府间金融特别行动工作组”进行合作，携手制止恐怖主义融资和完善国际金融调查机制。根据双方签订的协议，美国当局可以查看“环球同业银行金融电讯协会”或“斯威夫特”（the Society for Worldwide Interbank Financial Telecommunications, SWIFT）[②] 的财政资料。美欧通过分析来自“斯威夫特”的1800多条线索，双方认为许多线索有利于调查在欧洲发生的恐怖袭击，并可以预防将来可能发生的袭击。[③] 但是由于欧盟担心美国侵犯个人隐私权，对“斯威夫特”资料的共享仍然有所

---

① “U. S. Takes Action with EU on Expanded Terror List,” Agence France Presse, May 3, 2002.

② “斯威夫特”的意思即是国际银行财团。

③ U. S. Department of the Treasury, “Terrorist Finance Tracking Program: Questions and Answers,” available at: http://www. ustreas. gov.

保留。

第四，加强边境管制和运输安全。

根据美国国土安全部的统计，每天大约 30000 名乘客、3000 个集装箱从欧洲到达美国。[①] 在过去十年里，美欧一直强调边境控制、民航，以及海上安全合作的重要性，并就这些问题签订了一些协议。双方希望加强对丢失和被盗护照的国际信息交流、推广使用可以互操作的生物识别码，以提高旅行证件的安全性。2010 年 1 月，美欧发布联合声明，承诺增进双方的共同努力，加强世界范围内的航空安保措施；2010 年 10 月，美欧就航空安全联合发表《国际民航声明》（International Civil Aviation Organization，ICAO），这一声明得到 190 个国家的承认。目前，美国和欧盟高度重视提高货物安全和加强全球供应链的安全，双方在 2011 年 7 月的联合声明中重申加强供应链的安全性，以及在这个问题上促进更多的全球合作的决心。与此同时，美欧官员继续努力寻求既能保证边境安全，又能促进跨大西洋间的旅游和商业这两者间的折中办法。

第五，扫描海上货物。

2004 年 4 月，美欧签署《海关合作协议》，该协议要求在整个欧盟扩大美国《集装箱安全倡议》（Containet Security Initiaitive，CSI）。《集装箱安全倡议》规定，由美国海关官员到外国港口帮助预检运往美国的海运集装箱，以确保其不含有害物质，如炸药和其他大规模杀伤性武器，目前已有十个欧盟成员国加入这一倡议。尽管欧洲领导人支持对货物使用辐射探测和成像扫描来增加货物的安全性。但认为这可能会干扰贸易、增加欧盟港口和商业的经济负担，因此要对所有的集装箱进行

---

① “Overview of Security Issues in Europe，” 112th Congress，May 5，2011.

扫描不太现实。不管是布什政府还是奥巴马政府的官员也担心对所有货物进行扫描会增加成本和降低效率。①

美国两届政府和许多国会议员自“9·11”袭击事件后都支持加强美欧“反恐”合作关系，尽管部分人士最初怀疑美欧合作可能会削弱美国与欧盟部分成员国的双边执法力度。但美国认为，就警务和司法方面来看与欧盟合作“反恐”利大于弊。双方也希望就边境控制和交通安全加强合作，从而能够对恐怖主义进行跟踪，以阻止其进入美国或在欧洲寻求庇护所。

同时，一些分析人士认为，由于欧盟成员国的执行能力千差万别，且美国对各成员国的政策偏好不一，因而美欧合作“反恐”很复杂。但无论是美国还是欧盟都在“反恐”、执法、边界控制和交通安全等领域紧密地进行合作。如上所述，奥巴马政府在很大程度上延续了布什政府在这些领域中与欧盟合作的政策。

---

① “EU Hits at U. S. Plan To Scan Containers,” Financial Times, August 2, 2007.

结语

非传统安全威胁不仅给人类带来巨大的财产损失和人员伤亡，而且给社会带来极度恐惧心理，同时也影响国家的政治议程。“9·11”事件作为突发性的重大事件不仅改变了美国国家安全观，也在一定程度上重塑了美国国家安全战略。美国不再像冷战期间那样将苏联的扩张主义视为主要的威胁来源，而是将恐怖主义、恐怖主义与技术的结合，以及“支恐”国家视为主要的威胁。并根据威胁来源的改变制定了具体的相关战略——“先发制人”战略，也称“布什主义”。“布什主义”的出台具有特殊的国际背景，除了“9·11”恐怖袭击事件这一偶然的驱动力以外，物质力量和观念市场相结合是分析“布什主义”不可或缺的内在因素。从物质力量的层面来看，美国具有得天独厚的地理位置和技术实力所放大的综合国力，这两者的结合让美国对“先发制人”战略充满自信；从观念层面来看，美国自冷战以来在海外胜多败少的干预让美国认为战争是不流血的或者很少流血的，所以美国不是要铸剑为犁，而是考虑如何把剑磨得更加锋利。另外，新保守主义主政白宫并占据重要位置这一事实让“布什主义”从观念变为政策。

恐怖主义是冷战后弥散于全球的一种重大威胁，其根源主要来自宗教极端主义，因而“反恐”是一种新形式的意识形态之争，它不同于冷战时期东西方间对称性的意识形态对抗。这种对抗是一种非对称型的，即使强大如美国者也不能单独应对游离不定的攻击来源——恐怖主义。因此美国不但要与大国进行合作，而且需要与穆斯林世界的的主要国家结盟，共同对付恐怖主义。

南亚的巴基斯坦和阿富汗被认为是塔利班和“基地”组织的“大本营”和“庇护所”。阿富汗是毒品的生产和加工基地，毒品贸易又是恐怖主义的资金来源之一，加之前阿富汗塔利班政权被美国认为是“基地”组织的支持者。巴基斯坦具有重要地缘位置，是通往阿富汗的重要通道，并且巴自20世纪抵抗苏联入侵阿富汗起便与“基地”组织和塔利班有着特殊的渊源，加之巴基斯坦是穆斯林世界核武器拥有国。因此美国将巴基斯坦作为“反恐”前线国家既可以在“反恐战争”中获得巴在情报、军事、后勤等方面的支持，同时又可以通过机制合作来防止巴基斯坦的核武器落入恐怖主义之手。巴基斯坦基于自身国家利益的考虑，穆沙拉夫政府以及之后的各届政府选择与美国合作，支持美国在南亚的“反恐战争”，并取得了一定的成效。但由于双方的合作都是基于各自国家利益的考虑，使得双方的合作因缺乏足够的互信而龃龉丛生。

恐怖主义20世纪初进入东南亚后便在当地建立分支机构，这些分支机构与阿富汗的“基地”组织经常联系并共同策划针对美国的袭击。“伊斯兰祈祷团”在印度尼西亚、马来西亚和新加坡等国频繁活动，对该地区安全造成了很大的威胁。印尼是世界上最大的穆斯林人口国，在苏哈托被推翻后成为了民主国家，一方面美国与印尼结成“反恐”联盟可以巩固该地区的民主成果，另一方面可以消减“美国主导的全球反恐战争是针对伊斯兰世界”的论调。印尼在雅加达爆炸事件后意识到恐怖主义对本国安全的威胁，因而民众支持政府与美国结盟共同反恐的决定。美国—印尼在军事、政治、安全、技术培训等方面进行全面合作，取得了积极的成效。印尼除了与美国合作采取“刚性反恐”措施以外，也实行“柔性反恐”措施。

中东地区具有重要战略意义，该地区的沙特阿拉伯是逊尼派穆斯林的实际领袖。但是富裕的沙特个人和慈善机构经常向恐怖主义组织捐赠资金，因此美国部分批评人士称沙特是恐怖主义的消极支持者。美国“9·11”事件后选择加强与沙特的盟友关系一方面可以保证美国的石油供应来源，另一反面还可以阻断恐怖主义的部分资金来源。另外，美国可以借助沙特在中东的影响力来推动中东和平进程，同时通过加强与沙特的盟友关系来稀释中东的反美浪潮。从沙特的角度来看，沙美石油出口与进口的相互依存关系在惠及美国的同时，对沙特本国无不有所裨益。因此，沙特加强与美国的盟友关系可以获得其他国家无法提供的能源安全保障。自 1991 年沙特参加美国领导的“沙漠风暴”行动后频繁遭到恐怖主义的攻击，2003 年的利雅得恐怖袭击事件让沙特进一步意识到，支持美国的“反恐战争”不但可以提高自身的安全度，同时还可以抵消伊朗在伊拉克的影响力。基于双方对各自国家利益的理想考虑，美沙进一步加强在“反恐”领域的全面合作并取得了积极的成果。与印尼一样，沙特在与美国合作采取“刚性反恐”措施的同时，也采取了“柔性反恐”措施，实行预防、康复和善后照顾等“去极端化”的反恐措施。沙特的“柔性反恐”措施被认为是成功的典范，值得世界各国借鉴。美国除了与穆斯林世界的主要国家进行“反恐”合作以外，也与印度、俄罗斯、欧盟进行合作“反恐”。美国与印度主要在情报共享和经验交流方面进行合作。美国与俄罗斯的“反恐”合作主要包括缉毒和打击和恐怖主义；美国和欧盟“反恐”合作主要集中在执法和情报合作、界定恐怖主义分子和恐怖组织、跟踪和打击恐怖主义资金来源等领域。

从合作成效来看，美国与主要大国、地区主要穆斯林国家的合作成效各不相同。南亚的巴基斯坦和阿富汗是美国国际“反恐战争”的主战场，美国在该地区投入了大量的兵力，并使用先进的无人战机对巴阿边境的恐怖主义实行定点清除。这一方法虽然起到了一定的效果，减少了美国的本土威胁，但也激起了恐怖主义的报复心理。在不对称实力的打击下，恐怖主义将报复目标指向巴基斯坦，致使巴仍然是遭受恐怖袭击的重灾国之一。与美巴“反恐”合作相比较，美国—印尼、美国—沙特“反恐”合作的成效比较显著。除了两国分别与美国采取武力“反恐”合作外，关键的原因在于两国在美国的物质或道义支持下，结合本国的国情采取“柔性反恐”措施，对极端主义者和误入歧途者进行教育说服和道德感化，使其重返社会。另外，从政治文化方面来看，印尼到苏哈托政府下台后成为了一个民主化国家，其民主化程度处三国之首，这在一定程度上可以解释“民主和平论”的观点。沙特是一个封建君主国家，民主意识淡薄，因而沙特政府可以利用宗教教规自上而下地进行管辖。而巴基斯坦属于转型期准民主国家，此时宗教管理职能逐渐失效，但新的政治文化又未建立，导致巴基斯坦宗教极端主义者的公民人格和政治人格不完善。正如亨廷顿所所说，转型期的国家容易出现乱局。因此，美国主导的全球“反恐战争”如欲取得成功，除了必要的大国合作外，美国有必要帮助其他国家采取“柔性反恐”措施，并帮助相关国家重建政治文化。

参考文献

Ⅰ. 中文

1. 巴里·布赞、琳娜·汉森著，余潇枫译：《国际安全研究的演化》，浙江大学出版社，2011 年版。

2. 巴里·布赞著，闫健、李剑译：《人、国家与恐惧：后冷战时代的国际安全研究议程》，中央编译出版社，2009 年版。

3. B. M. 库拉金著，纽菊生、雷小菊译：《国际安全》，武汉大学出版社，2009 年 3 月版。

4. 彼得·卡赞斯坦著，宋伟、刘铁娃译：《国家安全的文化：世界政治中的规范与认同》，北京大学出版社，2009 年 3 月版。

5. 陈利君、许娟："美国—巴基斯坦十年反恐合作：进程、困境与反思"，《南亚研究季刊》，2011 年第 4 期。

6. 黄荣："浅析奥巴马政府的阿富汗新政策"，《江苏教育学院学报（社会科学版）》，2010 年第 5 期。

7. 郝雨凡："'9·11'事件与美国保守主义"，《美国研究》，2002 年第 2 期。

8. J. D. 亨特著，安荻等译：《文化战争：定义美国的一场奋斗》，中国社会科学出版社，2000 年 1 月版。

9. 金宜久：《伊斯兰与国际热点》，东方出版社，2001 年版。

10. 李金明：“‘9·11’后美国在东南亚的反恐活动”，《东南亚研究》，2009 年第 2 期。

11. 李开盛：《人、国家与安全治理：国际关系中的非传统安全理论》，中国社会科学出版社，2012 年版。

12. 李伟：“当前国际恐怖与反恐斗争的特点与趋势”，《现代国际关系》，2007 年第 2 期。

13. 刘江永：“美国军事卷入钓鱼岛将面临两难困境”，《国际问题研究》，2011 年第 3 期。

14. 刘锦前：“浅析美国‘阿富汗—巴基斯坦’反恐新战略”，《阿拉伯世界研究》，2009 年 11 月第 6 期。

15. 刘金质：“残析布什盛义”，《国际政治研究》，2002 年第 4 期。

16. 刘卫东：“‘《爱国者法》’及其对美国公民权利的影响”，《美国研究》，2006 年第 1 期。

17. 陆迪民：“论巴基斯坦外交中的联盟战略——以与美国反恐联盟为例”，《南亚研究季刊》，2007 年第 4 期。

18. 罗伯特·杰维斯著，秦亚青译：《国际政治中的知觉与错误知觉》，世界知识出版社，2003 年版。

19. 罗·麦克纳马拉著，张立平译：《历史的教训：美国国家安全建言书》，世界知识出版社，2005 年版。

20. 孙溯源：“试论美国反恐与中东局势”，《阿拉伯世界》，2002 年第 4 期。

21. 唐世平：《美国军事干预主义：一个社会进化的诠释》，《国际关系理论》，2011 年第 9 期。

22. 王逸舟：《恐怖主义溯源：中国人的视角》，社会科学出版社，2010 年 7 月版。

23. 吴磊：“反恐战略、‘倒萨’战争与美国的石油争夺”，《世界经济与政治》，2003 年第 5 期。

24. 阎学通、徐进：《国际安全理论经典导读》，北京大学出版社，2009 年 8 月版。

25. 杨洁勉：“《美国国家安全战略》报告和大国关系”，《美国研究》，2002 年第 4 期。

26. 杨曼苏：《国际关系基本理论导读》，中国社会科学出版社，2001 年 8 月版。

27. 杨文静：“后拉登时代美巴关系探析”，《现代国际关系》，2011 年第 6 期。

28. 于宏源：“美国在东南亚的反恐地缘政治”，《当代亚太》，2007 年第 7 期。

29. 约瑟夫·奈著，刘烨译：《注定要领导：美国权力性质的变迁》，中国人民大学出版社，2003 年版。

30. 约瑟夫·奈著，李达飞译：《巧实力》，中信出版社，2008 年版。

31. 张力：“9·11 事件后美国反恐战略对南亚安全格局的影响”，《四川大学学报》，2006 年第 6 期。

32. 张力：“反恐矛盾对美巴关系的新挑战”，《南亚研究季刊》，2012 年第 3 期。

33. 张力：“美巴反恐合作的援助 代价之争”，《南亚研究季刊》，2012 年第 4 期。

34. 张力：“当代南亚恐怖主义的起源与诱发因素”，《南亚研究季刊》，2013 年第 1 期。

35. 张力：“美国撤军阿富汗的政策考量与影响因素”，《南亚研究季刊》，2013 年第 2 期。

36. 张力："新阶段反恐战争：巴基斯坦的处境与美巴矛盾"，《南亚研究季刊》，2008 年第 2 期。

37. 张力："美国调整南亚反恐战略：观察与预测"，《南亚研究季刊》，2009 年第 2 期。

38. 张金平："美国政府'巧实力'策略下的反恐走势"，《亚非纵横》，2009 年第 4 期。

39. 赵伯乐："南亚反恐局势的特点及走向"，《外交评论》，2009 年第 3 期。

40. 赵葆珉："从伊拉克到阿富汗：美国'反恐'战略评估"，《阿拉伯世界研究》，2011 年 3 月第 2 期。

Ⅱ. 英文

A, Cordesman, "Saudi Arabia: Friend or Foe in the War on Terror?" Middle East Policy, Vol. 13, No. 1, Spring of 2006.

A. Z. Hilal, US-Pakistan Relations: Soviet Invasion of Afghanistan.

Aall, Pamela., "NGOs, Conflict Management, and Peacemaking," International Peacekeeping, Vol. 7, No. 1, 2000.

Abbas, Zaffar, "U. S Help for Pakistan Terror Fight," BBC News, December 14, 2002.

Abuza, Zachary, "Terrorism in Southeast Asia," Christian Science Monitor, June 17 – 19, 2003.

Abuza, Zachary, "Terrorism in Southeast Asia," in National Bureau of Asian Research, Strategic Asia 2002 – 3.

Adibe, Clement, "Weak State and Emerging Taxonomy of Security in World Politics," Future, Vol. 26, No. 5, 1994.

Alan Kronstadt, K., "Pakistan-U. S. Anti-Terrorism Cooperation," Report for Congress, March 28, 2003.

Albright, David & Corey Hinderson, "Unraveling the A. Q. Khan and Future Proliferation Networks," The Washington Quarterly, Spring 2005.

Alexander, Yonah & Richard Weitz, "American-Russian Counterterrorism Partnership," Middle East Times, July 22, 2009.

Alexander, Yonah, "American-Russian Counterterrorism Partnership," Middle East Times, July 22, 2009.

Alexander, Yonah, International Terrorism: National, Regional and Global Perspectives, New York, Praeger Press, 1976.

Ali Ashraf, A. S. M., "Transnational Cooperation on Anti-terrorism: A Comparative Case Study of Saudi Arabia and Indonesia," Perceptions, Summer-Autumn 2007.

Al-Jubeir, Adel, "U. S. and Saudi Officials Hold a News Conference on a Major Development in the War on Terrorism," Federal Document Clearing House Transcript, June 2, 2004.

Arregiun, Ivan., "How the Weak Win Wars: A Theory of Asymmetric Conflict," International Security, Vol. 26, No. 1, 2001.

Ashton, Nigel., Eisenhower, Macmillan and The Problem of Nasser, New York: St. Martin's Press Inc., 1996.

Ayoob, Mohammed, "Defining Security: A Subaltern Realist Perspective," in Krause and Williams (ed.), Critical Security Studies.

Bahgat, G., "Oil and MilitantIslam: Strains on US-Saudi Relations," World Affairs, Vol. 165, No. 3, 2003.

Bahgat, G., "Saudi Arabia and the Arab-Israeli Peace

Process," Middle East Policy, Vol. 14, No. 3, 2007.

Baker, Mark, "Mahathir Claims Rival Party Has Terrorist Links." Sydney Morning Herald, August 6, 2001.

Baldwin, David A., "The Concept of Security," Review of International Studies (1997).

Barnes, Joe & Richard J. Stoll, "Preemptive and Preventive War: A Preliminary Taxonomy," The James A. Baker III Institute for Public Policy.

Bartley, Robert, "Irving Kristol and Friends," Wall Street Journal, May 3, 1972.

Bedak, Maja, "The U. S. -Russian Bilateral Counterterroism Efforts," A Thesis Submitted in Partial Fulfillment of the Requirements for a Degree with Honors, The Honors College University of Maine, May 2013.

Behera, Navnita Chadha, "Perpetuating the divide: Political abuse of history in South Asia," Contemporary South Asia Vol. 5, No. 2, 1996.

Berrigan, Frida & William D. Hatungk, "U. S. Weapon at War 2005: Promoting or Fueling Conflict," World Policy Institute, June 2005, available at: http//www. worldpolicy. org/projects/arms/reports/wawjune2005. html #7.

Berrigan, Frida & William D. Hatungk, "U. S. Weapon at War," World Policy Institute, No. 18, 2005.

Bertus Hendriks, Noorhaidi Hasan, Counter-Terrorism Strategies in Indonesia, Algeria and Saudi Arabia, Netherlands Institute of International Relations "Clingendael", 2012.

Blair, Denni, Testimony of Admiral Dennis Blair, Commander-in-Chief, Pacific Command, before the US Congress House International Relation Committee, Washington, D. C. , 27 February.

Blanchard, Christopher M. & Alfred B. Prados, “Saudi Arabia: Terrorist Financing Issues,” CRS Report for Congress, Order Code RL32499, September 14, 2007.

Blanchard, Christopher M. & Richard F. Grimmett, “The Gulf Security Dialogue and Related Arms Sale Proposals,” CRS Report RL34322, United States Congressional Research Service, October 8, September of 2008.

Blanchard, Christopher M. , “Islamic Religious Schools, Madrasas: Background,” CRS Report RS21654, January 23, 2008.

Blanchard, Christopher M. , Saudi Arabia: Background and U. S. Relations, CRS Report for Congress, June 14, 2010.

Boli, John. , “International Nongovernmental Organizations,” In Walter W. Powell and Richard Steinberg (ed.), the Non-Profit Sector: A Research Handbook, New Haven and London: Yale University Press, 2nd Ed, 2006.

Bolt, Paul J. , “United States, Russia and China: Building Cooperative Approaches: The United States, Russia, and China Confronting Global Terrorism and Security Challenges in the 21st Century,” Westport: Praeger Security International, 2008.

Boot, Max, “Think Again: Neocons,” Foreign Policy, Issue 140, 2004.

Borawski, “Partnership for Peace and beyond,” International Affairs, Vol. 71, No. 2.

Boucek, Christopher, “Saudi Arabia's ‘Soft’ Counterterrorism Strategy: Prevention, Rehabilitation, and Aftercare,” Middle East

Program of Carnegie Endowment for International Peace, Number 97, September of 2008.

Bryce, Robert, "Logistical Vulnerabilities and the Afghanistan War: The Pakistan Fuel Connection," Counterpunch, November 13, 2007.

Bugajski, Janusz, " A Look into Putin's Soul," Wall Street Journal, October 13, 2004.

Burke, Jason, Al-Qaeda: Casting a Shadow of Terror, London, I. B. Tauris &Co L. td, 2003.

Burnham, Candace Ren, "Public Diplomacy Following 9/11: The Saudi Peace Initiative and 'Allies' Media Campaign," The Saudi Peace Initiative, available at: http: //www. exchangediplomacy. com/wp-content/uploads/2011/10/11 – The-Saudi-Peace-Initiative-and-% E2% 80% 9CAllies% E2% 80% 9D-Media-Campaign. pdf.

Bush, George W. , "The National Security Strategy of the United States of America," The white house, June 1, 2002.

Bush, George W. , The National Security Strategy of the United States of America, Washington, DC: The White House, September 2002.

Bush, George W. , The Nation Strategy to Combat Weapons of Mass Destruction, Washington, DC: The White House, December 2002.

Buzan, Barry & Lene Hansen, The Evolution of International Security Studies, New York, Cambridge University Press in the United States of America.

Buzan, Barry, "New Patterns of Global Security in the Twenty-first century," in William Olson (ed.), the Theory and Practice of

International Relations, 1994 edition.

Buzan, Barry, “New Patterns of Security in the Twenty-first,” International Affairs, Vol. 67, No. 3, 1991.

Cady, Linell E., & Sheldon W. Simon (eds), Religion and Conflict in South and Southeast Asia, New York, Routledge, 2007.

Capie, “Between a Hegemon and a hard place: the ‘war on terror’ and Southeast Asian-US relations,” The Pacific Review, Vol. 17, No. 2, June 2004.

Capie, David & Amitavi Acharya, “A Fine Balance: US Relation with Southeast Asia since 9/11,” colloquium, 2 – 4 December 2002.

Champion, D., The Paradoxical Kingdom, New York, NY: Columbia University Press, 2003.

Cheema, Pervaiz Iqbal, “More troops on Afghan border,” Pakistan Observer, Tue, May, 15, 2007.

Chivers, C. J., “Ill-secured Soviet Arms Depots Tempting Rebels and Terrorists,” New York Times, July 16, 2005.

Chopra, V. D. (eds), Genesis and Fall out of U. S-U. K. Military Action in Iraq, New Delhi, Kalpaz Publication, 2004.

Chopra, V. D., genesis and fall out of U. S. -U. K. military Action in Iraq, Kalpaz Publication, 2004.

Chossudovsky, Michel, “Who Is Osama Bin Laden?” Global Research: Center for Research and Globalization, 2001, available at: http: //www. globalresearch. ca/the-truth-behind – 9 – 11 – who-is-osama-bin-laden/3198.

Cilluffo, Frank J., “Counterterrorism Intelligence: Law Enforcement Perspectives," ResearchBrief, Vol. 1, No. 1. 2011.

Cilluffo, Frank J., "U. S. -India Counterterrorism Cooperation: Deepening The Partnership," Homeland Security Policy Institute, September 14, 2011.

Clark, Matthew, "There's a New Task Force in Town," The Christian Science Monitor, August 26, 2003.

Collins, Liam., "U. S. Foreign Policy with Pakistan Following 9/11," WWS 547: The Conduct of International Diplomacy, 16 May, 2008.

Congressional Record, 107th Congress, 1st session, October 1, 2001.

Cordesman, A., "Saudi Arabia: Friend or Foe in the War on Terror?" Middle East Policy, Vol. 13, No. 1, Spring 2006.

Crenshaw, Martha, "The Psychology of Political Terrorism," in Margaret G. Hermann, General Editor ed., Political Psychology.

Cronin, Audrey Kurth & Huda Aden, "CRS Report for Congress: Foreign Terrorist Organizations," February 6, 2004.

Cronin, Audrey Kurth, "Al Qaeda after the Iraq Conflict," CRS Report RS21529, May 23, 2003.

Cronin, Audrey Kurth, "Terrorist Motivations for Chemical and Biological Weapons Use: Placing the Threat in Context," CRS Report RL31831, March 28, 2003.

Cullen, Anne, "Regional Terrorism: the Bali Bombing, Australian and Indonesian Responses," Chapter 21 of The Globalization of World Politics.

Curley, Melissa G. & Nick Thomas, "Securitisation and the Challenge of ASEAN Counter-terrorism Cooperation," Centre of Asian Studies at The University of Hong Kong.

Curtis, Lisa, “After Mumbai: Time to Strengthen U. S. -India Counterterrorism Cooperation,” Backgrounder, No. 2217, 2008, The Heritage Foundation.

Daniel, Deudney & G John. Ikenberry, “The International Source of Soviet Change,” International Security, Volum16, Issue3, 1991/2.

Darcy, Ashman, “Strengthening North-South Partnerships for Sustainable Development,” Nonprofit and Voluntary Sector Quarterly, Vol. 30, No. 1, March 2001.

Daschle, Tom. “Power We Didn't Grant,” Washington Post, December 23, 2005.

Dasgupta, Sunil, “Why Mumbai Needs A Mayor,” Foreign Affairs, August 1, 2011.

Dennis, United States and Pakistan 1947 – 2000, Disenchanted Allies, available at: http://www.amazon.com/The-United-States-Pakistan – 1947 – 2000/dp/0801865727.

Der Derian, James., “Imaging terroe: Logos, Pathos and Ethos,” Third World Quarterly, Vol. 26, No. 1, 2005.

Derluguian, “Che Guevara's in Turbans: The Twisted Lineage of Islamic Fundamentalism in Chechnya and Dagestan,” October 1999.

Dollard, Jone, Frustration and Aggression, Pub. for the Institute of human relations, 1939.

Doran, Michael Scott, “The Saudi Paradox,” Foreign Affairs, Vol. 83, No. 1, January/February 2004.

Dycus, Stephan, & Arthur L. Berney, William C. Banks, and

Peter Raven-Hansen, National Security Law (New York: Aspen Publishers, 2002).

Elsea, Jennifer K. & Richard F. Grimmett, "Declarations of War and Authorizations for the Use of Military Force: Historical Background and Legal Implications," Congressional Research Service, March 17, 2011.

Engel, Mathew, "US May Turn Attention to Far East Terror Group," The Guardian, October 2001.

Epstude, Kai & Neal J. Roese, "The Functional Theory of Counterfactual Thinking," Personality and Social Psychology Review, Vol. 12, No. 2, 2008.

Esposito, John L., Unholy War: Terror in The Name of Islam, Oxford University Press, 2002.

Evans-Kent, Bronwyn & Roldand Bleiker, "Peace Beyond the State? NGOs in Bosnia and Herzegovina," International Peacekeeping, Vol. 10, Issue1, 2003.

Farah, Douglas, "U. S. -Saudi Anti-Terror Operation Planned; Task Force Will Target Funding," Washington Post, August 26, 2003.

Feaver, Peter D. & Christopher Gelpi, "How Many Deaths Are Acceptable? A Surprising Answer," Washington Post, November 7, 1999.

Fernandes, George, "Pakistan is a [more] Fit Case than Iraq for a Preemptive Strike," Hindustan Times (New Delhi), April 13, 2003.

Filkins, Dexter, "F. B. I and Military Unity in Pakistan to Hunt Al Qaeda," New York Times, July 14, 2002

Finnemore, Martha. “National Interests in International Society,” Cornell Studies in Political Economy, Ithaca,

Fleischer, Ari, “Transcript: White House Daily Briefing,” USIS Washington File, March 3, 2003.

Fukuyama, Francis, State-Building: Governance and World Order in the 21st Century (Ithaca of New York: Cornell University Press, 2004).

Gannon, Kathy, “Funding for Terrorists Al-Qaida Makes Comeback on Illicit Business: Donations Taliban Gains from Drugs and Crime,” South Florida Sun - Sentinel, June 21, 2009.

Garfinkle, Dam, “A Conversation with Condoleezza Rice,” American Interest, Vol. 1, Autumn 2005.

Gholz, Eugene & Daryl G. Press, and Harvey M. Sapolsky, “Come Home, America: The Strategy of Restraint in the Temptation,” International Security, Vol. 21, No. 4, 1997.

Girdner, Eddie J., U. S. A. and the New Middle East, New Delhi, Gyan Publishing House, 2008.

Gordon, Philip H., “The End of the Bush Revolution,” Foreign Affairs, Vol. 85, No. 4, 2006.

Greenwald, G., “NSA Prism Program Taps in to User Data of Apple, Google and Others,” Guardian, 7June 2013.

Grimmett, Richard F., “Authorization for Use of Military Force in Response to the 9/11 Attacks: Legislative History,” CRS Report for Congress.

Grimmett, Richard F., “Conventional Arms Transfers to Developing Nations,” CRS Report RL34723, 2000 – 2007.

Grimmett, Richard F., “U. S. Arms Sales: Agreements with

and Deliveries to Major Clients," CRS Rep R40959, 2001 - 2008.

Gunaratna, Rohan, Inside Al Qaeda, New York: Columbia University Press, 2002.

Hadar, Leon T., "Pakistan in America's War against Terrorism Strategic Ally or Unreliable Client?" Policy Analysis, No. 436, May 8, 2002.

Hamre, John J., & Gordon R. Sullivan, "Toward Postconflict Reconstruction," Washington Quarterly 25, 4, Autumn 2002.

Hasan, Noorhaidi, & Bertus Hendriks, "Counter-Terrorism Strategies in Indonesia, Algeria and Saudi Arabia," Netherlands Institute of International Relations "Clingendael", 16 March 2012.

Haseman, John & Eduardo Lachica, "Toward a Stronger U. S. -Indonesia Security Relationship," USINDO, August 2005.

Haseman, John B. & Eduardo Lachica, The U. S. -IndonesiaSecurity Relationship: The Next Steps, Published by the United States-Indonesia Society, January 2009.

Hiebert, Murray, Ted Osius and Gregory, "A U. S. - Indonesia Partnership for 2020: Recommendations for Forging a 21st Century Relationship," A Report of the CSIS Sumitro Chair for Southeast Asia Studies, September 2013.

Hobson, Christopher., "A Forward Strategy of Freedom in the Middle East: US Democracy Promotion and the 'War on Terror'," Australian Journal of International Affairs, Vol. 59, No. 1, 2005.

Hoffman, Bruce, Inside Terrorism, Columbia University Press, 1998.

Hunt, Michael H., Ideology and U. S. Foreign Policy, Yale University Press, 2009.

Hussain, Khawar, “Pakistan's Afghanistan Policy,” Naval Postgraduate School, June 2005.

Huth, Paul K., “Reputation and Deterrence: A Theoretical and Empirical Assessment,” Security Studies, Vol. 7, No. 1, 1997.

Iqbal, Khuram, “Evolution of Suicide Terrorism in Pakistan and Counter-Strategies,” Conflict and Peace Studies, Volumn 3, Jan-Mar 2010, Number 3.

Islam, Nazrul Dr., Islam 9/11 and Global Terrorism, New Delhi, Viva Books Private Limited, 2005.

Islamyev, “Thousands Fless Grozny as Bombs Fall,” Moscow Times, September 25, 1999.

Jabeen, Mussarat., “Pakistan's Security Dilemna: Policies and Responses after 9/11 and Their Impacts on Pak-US Relations,” in Mazhar, Muhammad Saleem (ed.), Post 9/11 Globe, Lahore, Centre for South Asian Studies, Universityof the Punjab, 2010.

Jaffrelot, Christophe (eds), Pakistan Nationalism without a Nation, New Delhi, ZED Books LTD, 2004.

Joeck, Neil, “Maintaining the Nuclear Stability in South Asia,” Adelphi Paper, No. 312 (London: IISS, 1997).

Johnston Patrick B., & Anoop K. Sarbahi, “The Impact of US Drone Strikes on Terrorism in Pakistan and Afghanistan,” Annual Meetings of the American Political Science Association, July 14, 2013.

Jones, Bennet Owen., Pakistan Eye of the Storm, New Heaven, Yale University Press, 2002.

Jost, Patrick M. & Harjit Singh Sandhu, “The Hawala Alternative Remittance System and its Role in Money Laundering,” Interpol

General Secretariat, January 2000, available at: http://www.interpol.int/Public/ FinancialCrime/MoneyLaundering/hawala/default.asp.

Keohane, Robert., "International Institutions," International Studies Quarterly, Vol. 32, No. 2, 1998.

Kerlin, Janelle A., "U. S. -Based International NGOs and Federal Government Foreign Assistance: Out of Alignment?" In Elizabeth T. Boris and C. Eugene Steuerle (ed.), Nonprofits and Government: Collaboration and Conflict, Washington, D. C.: The Urban Institute Press, 2006.

Khan, Masood, "Pakistan's Role in Global War on Terrorism: and Areas of Clash with United States," Pakistan Defence, July 2009, available at: http: //defence.pk/threads/pakistan% C2% 92s-role-in-global-war-on-terrorism-and-areas-of-clash-with-united-states.29111/.

Khan, Mehmood-Ul-Hassan, "New Af-Pak Strategy," Defence Journal, Vol. 18, No. 21, 2009.

Khan, Riaz Mohammad, Afghanistan and Pakistan Conflict, Extremism, and Resistance to Modernity, Washington D. C., Woodrow Wilson Center Press, 2011.

Klare, Michael, "Rogue States and Nuclear Outlaws: America's Search for a New Foreign Policy," McMillan Publishing, New York, 1995.

Kristol, William & Robert Kagan, "Toward a Neo-Reaganite Foreign Policy," Foreign Affairs, July-Aug 1996.

Kronstadt, Alan K., "Pakistan- U. S. Relations," CRS Report for Congress no. RL33498,

Kronstadt, Alan K., "Pakistan-US Relations," Congressional Research Service (CRS) Report, May 9, 2007.

Kronstadt, Alan K., Pakistan-U. S. Anti-Terrorism Cooperation, March 28, 2003.

Kyl, Jon & Charles Schumer, "Saudi Arabia's Teachers of Terror," Washington Post, August 18, 2003.

Laquer, Walter, No End to War: Terrorism in the Twenty-First Century (Continuum, 2003).

Lesseter, Tom, "Russian Advice: More Troops Won't Help In Afghanistan," McClatchy Newspapers, March 9, 2009.

Levi, Margaret, "Reconsiderations of Rational Choice in Comparative and Historical Analysis," In Comparative In Comparative Politics: Rationality, Culture and Structure, Edited by Mark I. Lichbach and Alan S. Zuckerman, New York: Cambridge University Press, 2009.

Levy, Clifford J. & Peter Baker, "U. S. -Russia Nuclear Agreement Is First Step in Broad Effort," The New York Times, July 6, 2009.

Lindorff, David, "Secret Bechtel Documents Reveal: Yes, it is about Oil," Counterpunch Special Report, April 9, 2003.

Lulko, Lyuba "Russia to Return to Afghanistan After US Occupation," Pravda, November 20, 2011.

Lumpkin, John, "Insurgents Infiltrating Iraq Have Cash," Associated Press, October 22, 2004.

Mahmood, Monshipouri, "The Paradoxes of U. S. Policy in the Middle East," Middle East Policy, Vol. 9, No. 3, 2002.

Malik, Maqbool, "Russia Interest in TAPI Pipeline Project

Irks US," The Nation, February 15, 2012.

Mallaby, Sebastian, "The Reluctant Imperialist: Terrorism, Failed States and the Case for American Empire," Foreign Affairs, Vol. 81, No. 2, Mar. - Apr. 2002.

Mann, James, "Rise of the Vulcans: The History of Bush's War Cabinet," available at: http://www.amazon.com/Rise-Vulcans-History-Bushs-Cabinet/dp/0143034898.

Manyin, Mark, Richard Cronin, "Terrorism in Southeast Asia," Congressional Research Service Report, November 18, 2003.

Marshall, Monty & Ted Robert Gurr, Peace and Conflict , Center for International Development and Conflict Management, University of Maryland, College Park, MD, USA, May 2005.

McCullough, Colin, Anthony Keats, & Mark Burgess, "In the Spotlight: al Qaeda," Center for Defense Information, Dec. 30, 2002.

McLean, Iain & Alistair McMillan, Oxford Concise Dictionary of Politics, 2nd Ed, Oxford University Press.

Meijer, Roel, "Saudi Arabia's War on Terrorism: Combating Passions, Ignorance, and Dividation," Contextualising Jihadi Thought, May31, 2009.

Menkhaus, Ken, Somalia: State Collapse and the Threat of Terrorism, Oxford Press, 2004.

Mercer, Claire., "NGOs, Civil Society and Democratization: A Critical Review of the Literature," Progress in Development Studies, Vol. 2, No. 1, 2002.

Mhandara, Lawrence, "Reflections on the Pillars of the Us Policy in the Middle East during the Post Cold War Epoch," International Journal of Humanities and Social Science, Vol. 2, No. 11, June 2012.

Mir, Amir, Talibanisation of Pakistan from 9/11 to 26/11 and beyond, Pentagon Press, 2010.

Morris, Harvey & Roula Khalaf, “Saudis and Israelis Deny Secret Summit Took Place,” Financial Times, September 25, 2006.

Mueller, John & Karl. Mueller, “Sanctions on Mass Destruction,” Foreign Affairs, Vol. 78 (May-June 1999).

Muhammad, Nawaz Khan & Beenish Altaf, De-radicalization and Disengagement from Unconventional Threat: A Soft Power Strategy for Pakistan, July 12, 2012.

Mukherjee, Chirasree, “Pakistan's Role in the War on Terror: A Degenerative or Progressive one?” International Affairs Review, Volume XXI, Number 1.

Munck, Gerardo L., “Rational Choice Theory in Comparative Politics, 3rdEd.,” In New Directions in Comparative Politics, Edited by Wiarda, Howard J, Chapter 9, Boulder: Westview Publishing. 2002.

Myers, Joseph M., Testimony on Combating Terror Financing and U. S. Cooperation with Saudi Arabia, U. S. Senate Committee on Finance Hearing on the Treasury Department, July 15, 2004.

Nacos, Brigitte L. & Yaeli Bloch-Elkon, “Post -9/11 Terrorism Threats, News Coverage, and Public Perceptions in the United States,” International Journal of Conflict and Violence, Vol. 1 (2) 2007.

Nacos, Brigitte L., Mass-mediated Terrorism: The Centrality of the Media in Terrorism and Counterterrorism, Lanham of America, MD: Rowman & Littlefield Press, 2002.

Nacos, Brigitte L. , The Press, Presidents and Crisis, New York: Columbia University Press, 1990.

Nakashima, Ellen, "U. S. Policy Censured in Indonesia," The Washington Post, October 21, 2003.

Nolan, Robert, "Undeniable Fallouts from the Edward Snowden Leaks," World Report, September 20, 2013.

Nossel, Suzanne, "Smart Power," Foreign Affairs, vol. 83, No. 2, March/April, 2004, available at: http: //www. foreignaffairs. com/articles/59716/suzanne-nossel/smart-power.

NY: Cornel University Press, 1996.

Nye, Joseph & Richard Armitage, CSIS Commission on Smart Power: A Smarter More Secure America, Center for Strategic and International Studies, 2007.

Nye, Joseph. , "The contribution of Strategic Studies: Future Challenges," The Adelphi Papers, Vol. 29, No. 235.

Nye, Joseph. , "The US Can Reclaim Smart Power," Belfer Center for Science and International Affairs, Harvard University, January 21, 2009.

Nye, Joseph. , Soft Power Superpowers: Cultural and Natural Assets of Japan and the United States, Armonk, NY and London, England: M. E. Sharpe, Inc. , 2008.

O' Brien, Sean & Doug Bond, "A Rogue's Gallery Beyond Redemption?" International Studies Association, 2004.

Ogilvie, Tanya. , "Is There a Theory of Nuclear Proliferation? An Analysis of the Contemporary Debate," The Nonproliferation Review, Vol. 4, No. 1, 1996.

Ollapally, Peepa M. , The Political Extremism in South Asia, New York, Cambridge University Press, 2008.

Ottaway, David & Martha M. Hamilton, “Saudis Talk with 7 U. S. Oil Firms,” Washington Post, September30th, 1998.

Patrick, Stewart, “Failed States and Global Security: Empirical Questions and Policy Dilemmas,” International Studies Review September2007.

Patrick, Stewart, “Weak States and Global Threats: Assessing Evidence of ‘Spillovers’,” Center for Global Development, Working Paper Number 73 January 2006.

Perle, Richard. & David Frum, An End to Evil: How to Win the War on Terror. New York, Random House, 2004.

Peters, Gretchen, Seeds of Terror: The Taliban, The ISI and the New Opium Wars, Thomas Dunne Books, 2009.

Phillips, Kevin, American Dynasty: Aristocracy, Fortune, and the Politics of Deceit in the House of Bush, New York: Viking Press, 2004.

Pillar, Paul R. , Terrorism and U. S. Foreign Policy, Brookings Institution Press, Washington D. C. , 2001.

Pillar, Paul R. , Terrorism and U. S. Foreign Policy, Washington D. C. , Brookings Institution Press, 2003.

Pollack, Josh, “Anti-Americanism in Contemporary Saudi Arabia,” Middle East Review of International Affairs, Vol. 7, No. 4, 2003, pp. 30 – 39.

Posen, Barry, “The Struggle against Terrorism: Grand Strategy, Strategy, and Tactics,” International Security, Vol. 26, No. 3, Winter 2001/2002.

Prados, Alfred B. and Christopher M. Blanchard, "Saudi Arabia: Current Issues and U. S. Relations," Congressional Research Service, Order Code RL33533, April 13, 2007.

Prados, Alfred B. and Christopher M. Blanchard, "Saudi Arabia: Terrorist Financing Issues," CRS Report RL32499, September 14, 2007.

Pratkanis, Anthony & Elliot Aronson, "How to be Less Persuaded or More Persuasive: Review of Age of Propaganda: The Everyday Use and Abuse of Persuasion," Journal of Marketing, Vol. 67, No. 1, 2003.

Priest, Dana, "Iraq New Terror Breeding Ground: War Created Haven, CIA Advisers Report," Washington Post, January 14, 2005.

Purwanto, "Terorisme Undercover: memberantas terorisme hingga ke akar-akarnya, mungkinkah?" Cipta Mandiri Bangsa Press, 2007.

Qazi, Shehzad H., "A War Without Bombs: Civil Society Initiatives Against Radidcalization in Pakistan," Institute for Social Policy and Understanding, Fubruary 2013.

Rana, Muhammad Amir, "Evolution and Suicide Terrorism in Pakistan and Counterstrategies," Conflict and Peace Studies, Jan-March, Vol. 3, 2010.

Ranstorp, Magnus, "Preventing Violent Radicalization and Terrorism: The Case of Indonesia," Center for Asymmetric Threat Studies, 2009.

Rapoport, David C, "The Government Is Up in the Air over Combating Terrorism," National Journal, November 26, 1977.

Richardson, Michael, “ Southeast Asia Bars Help of US Troop,” Internatonal Herald Tribune, 4 December 2001.

Rose, Jason, “Defining the Rogue State: A Definitional Comparative Analysis Within the Rationalist , Culturalist, and Structural Traditions,” Journal of Political Inquiry , April 2011.

Rose, Jason, “Defining the Rogue State: A Definitional Comparative Analysis Within the Rationalist, Culturalist, and Structural Traditions,” Journal of Political Inquiry April 2011.

Ross, Marc Howard. , “Culture in Comparative Analysis,” in Mark I. Lichbach and Alan S. Zuckerman (ed.), Comparative Politics: Rationality, Culture and Structure, New York: Cambridge University Press, 2009.

Roy, Olivier, Globalized Islam: The Search for a New Ummah, Columbia University Press, 2004.

Sahai, Shashi B, Jihadi Terrorism: Making of World War? New Delhi, Gyan Publishing House, 2006.

Saleh, Layla, “Soft Power , NGOs, and the US W ar on T error,” A Dissertation Submitted in Partial Fulfillment of the Requirements for the Degree of Doctor of Philosophy in Political Science At The University of Wisconsin-Milwaukee in December 2012.

Sapolsky, Harvey M. , U. S. Defense Politics: The Origins of Security Policy, New York, Routledge Press, 2009.

Saradzhyan, Simon. , “The U. S. -Russia Initiative to Prevent Nuclear Terrorism,” Belfer Center for Science and International Affairs, December 2013 - February 2014.

Saunders, Elizabeth N. , “Setting Boundaries: Can International Society Exclude ‘Rogue States’?” International Studies Review, No. 8, 2006.

Schmidt, Susan, "U. S. Officials Press Saudis on Aiding Terror," Washington Post, August 6, 2003.

Searle, John R, "The Construction of Social Reality," New York, Free Press, 1995.

Shah, Dr. Rajiv, "Partnership, Progress, Perseverance," USAID in Afghanistan, 2012.

Shah, Farzana, "Obama's New Af-Pak Policy-will It Work?" Defence Journal, Vol. 18, No. 21, 2009.

Shaikh, Najmuddin A., "Challenges and Opportunities for Pakistan's Foreign Policy in the Changed Global Environment," Margalla Papers, Islamabad: National Defense College, 2004.

Shamima, Ahmed. & David M. Potter, NGOs in International Politics, Bloomfield, CT: Kumarian Press Incorporation, 2006.

Shaw, David, "An Antiseptic War? A Study of Images from the Persian Gulf," Visual Communication Quarterly, No. 2, 1995.

Shenon, Philip & and Johnston Davad, "Suspect Calls Malaysia A Staging Area for Terror Attack," The New York Times, Jaluanary 30th, 2002.

Sheridan, Greg, "Jakarta's Terrorist Rehab," The Australian, 31 May 2008.

Shuster, Simon, "Russia Returns to Afghanistan for a Drug Raid," Moscow, Saturday, Oct. 30, 2010, available at: http://content.time.com/time/world/article/0, 8599, 2028329, 00.html.

Simmons, P. J., "Learning to Live with NGOs," in Bradley A. Thayer and Nuray V. Ibryamova (ed.), In Debates in International Relations, New York, San Francisco and Boston: Longman

Press, 2010.

Singh, Daljit, “ASEAN Counter-terrorism Strategies,” p. 24.

Singh, Jaswant., “India has a Stronger Case for Pre-emptive Action than the US,” The Hindu, April 10th, 2003.

Sipress, Alan and Ellen Nakashima, “Jakarta Tenure Offers Glimpse of Wolfowitz,” The Washington Post, 28 March 2009.

Sloan, Stephen, Terrorism: The Present Threat in Context, Oxford: Berg Publishers, 2006.

Slough, Neil, Paul Miesing & Rodger Brain, “The Big Ten Emerging Market Initiative a Decade Later: Measurements and Commentary,” University at Albany SUNY, 7 February 2005.

Sobha, Faiz, “U. S-Pakistan: A Perilous Partnership,” Dhaka Courier, No. 3, 2011.

Soligen, Itel, “The Global Context of Comparative Politics,” In Mark I. Lichbach and Alan S. Zuckerman (ed.), Comparative Politics: Rationality, Culture and Structure, New York: Cambridge University Press, 2009.

Solingen, Etel., “Middle East Denuclearization? Lesson from Latin America's Southern Gone,” Review of International Studies, Vol. 27, No. 3.

Stegner & Wallace, “Discovery: The Search for Arabian Oil,” California: Selwa Press, 2007.

Stern, Jessica, “Mind over Martyr,” Foreign Affairs, Vol. 89, No. 1, Januanry/February 2010.

Tablawy, Tarek El, “Iraq Minister Urges Neighbors on Militants,” Associated Press, May 11, 2005.

Taylor, Trevor., “Western Security and Defense Cooperation," International Affairs, Vol. 70, No. 1, 1994.

Teitelbaum, Joshua, "A Family Affair: Civil-Military Relations in Saudi Arabia," Florence, March 2003.

Tellhami, Shibley & Fiona Hill, "Does Saudi Arabia Still Matter? Differing Perspectives on the Kingdom and Its Oil," Foreign Affairs, Vol. 81, No. 6, 2002.

Tellis, Ashley J., Pakistan and the War on Terror, Carnegie Endowment for International Peace, 2008.

Thomas E. Ricks, "Rebels Aided By Allies in Syria, U. S. Says," Washington Post, December 8, 2004.

Tyler, Patrick E., "Stability Itself Is the Enemy," New York Times, November 10, 2003.

Unger, Craig, House of Bush, House of Saud (2004), excerpts published at salon. com, March 11, 2004.

Vaïsse, Justin, "Why Neoconservatism Still Matters," Foreign Policy, Number 20, May 2010.

Waever, Ole, "Securitization and Desecuritization," in Ronnie Lipschutz (ed.), On Security, New York: Columbia University Press, 1995.

Wallerstein, Mitchel B., "China and Proliferation: A Path not Taken?" Survival, Vol. 38, No. 3, 1996.

Wallerstein, Mitchel B., "Whither the Role of Private Foundations in Support of International Security Policy?" The Nonproliferation Review, Vol. 9, No. 1, 2002.

Walt, "The Renaissance of Security Studies," International Security Studies, Vol. 35., No. 2. (Jun., 1991).

Walt, Stephen M., "A Model Disagreement," International

Security, Vol. 24, No. 2, 1999.

Walter, Laqueur, The Age of Terrorism (2nd ed.), Boston: Little & Brown Press, 1978.

Washington, D. C.: Congressional Research Service, October 18, 2007.

Watson, Paul & Josh Myer, Pakistanis see FBI in Shadows, Los Angeles Times, August 25 2002.

Watson, Paul, “Revolving Doors for Pakistan’s Militant,” Los Angeles Times, November 17, 2002.

Winer, Jonathan M., Congressional testimony before the Committee on Senate Governmental Affairs, July 31, 2003.

Woodword, Bob., Bush at War, New York: Simon and Schuster, 2002.

Zalman, Amy, “Definition from the Arab Convention for the Suppression of Terrorism,” Terrorism Issues, 2006.

Zalman, Amy, “Definition of Terrorism under U. S. Law,” Terrorism Issues, available at: http://terrorism.about.com/od/whatisterroris1/ss/DefineTerrorism_5.htm.

后 记

光阴荏苒，现在的蓉城已是金风送爽、秋意渐浓。和煦的阳光照在身上，我伸伸腰，真有一种“登东皋以舒啸，临清河而赋诗”的感觉。

六年前，怀着对求知的欲望、对心灵解放的释然，我毅然辞去旧有的工作，全心投入新的学习中。三年的硕士学业完成后，当其他年轻同仁欢歌笑语地穿上学位服拍照时，我内心没有激情，羞于其他人用异样的目光看着我这个“大龄”硕士生而强装“淡然”。

新的三年又重新开始，在近千个日夜的岁月里，不管日起日落，云卷云舒，伴随我的总是写作的疲倦和从中体验到的乐趣，自己也因此获得一种充实的感觉。

这部书稿能够顺利完成，首先要感谢我的导师张力先生对篇章结构、逻辑和词章，甚至对每一个标点符号、每一条注释的指导和修改。选取“9·11”事件后美国“反恐”作为本书的研究对象，源于先生在该领域研究成果的启发。从课堂听讲、课后先生百忙中抽时间与学生的讨论、解惑和释疑，无不体现先生渊博的知识和高尚的情怀，令人真正地对其有一种高山仰止的感觉。每当夜间疲倦，正想偷懒时，脑海中便会闪现出先生一丝不苟、严谨治学的形象，于是便会经常提醒自己：

以先生为榜样，做个真正的知识分子。

感谢历史文化学院和南亚研究所的其他老师，感谢他们的传授、解惑和释疑。感谢国际关系领域国内外的前辈学者，是他们在该领域的研究给予我很大的启发。

感谢我的母亲，感谢她多年给予我的精神支持。母亲虽然年近七旬也未得到我的赡养和孝顺，但却理解我这个“老孩子”的“奋斗”和“拼搏”，在学业即将完成之际，自然会想起“谁言寸草心，报得三春晖?”最后，感谢时事出版社的各位编辑老师及工作人员，他们高质量和高效的工作，是本书得以顺利出版的重要保障。

安高乐书于川大

2017 年 8 月

图书在版编目（CIP）数据

“9·11”事件后美国国家安全观与“反恐”/安高乐著．—北京：时事出版社，2017.10

ISBN 978-7-5195-0130-3

Ⅰ.①9… Ⅱ.①安… Ⅲ.①国家安全—研究—美国 Ⅳ.①D771.235

中国版本图书馆 CIP 数据核字（2017）第 175960 号

出版发行：时事出版社
地　　址：北京市海淀区万寿寺甲 2 号
邮　　编：100081
发行热线：（010）88547590　88547591
读者服务部：（010）88547595
传　　真：（010）88547592
电子邮箱：shishichubanshe@sina.com
网　　址：www.shishishe.com
印　　刷：北京朝阳印刷厂有限责任公司

开本：787×1092　1/16　印张：17　字数：228 千字
2017 年 10 月第 1 版　2017 年 10 月第 1 次印刷
定价：88.00 元